旅は3度美味しい

ながおか さなえ

十和田プリンスホテルをチェックアウト時、ランチボックスを手に、テニスコートの前で
（第１章１. 新婚旅行は三陸鉄道）

三陸鉄道一の渡駅で（第1章1. 新婚旅行は三陸鉄道）

ヴェネツィア、ホテルの窓からの景色。アルターナという台や屋根（第１章２．最初で最後の夫とのヨーロッパ旅行）

ヴェネツィア、小運河の標識（第１章２．最初で最後の夫とのヨーロッパ旅行）

ピサの斜塔、広場と逆側の眺め（第１章２．最初で最後の夫とのヨーロッパ旅行）

バチカン広場、サンピエトロ寺院のクーポラの上から（第１章２．最初で最後の夫とのヨーロッパ旅行）

パリ、デパート・サマリテーヌの屋上展望台よりの眺め（第１章２．最初で最後の夫とのヨーロッパ旅行）

モロッコ、マラケシュ。ジャマエル・フナ広場、屋台の魚のからあげ、揚げナス
（第２章１．みんなともだち、美味しいモロッコ）

モロッコ、ラバト。海沿いの街並み（第２章１．みんなともだち、美味しいモロッコ）

パリ、オペラ座内２階の広間（第２章２．車イスのおばあちゃんは素敵な水先案内人）

ドイツ、ローテンブルグ。
朝食を食べたレストランのあるホテル
（第３章３．ヨーロッパ見て歩き）

パリ、おばあちゃんと娘
（第2章2. 車イスのおばあちゃんは素敵な
水先案内人）

旅は3度美味しい

ながおか さなえ

0. 旅は3度美味しい

昔、糸井重里さんの何かのキャッチコピーに「おいしい生活」というのがあったが、私が思うに、旅は3度美味しい。

1度目は、まず旅の計画である。私は子供のころから旅の計画をたてるのが一番好きなのだ。素敵な旅の計画をたてたものの何かの都合で旅が取りやめになったことも多々あるが、そんなときもそれほどつまらないとは思わない。おかげで、趣味の机上旅行が楽しめたと思ってしまう。

2度目は、もちろん旅そのものである。旅の本番では、机上旅行とはちがって風や匂いを感じることができるし、実際に美味しい食べ物にも出会うことができる。

そして、3度目は、これが一番大切と思えるのだが、旅の思い出である。以前夫の母や実家の母を介護していたとき、よい旅の思い出というものはその人の生活を豊かにするだけでなく、認知症の予防やケアにもなるということが実感としてわかったものだった。

さて、私の夫は旅行が好きではないので、私と2人での旅は26年間で数えるほどしかない。まず、東北への新婚旅行（旅の目的は三陸鉄道だった）、次に娘がオーストラリアへホームステイ中の上高地旅行（往きは夜行バスでペンション1泊）、更に夫の退職記念のヨーロッパ旅行（ドイツ博物館からイタリアへ21日間）、私の退職記念のフルムーン夫婦グリーンパス12日間用の旅（旭山動物園へ九州まわりで行った）、何故か行けることになった宮古島2泊3日の旅（夫との最初で最後の添乗員さん付きのツアー）、そして直近の日帰り旅行（〝A列車で行こう〟に乗りに行く熊本への旅）、これぐらいである。もっとも、娘や夫の母をまじえての夏休みなどの小旅行はこの他に数回ある。また、お寺からの参拝1泊ツアーも夫と参加している。どちらにしても、世の中には旅行と無縁の人もいて、これでも多いのかもしれないが、旅好きの私の夫との旅としては、少ないと思えるのだ。

ところで、どの旅もそれぞれ大変面白かったと言える。そして最近、夫との会話の中で、亡くなった母が生前、最後の病院のベッドで、私が書いた母と行ったヨーロッパ旅行記を読むのを楽しみにしていて、大げさに言えば、旅の思い出が寿命をのばしたとも言える、などという話題に及んだことがあった。そのとき私が、「あなたは旅好きじゃないから、あなたとの旅の旅行記を書いても、母のようには喜んでくれないよね。」と言ったところ、「そんなことはない、ヨーロッパ旅行から帰ってから、テレビで行った場所が出てくるととても楽しいし、旅行記ができたら喜んで大切に読ませてもらう、特にもっと年を取ってから思い出すのはうれしいんじゃないかな。」と夫は答えた。「でも今から10年以上前の旅行記なんて書けるの？」とも夫は言った。「大丈夫、手書きの結構くわしいメモがあるし、日程表も資料も残っているから。」と私は言って、そのときから旅行記づくりにいそしむことになった。夫も私も、もっと年を取ったら、最晩年の母のように、旅行記を見ながら過去の旅の思い出にひたるのが楽しみだ。

旅は3度美味しい　目次

第3章　旅にまつわる話

第1章
夫との旅

1. 新婚旅行は三陸鉄道

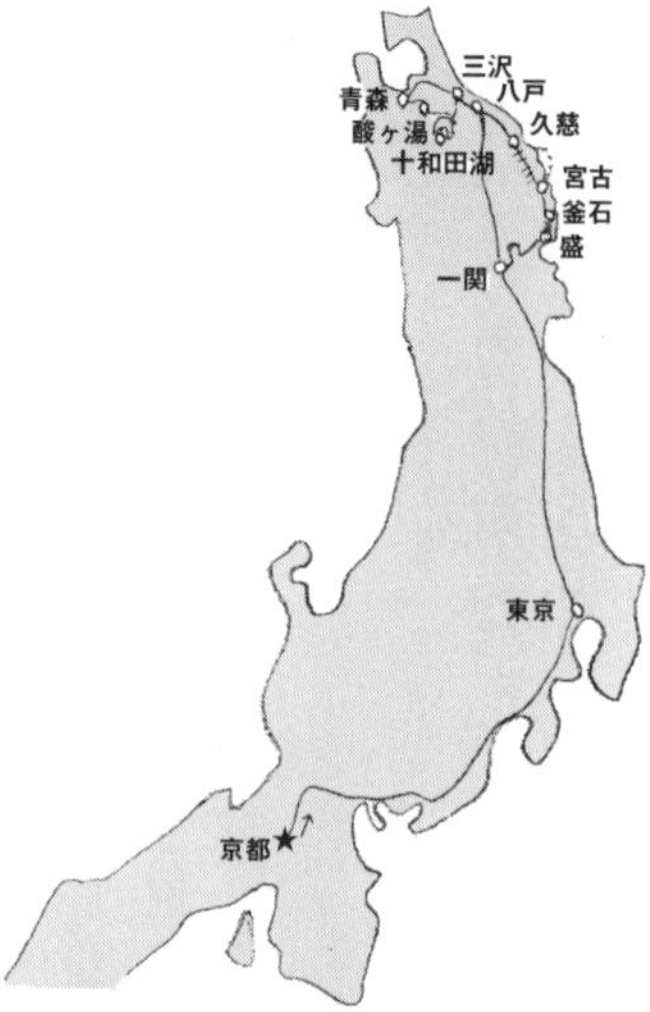

〈まず、旅の手筈〉

夫との初めての旅は、あたりまえのようだが、新婚旅行だ。行く先は、〝三陸鉄道に乗りに行く〟こと。最近はＮＨＫの朝ドラ「あまちゃん」で三陸鉄道が有名になり、先見の明があったのかしらんと、〝じぇじぇじぇ〟と、フィーバーぶりに驚いている。それならと、今ごろになって旅行記を書いてみる気になった。新婚旅行のアルバムには、手書きの日程表や地図なども貼ってあるので、思い出して書けるのだ。

　新婚旅行に行ったのは、27年と少し前の１９８７年だ。ところで、我が家では結婚したのは何年だっけ、というとき、「ええとベルリンの壁が崩壊した１９８９年から２年引いて１９８７年。」と計算するのが常である。というのは、結婚して3年目の11月に夫が会社からミュンヘンの展示会へ行くなどでドイツへ旅行させてもらったのだが、その滞在中に、ベルリンの壁が破れるという歴史的な出来事がおこったのだ。私達留守家族は、「わぁすごい、今お父さんドイツにいるやん、歴史的な瞬間やわー。」とさわいでいたものだった。ところが帰国した夫に尋ねてみると、「エンジニアたるもの、ヨーロッパは若いうちに行くべきだ。」とか「ミュンヘンのドイツ博物館に行きたかった。」などと言うばかりで、ベルリンの壁のべの字も出てこない。現地ではテレビのニュースなどはみておらず、添乗員さんも何も言ってくれなかったと言う。とにかく帰国してからベルリンの壁のニュースを知って大びっくりしていった夫だった。それから、あれよあれよという間に東西ドイツも統一され、共産圏の国々が民主化していったのだった。そんな歴史のきっかけの年として１９８９年がしっかり頭に刻み込まれた私にとって、新婚旅行の年はその2年前、ということになるのだった。

話がそれてしまったが、新婚旅行の行く先として夫が希望したのが、〝三陸鉄道に乗りに行く〟ことだった。エンジニアで鉄道模型なども好きな夫にとって、元は国鉄の一部分だった路線が第３セクターとして運営される第1号であった三陸鉄道がどんなものか、また、うまくやっていけそうなのか、興味があって乗りたくなったらしかった。それで、旅の計画をたてるのが趣味の私は、よしきた、とばかりに、夫の希望をかなえつつ、適当に観光旅行らしい要素も取り入れてと、プランを練ったのだった。

実は私達は再婚同士で、私には当時小学校４年生だった娘がいて、私達が留守の間、娘が楽しく過ごせる場所を確保して旅立つ必要があった。そして考えついた娘にとって一番よい場所は、東京の私の仲良しの従姉妹の家だった。そこには娘より1歳年上の女の子と、あと男の子が2人、計３人の子供達がいた。何より、それまでにも娘と私の2人で従姉妹一家の夏の旅行に便乗させてもらったことも、一度ならずあるのだった。それで、まず夫と娘と私の3人で東京まで行き、そこから夫と私の2人の新婚旅行がスタートする、という段取りとなった。

さて、出発当日。2学期から小学校を転校することになる娘が、1学期の終業式はぜひ出席したいと言う。それで、娘の終業式が終わるころに夫と2人で迎えに行き、その足で京都駅へ直行した。そして京都駅から、当時あった新幹線ひかり号の2階グリーン席に3人で乗り込んだ。案の定2階席に娘は大喜びで、私達もうれしかった。

そのころは国鉄からJRになってすぐだったが、国鉄時代からの〝周遊券〟というシステムの切符があった。周遊指定地を2か所以上まわってJRで旅すれば、乗車賃が割引になる、というものだったが、新婚旅行の場合、グリーン車を1回でも利用すれば割引率が高くなる、グリーン周遊券というものがあった。そのグリーン周遊券の1回のグリーン席を娘と3人で楽しんだことになる。そして、東京に着くと、従姉妹の家に行き、従姉妹夫婦に娘を託したのだった。

〈三陸鉄道南リアス線を走破、北リアス線も少し乗る〉

上野駅から、夫と私は、当時盛岡までしか無かった東北新幹線に乗る。やまびこ号の普通席で、一関まで。駅前のホテルサンルート一関が、1日目の宿だった。ホテルの部屋に荷物を置いて、もう暗くなっていた道を、夕食に出かけた。ガイドブックに載っていた店で食べた、とろろごはんがとても美味しかった。

2日目の朝は、9時46分発の大船渡線の快速列車で、三陸鉄道南リアス線の始発駅である盛《さかり》駅をめざした。この大船渡線というのは、別名ドラゴンレールと言って、うねうねと遠まわりする。三角形の二辺を行くどころか、四角形の三辺を行く部分がある路線だ。線路を敷いたときに何人かの政治家がそれぞれの力を見せるべく、自分の町に便利なように敷いたせいらしいが、見事な遠まわり線だ。猊鼻《げいび》渓という風光明媚らしい渓谷も通ったようだが、あまり印象に残っていない。気仙沼と盛の間には東日本大震災で残った「奇跡の一本松」が見えた箇所もあるらしいが、もちろんその当時は関係が無いことだ。まあ、のどかな風景の中を、地元の人達が少しずつ乗降して列車は進み、盛へは12時3分着。

お昼時なので、三陸鉄道南リアス線12時13分発の列車は乗り過ごし、次の13時発に乗ることにして、食堂をさがした。降りてみると盛の駅前は何も無いところで、場合によってはパンでも買ってベンチで食べようかとも思いながら少し歩くと、1軒のごくふつうの食堂があった。お昼にありつけてよかった。

盛から乗り込んだ三陸鉄道は、今も同じ、白地に赤と青のボディ。南リアス線は、あまり見どころも無い。ぽちぽち進むうちに、13時48分にJR線に乗り換える、釜石へ着いた。駅の右手に、釜石の橋上市場が見えた。駅から陸橋のようにのびているところが市場だと聞いて、行ってみたかったが、先を急ぐので、13時52分発のJRに乗って宮古まで行く。宮古着は15時14分。宮古からは、また三陸鉄道だ。乗り継ぎ時間は4分しか無いが、切符は周遊券にセットされているので、買う必要はなくて楽だ。2両編成の三陸鉄道北リアス線の車内には、飲み物の自販機があって、ちょっともの珍しかった。それに、高校を出たてのような雰囲気の若い男性乗務員がいて、かいがいしく働いているのが微笑ましく、何だか、三陸鉄道の未来は安泰、という気がして、乗りに来たのがうれしかった。この日は、宿がある田老《たろう》駅まで、北リアス線に乗る。田老駅は、海辺の景勝地である三王岩の最寄り駅だ。この駅は、たまたま本州の最東端駅だった。ちなみに、宮古市には宮古駅からバスで行けるところに本州最東端の灯台があり、近くの岩場に本州最東端の碑もたっているらしい。今は、宮古の観光案内所などで、「本州最東端訪問証明書」を100円で売ってくれるそうだ。ついでに言うと、JRの最東端駅は東根室で、東根室には、1991年に夫と娘の3人で北海道旅行をしたときに行くことができた。最東端などの「端」にこだわる趣味がある私は、その北海道旅行のとき、仕事の都合で3日間しか旅ができない夫が一足先に帰ってから、娘と2人で最北端の稚内をめざした。そしてその帰りには、当時、非常に人気があって切符が取りにくかった寝台列車北斗星の札幌→上野間のチケットを手に入れて、東京へ立ち寄り、従姉妹夫婦の家にまたもや世話になったのだった。

また話がそれてしまったが、田老駅から、タクシーで5分の国民宿舎三王閣へ向かった。宮古周辺で2連泊するつもりで、ガイドブックでさがした宿だ。古い国民宿舎らしいが、三沢基地のアメリカ軍将校が家族連れで来ることもあるというバストイレ付の和室が1部屋あると言うので、その部屋を予約していた。でも宿に着いてみると、何か活気が無い。世の中は夏休みだというのに、がらんとしていてよいのだろうか。プールもあるが、水がはっていないし。その上、案内された部屋は、長いこと使われていない感じで、変な匂いもした。どうも、東北はまだ小中学校も夏休みになっていなくて、シーズン前のすいた時期に来た風情だった。夕食は、新鮮な魚介類などが出て、味はまあまあだったが、プラスチックの食器類が、ちょっとわびしかった。

〈宮古の休日〉

3日目の朝は、やはりプラスチックの食器での朝食から始まった。

連泊なので荷物は宿に置いて、身軽に田老港まで歩いた。リアス式海岸の最大の見どころの、北山崎を観光する船に乗るのだ。結構大きな船だったが、旅客はまばらだ。東北は夏休み前とはいえ、こんな客の人数でやっていけるのかと心配したが、やはり存続は大変だったのか、今は田老からは就航していないようだ。出航は9時10分。田老と久慈《くじ》のまんなかより少し北の、太田名部というちいさな港に11時15分に着く予定だ。がらんとした船だが売店は営業していて、「ウミネコ用のパン」を購入した。夫がそのパンを手に甲板に立っていると、来るわ、来るわ、ウミネコが群れをなしてやってきた。ウミネコに囲まれて破顔一笑の夫の写真をみると、楽しかったなぁと、思い出す。また、幾重にも連なるリアス式海岸の断崖絶壁はさすがに見事で、そのうちに北山崎も姿を現した。

太田名部港で下船すると、期待していなかったタクシーが1台停まっていた。やれやれ、近くの三陸鉄道の普代駅まで歩かなくてもすむと、喜んでタクシーに乗り込んだ。タクシーだと、列車やバスを乗り継ぐのとちがって、簡単に龍泉洞という天然記念物の鍾乳洞へ行くことができた。洞窟の前の食堂で昼食を食べて、龍泉洞に入った。結構大きな洞窟で、澄んだ青い地底湖が印象に残っている。

太田名部でタクシーに乗れたおかげで、時間に余裕ができた。宮古から浄土ヶ浜という観光地へも足を伸ばそうと思ったらできたが、夫は会社の人達にお土産を買いたいと言う。それで、宮古駅の近くの商店街へ、お土産を買いに行った。私はあまり買い物に興味が無いので、土産物店の近くの美容院で、ヘアカットをすることにした。実は娘を託していた仲良しの従姉妹だが、彼女も旅行が好きで、いろいろな場所に神出鬼没していた。あるとき、京都の私を訪ねてきて、彼女いわく、「私は暇人だからね、大阪で美容院に行ってきたのよ。」と言ったことがある。それを思い出して、私もしばらくカットしていなかったなぁと、美容院へ行き、さっぱりしたのだった。オードリー・ヘップバーンの「ローマの休日」ならぬ、「宮古の休日」を気取ってみたかったのかもしれない。ヘップバーンも、映画の中で、美容院でカットしていたしね。

ところで夫は、干し貝柱などのたくさんのお土産を手にしながら、「今まであまり旅行をしたことがなくて、せいぜい1泊の社員旅行へ行くぐらいだったけど、連泊というのはよいものだなあ。帰る宿がわかっていて、ゆっくりする。」とぶつぶつ言っていた。夫は私より8歳年上で、子供のころは家族旅行などしたことがなさそうだ。私はと言うと、亡くなった実家の父が旅行好きだったので、小学生のころには箱根などへ連れて行ってもらったものだ。また、父が東京出身だったので、東京の祖父や祖母のところへ遊びに行くのもふつうで、その行程も旅のひとつだったのかもしれない。

三陸鉄道一の渡駅で

宮古から宿がある田老駅へ戻る途中には、一の渡《いちのわたり》という駅で列車待ち合わせのために数分停車したので、ホームへ降り立った。私は、一の渡の駅名板前で写真を撮ってもらった。駅名板の駅の愛称は「うぐいすの小径」だ。三陸鉄道の各駅には素敵な愛称がつけられているのだが、南リアス線の始発の盛駅は「椿の里」、終着の釜石は「鉄と魚の町」、北リアス線の始発の宮古駅は「リアスの港」、そして田老駅は「銀色のしぶき」だった。

〈三陸鉄道北リアス線を完乗して十和田湖へ〉

4日目は移動日だ。まず、三陸鉄道田老駅9時25分発の列車で、終着久慈駅をめざす。これで三陸鉄道は、南リアス線、北リアス線共に完乗だ。三陸鉄道の駅は、それぞれの駅舎も、かわいらしい。また、龍泉洞行きのバスが出る小本《おもと》駅の愛称は「泉湧く岩」、その次の島越《しまのこし》駅の愛称は「カルボナード」、と、停車する度に駅の案内板を見ていくのも楽しい。田野畑《たのはた》駅の「カンパネルラ」や、「カルボナード」は、宮沢賢治の童話にちなんだエスペラント語の愛称らしい。「ウニの香り」という愛称の白井海岸駅にも停まったが、海開きはまだのようで、乗降する人はいなかった。何も無い駅で、海水浴のわずかなシーズンには、駅を下っていったところにあるという美しい浜が、賑わうらしかった。北リアス線終着の久慈へは10時41分着。久慈駅の愛称は「琥珀いろ」。

久慈駅では、名産の琥珀の簡易売店があったが、6分後の八戸行きのJRに乗るので、物色したりはできなかった。それから八戸線の列車に乗って席に着くと、地元のご婦人らしい人が乗ってきて、大きな風呂敷包みを広げた。手作りの駅弁を売りに来たわけで、面白そう、買ってみようか、と思ったものの、八戸駅で八戸小唄寿司という駅弁を買う予定にしていたので、買うのを迷っているうちに、発車時刻がきてしまった。最近、テレビの「あまちゃん」で海女クラブの駅弁作りのシーンをみると、あのとき、久慈駅の地元の婦人の駅弁を買っておけばよかったと、26年前のことを後悔する私だ。

八戸線の列車は、海岸すれすれのところも通る。途中、ウミネコでいっぱいのちいさな島が見えたら、海岸線ともお別れ。八戸には、12時44分着。八戸小唄寿司を2つ購入した。13時4分発の東北本線の普通列車に乗り換えて、三沢駅まで行く。この普通列車はボックス席がなく、ロングシートのみ。駅弁は食べにくいので、我慢する。三沢駅には13時27分着。駅前から、十和田湖行のバスに乗るのだ。駅の待合室で駅弁を食べ、14時25分発のバスに乗った。バスは、市街地を抜けて山間部に入り、有名な奥入瀬渓谷沿いに走る。青葉の渓谷を眺めているうちに、16時30分すぎに十和田湖畔に着いた。

十和田湖畔からはホテルの送迎車で十和田プリンスホテルへ向かった。十和田湖周辺には、温泉もたくさんあるし、宿泊場所には困らない。でも一応新婚旅行だし、それらしい宿を、と思ってプリンスホテルを予約したのだ。でも調べてみるとプリンスホテルでは「奥入瀬散策パック」という、景色の悪い山側の部屋限定で、ランチボックス付きのお得な朝食付き料金の商品があった。お得な商品が大好きな私は、新婚旅行を忘れてそれを申し込んでいた。まあ、山側の部屋だけれど、ゆったりしたきれいなツインの部屋でよかった。何より、田老の国民宿舎とちがって、いい匂いがした。山側の部屋の窓からは、ホテルのテニスコートも見えた。夫が、「あのプレイしている女の子、娘に似ているね。」とつぶやいた。

夕食は、十和田湖がきれいに見えるホテルの食堂で、リラックスして食べた。オーストラリア産と但し書きがついた、ビーフステーキのセットメニューで、美味しかった。

〈酸ケ湯《すかゆ》温泉、いちご煮、個室寝台列車〉

5日目の朝。前日の夕食と同じく、ホテルの食堂でのんびりと朝食をすませた。ゆっくりホテルの庭を散歩してからチェックアウト。フロントで、「奥入瀬散策パック」のランチボックスを2つ渡してもらった。中身をのぞくと、サンドイッチと飲み物、果物など。何だかうきうきして、ランチボックスを手にした写真を何枚もホテルの人に撮ってもらった。ホテルの車で十和田湖畔まで送ってもらい、そこから、十和田湖遊覧船に乗って、子ノ口《ねのくち》まで行く。1時間ほどの乗船だ。船の中で、ランチパックの昼食としゃれこんだ。

子ノ口からは13時29分発の青森行きの「ミズウミ11号」というバスに乗る。青森からは、寝台列車で東京へ戻るのだ。バスは、観光シーズンだと思って発駅着席券をとってあったが、ガラガラだった。やはり、まだ東北は夏休み前のようだ。バスの中で、夫が、「この旅では温泉の入浴は無かったね。」と言う。「三陸鉄道が目的の旅だからねー。」と私は返事しながら、「実は今から温泉へ行くの。」と続けた。「千人風呂が名物だという、酸ケ湯温泉へ、途中下車して日帰り入浴に行くの、夜行列車に乗る前に入浴するのは、よい案でしょ?」と、私は夫に同意を求めた。

酸ケ湯温泉着は14時50分ごろだった。巨大な一軒宿で、総ヒバ造りの、これまた巨大な「千人風呂」が有名で、来てみたかったところだ。受付で入浴料を支払ってから荷物を預け、夫にタオルなどを渡して、男女別の脱衣場へ行った。実は、ここは、脱衣場は別だが、混浴の風呂なのだ。私はゆっくり衣服を脱いでタオルで胸などを被い、千人風呂の入口の扉を開けた。湯の香りがして、白煙がたちこめて、一瞬、よく見えない。そろそろと滑らないように歩いて、大きな木の浴槽が2つ見えたうち、ぬるい方らしい風呂に近付いていった。夫の姿が目に入った。ふぅ、と私は大きな息をして、近付き、湯船の中にいる夫の横に身体を滑り込ませた。白濁した湯で、入ってしまうと、身体はよく見えないのでよかった。夫はすごく喜んで、「やっぱり温泉は気持ちがいいねえ。」などと話していた。2人共、この酸ケ湯温泉はすっかり気に入って、もう一度行きたい場所だ。また、酸ケ湯は豪雪で有名な場所でもあるので、テレビの気象関係のニュースなどで、よく温泉宿が映し出される。その度に「また行きたいね。」と話しているが、調べてみると、今は、この大浴槽付近に男女別の仕切りがあるそうだ。ちょっと残念な気もする。

風呂から上がって、またバスに乗り、青森駅をめざす。酸ケ湯温泉16時22分発のバスは、遅れずにやってきた。何と、今度はガラガラどころか、客は私達だけだ。貸切バスのような車内の前の方の席に陣取って、車窓の景色を楽しんだ。始めのうちは高山植物が多く見られたが、バスが登るうちに途中で森林限界を超えたのか、景色は這松やごつごつした岩などに変わっていった。何だかとても遠くへ来たように思って、感動した。そのうちバス道は下りにさしかかり、雲谷スカイランドという停留所に停まった。運転手さんが、少し時間があるので、下車するように勧める。バスを降りてすぐの展望台から遠くを見渡すと、下北半島と津軽半島がくっきり見えた。まるでザ・青森県といった感じの景色が、地図そのままの形に広がっているのを見て、また感動した。

バスは、青森駅に、17時30分ごろに着く。青森から19時17分発の寝台特急「ゆうづる4号」に乗るまでの間に、夕食だ。駅ビルに「みちのく料理西むら」という看板を見つけて、その店に入った。メニューの中に「いちご煮」というものがあるので聞いてみると、あわびとウニの吸い物風のものだと言われた。ウニがいちごのよう見えるので、「いちご煮」と名付けられた、郷土のご馳走だと言う。早速それも注文して食べてみると、その美味しいことといったら！　思わず、お土産にしたいと思ったが、そうもいかないようだった。

美味しい夕食の後は、個室寝台列車で寝ながら上野まで戻る。2段ベッドと、ベッドと揃いのビロード張りのイス、ちいさな机にテレビ。トイレこそ無いが、快適だった。

〈娘といっしょに旅から帰る、そして〉

朝6時8分、寝台列車〝ゆうづる〟は、上野駅に到着。早速、従姉妹の家に娘を迎えに行く。娘は日焼けして、従姉妹の子供達と遊んでいた。楽しそうで安心した。東京の従姉妹は、旅好きだが、食べることも大好きだ。青森で「いちご煮」という美味しい郷土料理を食べた話をすると、驚いたことに従姉妹は、「これでしょ?」と言って、「いちご煮」の缶詰セットの箱入りを持ってきた。青森市ではなくて八戸市のものだったが、ラベルの写真はまぎれもなく青森で食べた「いちご煮」だ。従姉妹は、「これ、さなえちゃん(私の名)にあげようと思って取り寄せておいたの、荷物になるけど、持って帰って。」と言った。従姉妹のだんなさまは築地の場外で佃煮などを商っていて、美味しい食べ物には目がなく、「どうぞ、どうぞ、これ、美味しいから。」と、彼も勧めて、持たせてくれた。

ところで、この「いちご煮」はその後私達のお気に入りとなり、実家の母が亡くなったときには、八戸の会社に依頼して、香典返しの品にさせてもらった。美味しいものを少し、という感覚もよいと思ったし、缶詰セットはいろいろな価格のものがあり、先様へ送る品として便利だったからだ。

東京駅11時発のひかり号で、帰途に着く。帰りはグリーン車ではなく、普通車だ。でも3人揃っているのが心楽しく、旅の思い出を胸に、車窓を眺めたりしていた。京都駅には、13時40分に着いた。
さて、夫と娘は同じ干支で、しかも誕生日まで偶然同じ。丸々36年ちがいなのだ。それで夫と娘は何となく親しみを感じたようで、出会った当初から、有難いことに、仲がよかった。養子縁組もきちんとするつもりでいた。

旅行から帰って2、3日後に、市役所へ、婚姻届と養子縁組届を束にして持って行った。束、というのは、当時大学生と高校生だった、夫の2人の息子達と私との養子縁組届もいっしょに提出するので、結構な量の書類だったのだ。市役所では窓口の職員の方が、「えっ、用紙に捨印が押していない上に、印鑑もお持ちじゃないのですか、それは無理ですよ。」と言われた。何が無理なのかと聞くと、「ややこしい書類なので、間違いがあるのが目に見えている、捨印が無いと、訂正ができないから、受理できないのです。」と言われた。とりあえず間違いをチェックしましょうと書類に目を通し始められたが、しばらくしてから、おもむろに顔を上げて、「全部あっています、届を受理させていただきます。」とおごそかに言われた。何だか、単に手続きが滞りなく提出できたという以上に、とてもうれしかったことを思い出す。

2. 最初で最後の夫とのヨーロッパ旅行

〈夫と、ヨーロッパ旅行へ行けることになった！〉

２００1年に夫とヨーロッパ旅行へ行ってからはや12年たった。そのときの資料や旅行記ふうのメモを眺めながら、老後の楽しみに、旅行記をまとめることにした。

老後の楽しみというのは、本当に大切だ。実は、3年前に亡くなった実家の母と3度ヨーロッパ旅行をしたが、大病をした後に旅をした母にとって、旅の思い出というものは、大いに生きる力になったことが痛切に思い出されるのだ。更に、20年近く前のことだが、夫の母とパリやコペンハーゲンへ旅したときも、今でいう認知症を患っていた母だが、旅のアルバムを見て頭に刷り込まれたのか、「パリへ連れて行ってもろうて楽しかったなあ。」としばしば私の顔を見て、つぶやいたものだった。

最近、夫と私は、電気の消し忘れとかのちょっとしたことを忘れては、「歳はとりとうないなあ、と言う、おばあちゃん（夫の母）の口癖が実感できるようになってきたね。」と言い合って笑うことが多くなってきた。

あまり旅行が好きではない夫なので、定年退職を機にヨーロッパ旅行を承諾したのを幸いに、2度と行けないかもしれないとの懸念から、21日間の長めの旅を考えて、腕によりをかけて旅の計画を練ったものだった。

エンジニアだった夫は、以前、会社からミュンヘンでの展示会のついでにパリなども旅行させてもらったことがあった。そのとき同行の人がミュンヘンのドイツ博物館（工業博物館）へ、展示会を抜け出してか、行ってきたと、少しうらやましそうに夫が言ったことがあった。それで、ヨーロッパ旅行の第一の目的は決まりだった。そのドイツ博物館をゆっくり見物してからどこを旅したいかと尋ねてみると、夫の答えは「イタリア。」だった。また、会社からのヨーロッパ旅行のときはパリでルーブル美術館へ行かなかったので、ミュンヘンの前に、パリでルーブルへ行き、ドイツ博物館の後は、列車でイタリア旅行をする、というおおまかなプランが、でき上がった。ミュンヘンから列車でイタリアのヴェローナへ行き、アレーナというローマの古代劇場で野外オペラを見よう。夫は、「題名のない音楽会」というテレビ番組をビデオ録画している、音楽好きでもあるのだ。ヴェローナの後は、私の大好きなヴェネツィア。それからフィレンツェ、ピサ、ローマ。日程を振りあてていくと2泊余ったので、ナポリもちょっとだけ行くことにした。ピサから後の街は私も初めての上、治安も少し悪そうで不安もあったが、期待の方が大きかった。

何を隠そう、私の趣味は旅の計画をたてることなのだ。欧州の航空会社のヨーロッパへのフライトは、始めに到着した都市を起点に2フライト付きの格安航空券を売っていることが多い。それで、よく利用していたエールフランスを選び、まずパリへ飛び、2泊してパリからの1フライトでミュンヘンへ、ミュンヘンから陸路で移動してナポリから2フライトめでパリへ戻り、パリ経由で関空へ帰る、というスケジュールにした。陸路の列車のチケットは、「現地で買うのが一番、日本で手配すると手数料が高くつく。」というアドバイスを以前受けたことがあったので、ミュンヘンでイタリアのヴェローナまでのチケットを、ヴェローナでその後のイタリア内の切符すべてを買う予定をたてた。メモ用紙に行先などの必要事項を書いたものを用意しておき、片言の英語や現地語を使って駅の窓口で指定券などを買うのは結構楽しいものだ。

2001年8月2日 〈パリに着いた！〉

17時35分にパリのシャルル・ド・ゴール空港着。円からフランに両替をすませる。現金通貨がユーロに変わる前年だった。空港バス（ロワッシーバス）でオペラ座前まで行く。その後近くのバス停から市バス95番に乗ってホテルへ行く。バス代は、小銭で支払った。バスはルーブル美術館のガラスのピラミッドの横を走り、セーヌ川を渡る。サンジェルマンデプレのひとつ手前のバス停で下車すると、予約した3ツ星のホテル・ダニューブはすぐそこなのだった。

部屋はゆったりしていて、バスタブ付きだった。長いフライトの後の私達は、くたびれたのかそれほどでもなかったのかよくわからなかったが、ともかく散歩に出た。セーヌ川へ出て、ポン・デ・ザールと呼ばれる橋を渡った。日本語に訳すと芸術橋と言う、鉄製のアーチが連なった橋で、車は通行できず、歩行者専用だ。恋人達の憩いの場所のような橋で、大道芸人もいたりする。橋を渡ると、そこはルーブル美術館で、たそがれのルーブル美術館の中庭で夕涼みをした。ライトアップされたガラスのピラミッドを背景にして、若者達のローラースケートの音が響いていた。ふと思いついて、翌日のルーブル美術館の合間のランチ用のレストランの予約をしに行くことにした。何かの本に、セーヌの眺めがよくてお勧めというレストランが載っていたのだ。そこは、ルーブル美術館と通りを隔てた東側のデパート・サマリテーヌの5階のトゥー・パリ。禁煙席は満席とのことで、喫煙席を予約してからサンジェルマンデプレへ戻った。そして、レオン・ド・ブリュッセルというリーズナブルなレストランで大鍋のムール貝を食べようとしたが、超満員。あきらめて、カフェ・ドゥ・マゴのテラス席でサンジェルマンデプレ教会を眺めながら遅い夕食をとった。サーモンのサラダと、サラミやチーズなどのサラダを注文。野菜が大盛りの上にパンがたくさん付いてくるので、満腹になった。このカフェ・ドゥ・マゴは、隣のカフェ・ド・フロールと並んで、サンジェルマンデプレの名物のようなカフェだ。カフェ・ド・フロールは、作家のサルトルとボーヴォワールが常連だったので有名だ。カフェ・ドゥ・マゴは、店内に2つの中国人の人形があるので、ドゥ（2つの）・マゴ（人形）と呼ばれている。教会が目の前で眺めがよいので、観光客が多いようだ。サンジェルマンデプレ教会は、とんがり屋根でロマネスク様式の、パリでも最古の教会のひとつだが、夫はそんなことはあまり興味がなさそうだった。カフェを出て、歩いてすぐのホテルへ帰って、おやすみ。

8月3日 〈ルーブル美術館とランチを堪能〉

ホテルのちいさな食堂で、ゆっくり朝食。コーヒー、ジュース、パン。

カルネという10枚つづりのバス、地下鉄共通券を買って、バスでルーブル美術館へ。ミロのヴィーナス、モナリザなどを鑑賞してから、予約したレストラン・トゥー・パリへ行く。席に案内されると、目の前にセーヌ川とシテ島の眺めが飛び込んでくる。ランチは、まず前菜の生ハムとメロンが最高だった。夫も、初めて食べる生ハムメロンがお気に召したようだ。メインは、夫がポテト付きのビフテキ、私は温野菜付きのサーモン。それからデザート。グラスワイン付き。

食後はデパート・サマリテーヌの電気製品売り場で夫は、デジカメなどを眺めて楽しそうだった。このデパートは5階のトイレ前からの教会の眺めも迫力があってよかった。屋上のちいさな丸い展望台も、360度のパリの景色が楽しめた。

レストラン・トゥー・パリはリーズナブルでよい景色なので気に入っていたのだが、その後デパート・サマリテーヌごと、閉店してしまった。レストラン共々再開されるとよいのだが。

デパート・サマリテーヌをまわった後ルーブルに戻り、ナポレオンの居室などを見た。ルーブルを後にして、地下鉄乗り場へと移動する途中、MUJIショップをみつけて、ちょっと入ってみたりした。MUJIショップは日本の店と同じような品揃えだったが、パリにある方が、何故かおしゃれに感じた。

メトロに乗って凱旋門へ行く。凱旋門からシャンゼリゼ大通りを少し散歩してから73番のバスでサンジェルマンデプレへ戻った。このバスはシャンゼリゼ大通りから、コンコルド広場を右折してから、セーヌ川を渡る。セーヌの橋の上からは、エッフェル塔も見える。バスはタクシーなどよりシートの位置が高いので、景色がよく見えて楽しい。

ランチをたっぷり食べたので夕食は簡単にと、スーパーモノプリでサラダなどを買い込んで、ホテルの部屋でゆっくり食べた。おやすみ。

8月4日　〈パリからミュンヘンへ飛ぶ〉

ホテルで朝食後、娘にたのまれたエルベシャプリエのバッグを買いに、歩いてサンシュルピス教会の近くのショップへ行った。10時半の開店を待って入店。ウィンドウに飾ってあった新作のピンクのバッグを購入。ホテルへ戻ってチェックアウト。修理でエレベーターが使えない分、部屋代を割り引くと言われていたが、いざ来るとエレベーターは動いていた。どうなのかと思っていたが、部屋代は予約通りに割り引いてもらえた。

市バス95番に乗り、オペラ座まで行く。来たときと逆コースで空港バスに乗りシャルル・ド・ゴール空港へ着いた。空港の待合室で、市内で買っておいたサンドイッチの軽い昼食をとった。いつも海外では空港などで水を買うと割高なので、スーパーでミネラルウォーターの大ビンを買っておき、ちいさいペットボトルに詰め替えて持ち歩いている。このときは大ビンを手に持っていた。それを見た通りすがりの若い白人女性が、「その水、どこで売っているの?」と声をかけてきた。「パリのスーパーで買った。」

と答えると、残念そうに、「そうよね〜。」といった笑顔で立ち去った。旅慣れているとほめられたみたいでうれしかった。

15時35分発のミュンヘン行きの飛行機に乗ると、機内食が出た。軽い昼食にしておいてよかった。夕方、ミュンヘン空港着。円をマルクに両替。列車でミュンヘン中央駅まで行く。列車の切符の買い方は、人に教えてもらった通りにしたら買えたので、よくわからないままだ。中央駅からは徒歩でホテル・ゲルマニアへ。旅行社で手配してもらったホテルで、朝食付き1人1泊4000円強と安いからしかたがないが、冷蔵庫が使えない状態だったりして少しわびしかった。でもバスルームのお湯の出はよいし、ベッドも清潔でよかった。

おなかのすき具合が中途半端な上に雨が降っていたので出かけるのはおっくうだったが、ソーセージとビールでも、と考えて夜の街に出た。テイクアウトもやっているちいさなカウンターの店を見つけて夜食をとった。ソーセージに付いてくるフライドポテトが山盛りだった。美味しかったので、頑張って食べた。

8月5日〈ドイツ博物館へ〉

ホテルでたっぷりのブッフェの朝食。地下の食堂の隣席は、日本人の2人連れ。学者肌の年輩の男性と、お孫さんらしい男の子だった。夏休みを利用してドイツ博物館へ通う、おじいちゃまと坊やだろうか、きっと理科が大好きなんだろうな、とか勝手に想像したりしていた。

念願のドイツ博物館へ行く。トラム（路面電車）1本で行けるのだが、切符の自販機の使い方がわからないので、地下鉄の窓口で市内交通3日券を購入した。トラムに乗って15分くらいで、川の中州にある停留所に着いた。少し歩くと到着。旅の第一目的なので、ゆっくり見学しようとミュンヘン3泊のプランにはしてあったが、予想通り、というのか、博物館はまことに広大で奥が深い。どんなペースで見ていったら丸2日間で一通りまわれるのか、つかめないので始めは焦った。船の部屋、飛行機の部屋、物理の部屋、医学の部屋、アルタミラの洞窟の部屋……。物理の部屋は実際に触ってためせる展示物もあって、ことのほか夫のお気に入りだった。昼食は、庭にある古い電車を利用したカフェで簡単にすませた。宇宙の部屋で、滋賀県から来たと言う男の子を2人連れた4人家族に出会った。そういえば、船の部屋かどこかで、地元の人らしい品のよさそうな老婦人が、女の子を連れてにこやかに見学しているのも見かけた。「年間パスでも利用して通っているのだろうか、家の近くにこんな博物館があるといいいね。」と夫にささやいたものだった。そして何とか半分強は見学できたかな、というところで夕方になったので、ドイツ博物館を後にした。

市庁舎前あたりでトラムを降り、ホーフガルテン（バイエルン王宮の付属庭園で、一般開放されている）を散歩した。色とりどりの花壇がきれい。そこへ音楽も流れてきた。庭園まんなかのあずまやで、数人の正装した男性達が、クラシック音楽を奏でていた。芝生にすわってしばらく楽しみながら休憩した。

夕食は市庁舎前の通りへ戻って、ビアレストランのテラス席で食べた。ウィンナー・シュニッツェル（豚カツのようなもの）のフライドポテト添えとジャーマンサラダを1人前ずつと、ビールを注文。美味しかった。

8月6日 〈ドイツ博物館はハンパじゃない！〉

ドイツ博物館2日目。順路通りに少しずつ上の階へ上がって見て行った。昼食は見晴らしのよいセルフ・サービスのレストランで食べた。食後も見学。最上階のプラネタリウムは閉まっていた。順路の最後に、といった感じで屋上へ出て写真を撮った。他の人のシャッターを押してあげたりもした。1階まで降り、もうパスしようかと考えていた地下の鉱山をちょっとのぞいてみる気になって、薄暗い階段を下った。これが、〝ちょっとのぞく〟ぐらいでは到底すまされない力作で、これでもか、これでもか！という感じで迫真の鉱山が続いた。見ごたえありすぎでふらふらになってドイツ博物館を出ようとしたが、少し時間に余裕があったので、夫に、最後に1部屋ぐらいはもう1度行ってもいいよと言うと、夫は物理の部屋へいそいそと向かった。私は廊下の椅子で心楽しく待っていた。

ドイツ博物館を出て、トラムの停留所脇のベンチで少し休憩した。ほどなく夕方5時、市庁舎の仕掛け時計が動く時間。急いで市庁舎前のマリエン広場へ行き、大勢の観光客にまじって仕掛け時計が動き出すのを待った。市庁舎は、新市庁舎というが、19世紀末ごろに建てられたネオゴシック様式で、すでに年代もので風格がある。その塔の中ほどに窓があって、等身大の人形達がオルゴール音楽に合わせて動くのだ。等身大とはいえ、下から見上げるとかわいらしい人形達を、夫と私も楽しく見つめた。

夕食はホテルの部屋でゆっくり食べようと、帰る道すがらマクドナルドでハンバーガーやビールを購入した。「テイクアウト」が通じたのだが、ドイツのマクドナルドの包装はとてもシンプルで、ビールのふたなども無かった。エコのために過剰包装をしないのだろうが、ビールがこぼれないように気をつけて歩かねばならなかった。

8月7日〈ヴェローナへ、野外オペラを見る〉

朝食後、9時半ごろの列車でイタリアのヴェローナへ向かった。ミュンヘン中央駅は、ヨーロッパの他の駅と同様に改札が無い、大きな行き止まりの柱頭駅だ。当該のホームに、どこからかやってきたイタリア方面行の列車が折り返すのに乗り込む。5時間以上乗るので、1等の指定席を取ってあった。座席指定の番号が並んでいないのでさがしてすわったが、コンパートメントの座席は、ペアが向かい合うように取るのがふつうらしかった。発車して、ほどなく車掌が切符の改札にまわってくる。そのうち、列車はいつの間にかドイツからオーストリアに入った。インスブルックで隣席の1組のカップルが降り、入れちがいに年配の白人カップルが乗ってきた。イングランドの夫婦で、ザルツブルクに数日滞在してコンサートやオペラを鑑賞してきたとのこと。この日は朝ザルツブルクを出発してインスブルックで乗り換え、私達と同じヴェローナまで行くと言う。ヴェローナでは、4晩野外オペラを見るらしい。だんなさまは、「奥様のお伴で、オペラ、オペラ、オペラだ。」と言って首をすくめて、ウィンクした。昼食は、車内探検がてら行ったカフェで買った、ピザトーストをコンパートメントで食べた。

ところで、インスブルックから少しヴェローナ寄りのところに、ブレンナーという駅がある。イタリア名はブレンネロ、オーストリアとイタリアの国境の峠の駅である。私は1998年に、当時大学生だった娘と、この駅周辺を散歩したことがある。

ここで、1998年の娘との旅の紀行文の一部を紹介したい。

……駅に降り立つと、ホームの前の崖のコンクリート壁に、大きく国境の表示とオーストリアとイタリアの国旗が描かれていた。次の国際列車までの小一時間、散歩をしようと駅舎の外へ出た。残念なことに、雨が降っていた。『ブレンナー峠を越えて』（音楽之友社、小塩節著）という本を読んで、「ブレンナー峠に立って、北のドイツの空を見上げるといつもどんより曇っている、南のイタリアの空を見上げると常に抜けるように明るい。モーツァルトやゲーテを始め、多くの人々が峠を通って馬車の旅をして、南の明るさを内にたくわえて帰ったものだ。」というような内容が印象に残ったので、私もその空を見上げたくなって来たのだった。でも雨が降っていて、見上げた空は北も南も変わりがなかった。とはいえ革製品のバッグや靴の安売り屋のような店が軒を並べていて、イタリアの空気はすでに感じられた。ものを尋ねても、返ってくる言葉は陽気なイタリア語だ。グラッチェ。駅のキオスクはイタリア・リラの表示だったが、残っていたオーストリア・シリングの硬貨でブレンナー峠の絵ハガキを売ってもらえた。あまり買う人もいないのか、絵ハガキは古くてほこりをかぶっていた。雨が降っていて、とても残念だったといえる。でも、だからもう1度行きたい、行こうと考えると、かえって楽しみが増えたように思った。……

夫と列車でブレンナー駅を通り過ぎたとき、思い出して『ブレンナー峠を越えて』の内容と娘との散歩の話をした。そのときも小雨が降っていたので、「もう1度来なくちゃね。」と言い合って笑った。この翌年、母達と再度ブレンナー峠越えの列車の旅をしたのだが、またもや雨模様であった。

ヴェローナ、オペラ・アイーダの幕間（30分程）にホテルの部屋へ戻ってくつろいだ

3時ごろにヴェローナ着。駅前広場からバスに乗って、ブラ広場の入口で下車。広大なアレーナ（ローマの野外闘技場跡）を見ながら少し歩いて、アレーナ前のホテル・ボローニャに着いた。ところで、私がホテルを選ぶときの第一条件はロケーションだ。このホテルも、オペラがはねた夜更けにすぐに帰れるように、リーズナブルなところをさがして予約したのだ。部屋に荷物を置くと、すぐ近くのアレーナのオペラのチケット・オフィスへ急いだ。晩のオペラ・アイーダの券を引き換えるのだ。FAXで予約しておいたもので、席は当日残っている分からあてがわれるはずだったが、すでによい席が取ってあった。セカンド・ハネムーンで夫は60歳、シニア料金と伝えてあったので気を使ってくれたのかもしれなかった。チケットが手に入ったので安心して、シニョリーア広場などを散歩した。ヴェローナはロミオとジュリエットの舞台の町でもある。ジュリエットの家にも一応立ち寄ったが、人が多いばかりで、ローマ遺跡などと比べると印象は薄い場所だ。

夕食は、市場で買ったサンドイッチなどをホテルの部屋で食べて、夜9時からのオペラにそなえて休息した。

アレーナでのオペラはスタンド席。夫のじんべい姿も結構似つかわしく感じた。「値段の高い平土間席は結構ドレスアップした人々もいるね。」と正装で入場していくカップルの後姿を上から眺めていたら、列車でいっしょだったイングランドのご夫婦だった。

夕闇の中、ブルーを基調にした舞台が幻想的に浮かび上がった。オペラ・アイーダはとても迫力があり、30分の休憩をはさんで12時すぎまで続いた。30分の休憩時間は、ホテルの部屋に戻ってゆっくりできた。

8月8日〈ヴェローナの休日〉

ヴェローナでのんびり過ごす日。オペラは雨だと中止のこともあるらしかったので、予備日を設けてあったが、前日は晴れて予定通りに観られたからだ。それに、列車のチケットをヴェローナ駅で購入する予定もあった。

遅めにたっぷりのブッフェ・ブレックファーストの後、駅までゆっくり歩いて切符を買いに行った。途中、古代の城壁の門のひとつのポルタ・ヌォーヴァを通る。駅の出札窓口で、翌日のヴェネツィア行きだけでなく、ヴェネツィア↓フィレンツェ、ピサ↓ローマ、ローマ↓ナポリまで、全部の切符を、日付と発時刻などを書いたメモを見せてお願いした。窓口のおじさまは、ヴェネツィア行きの発時刻だけに訂正のチェックを入れて、「すべての列車がある、よく調べたね。」みたいなことを言ってほめてくれて、束ねた指定席券を売ってくれた。クレジット・カードで支払った。ヴェネツィア行きは、曜日のかげんか指定した時刻の列車が満席だったのか、私のメモより1時間遅いチケットを手配してくれていた。どの乗車区間も3時間程度以内なので、2等の指定席にした。予想通り、値段は安かった。

チケットも買えたし、足取りも軽く駅を後にして、ヌォーヴァ門と逆の方へ歩き、パリオ門の横を通ってカステル・ヴェッキオ城へ行った。城壁と同じ石造りの城の中は美術館になっていて、絵や彫刻がたくさんあった。城の塔の中も展示室で、甲冑や剣などもあった。その後、城に続くスカリジェロ橋をそぞろ歩いた。城壁の延長のような雰囲気の橋で、両側に赤茶の煉瓦が続き、ところどころの狭間から川面が見えた。のんびりしすぎて昼食時間がすぎかけているのに気付いて、ブラ広場の方へ戻り、ホテル・トルコロのレストランへ入った。リゾットが美味しいらしいが品切れで、パスタとサラダを食べた。

ホテルでシエスタ（昼寝）の後、エルベ広場方面を散歩。道端に古代ローマの遺跡がごろごろころがっているような通りが続いていた。古い建物が銀行や店舗などになっていたりした。前日立ち寄ったジュリエットの家も、このあたりである。

ホテルに戻り、夕食のテーブルを予約しようとしたら、「ビフォー　オペラ？　アフター　オペラ？」と聞かれた。今夜はオペラに行かないと答えると、オペラが始まる9時ごろからが一番落ち着いて食事ができると言われたので、助言に従う。夕食のレストランの席で注文したのは、夫にはトリュフオイルをたらしたパスタ、私はじゃがいものニョッキが1皿目。ちなみに、トリュフオイルは我が家の好物だ。以前の娘との2人旅で帰りのヴェネツィアの空港で見つけたトリュフオイルを買って帰って以来、サラダや茄子のソテーにかけるのがブームである。2皿目はうさぎの料理。たっぷり食べて、たっぷり飲んだ。夕闇のテラス席に、アレーナからオペラ・ナブッコの音楽が風に乗ってやってきた。

8月9日　〈心躍るヴェネツィアへ〉

ゆっくりたっぷりの朝ごはんを食べてホテルをチェックアウト。ブラ広場の端からバスでヴェローナ駅へ。12時34分発の列車でヴェネツィアへ向かった。ヴェローナ➡ヴェネツィアの列車は混んでいたが、ヴィツェンツァ、パドヴァと下車してみたい駅ごとに乗客達が降りてゆき、少しずつすいていった。ヴェネツィア・メストレの駅がすぎ、いよいよ海の上の橋を渡ってヴェネツィア本島へと列車は走る。旅に出る前に家で見た映画「旅情」のヒロインがヴェネツィアに到着するシーンを思い出してわくわくする。

終着駅ヴェネツィア・サンタ・ルチアに降り立ち、ヨーロッパの駅の常で改札口が無いままに長いホームを歩いて駅舎の外へ出ると、水上バス（ヴァポレット）やゴンドラが行きかう大運河（カナル・グランデ）が目の前に、いきなり現れた。水上バス3日券を買い、すぐに乗ってサン・ザッカリアまで行く。この3日券は、後述のトルチェッロ島などまでも有効であり、便利なチケットだ。はやる気持ちで乗った船は広いジュデッカ運河を通ってサン・ザッカリアへ行く系統ではやいのだが、ヴェネツィアが初めての夫にとっては、大運河をたどる逆コースの系統の船でリアルト橋をくぐったり、水際から建ち上がる華麗な屋敷群に目を奪われたりしながら行く方が、観光気分がしてよかったかなと、ちょっと反省した。カンツォーネのお国柄だけあって、各停留所で乗務員は歌うように駅名をつげる。ジュデッカ運河をすぎて水上バスはサンマルコ広場の人混みを左手に見ながら進み、サン・ザッカリアで停船した。船のスタッフのあざやかな綱さばきを見ながら、下船。停留所のすぐ前のホテル・サヴォイア&ヨランダにチェックインした。旅行社のホテルの冊子に安いレートで出ていたので頼んだホテルだ。部屋は屋根裏のような、広ーいバスルームがあるかわいくてかつ重厚なインテリアのツインルームだった。窓が海側以外の3方にあり、家々の赤い屋根や、アルターナという屋上の物干しのような台を見渡すことができた。窓から顔を出せば海も見えた。

暑かったし、人混みを見てちょっとぐったりしていたけど、昼食もまだだしと、散歩に出た。サンマルコ広場から、狭いけど目抜き通りであるメルチェリア通りをくねくねと歩き、リアルト橋へ出た。商店が両側にある石造りのリアルト橋を渡り、運河沿いのカフェでケーキを食べて昼食がわりにした。リアルトからは水上バスに乗ってホテルに戻り、夕食まで休憩した。

夕食は近くの裏通りの、アチュゲッタという店で食べた。いわしのマリネやイカスミスパゲティなどが美味しかった。この店では陽気なおじさんウエイターとのやりとりが、面白かった。カラフ入りのハウスワインが無いか尋ねたところ、ボトルワインかグラスワインしか無いと言う。「スペシャルワインはいかが?」と言う彼に、夫がOKしたが、値段を確かめると10万リラ（1万円位）だと言う。おじさんウエイターを呼んで取り換えようとしても、気付かないふりをしてらちが明かない。思いついて、「センタ、スクージー（ちょっと、すみません、みたいなイタリア語）」と呼びかけると、振り向いてくれた。片言の英語やイタリア語で、「10万リラのワインは高すぎる、いらない、ビールにします!」と2、3回叫ぶと、まわりのお客さん達がクスクス笑いだした。「日本人、ビールが好き、ビールがいい!」とダメ押しで言うと、おじさんも「じゃあ、5万リラのスペシャルワインはどう?」と答えてくる。夫が横からまたOKしたので、それでも高いと思ったが、注文した。あやうく高価なボトルワインを飲まされかけたが、美味しい白ワインだったのでよかった。

8月10日　〈眺めのいいトルチェッロ島、美味しいブラーノ島〉

寝坊して、遅い時間にホテルでブッフェの朝食。

宿を出て、サンマルコ寺院へ入場しようとしたが、長蛇の列だったのでこの日はとりやめ。サン・ザッカリアから水上バスでトルチェッロ島をめざすことにした。

トルチェッロ島は、ヴェネツィア発祥の地だと言う。ヴェネツィア国が、他国との戦で有利なように海の中に街をつくった最初の場所で、疫病がはやって廃れ、今の本島に新しい街づくりがされたものらしい。トルチェッロ島の人口は数十人で、古い教会がおごそかに立っている。船着場から1本だけの道を歩いていくと、その古いサンタ・マリア・アッスンタ教会へ出るのだ。以前娘と初めて行ったときは、もちろんモザイク画など、素晴らしかったが、塔へは上がれなかった。それが、修復して観光客も上がれるようになったというので、夫とやってきたのだ。

教会の塔の入口でチケットを買おうとすると、スタッフの若い女性から、「チケット」の日本語を教えてほしいとたのまれた。このころ、イタリアのあちこちで案内板などの整備が進められていたようで、彼女の口調にも、日本からのお客様を大切にしたいという気持ちが感じられた。夫と顔を見合わせて相談しながら、「切符」という言葉を教えてあげたが、帰り道、カタカナで「チケット」という方が今の日本語らしくてよかったかな、と、夫と話しながら歩いた。チャンスがあれば、訂正したい気分だ。

入口をくぐり、四角い螺旋階段といった塔の内部をグルグル上っていくと、展望が開ける。ラグーナの湿地の様子がよくわかったし、向かいのカラフルなブラーノ島もよく見えた。眼下には、トルチェッロ島の素敵な別荘のような家や、家のそばのちいさなボートで遊ぶ幼子達の声も聞こえるように思われるほど手に取るように見渡せた。

塔から降りて古い教会に入場して、聖母子のモザイクの天井画や後ろの壁のモザイク画をゆっくり眺めてから、船着き場へと戻った。船着き場の屋根付きの待合所のベンチはすでに人がいっぱいだったので、外のベンチで日光浴しながら船を待つことになったが、ジリジリと焼けつく太陽に、10分ぐらいで退散して屋根の下へかけこんだ。水上バスがきて、向かいのブラーノ島へと向かう。その水上バスはブラーノのメインの船着き場には停まらなかったので、橋で繋がっているちいさな島の停留所で下船して、ブラーノ島まで歩いた。

ブラーノ島のレストラン・ガルッピ。右端におなかの出たウエイター氏がちいさくうつっている

ブラーノ島は漁師の島で、カラフルな家々が連なっている。のどかな家々の間を散歩するのと、魚料理を食べるのが目的だったが、お昼どきがすんでいて主だったレストランは閉まっていた。それで、メイン・ストリートで恰幅のいいおじさまウエイターの声にさそわれて、ノンストップで営業しているらしいガルッピという店へ入った。そのウエイター氏は万博のとき大阪にいたことがあると言うことで、日本語まじりで愛想がいい。大皿のムール貝やリゾット、パスタ、サラダなどを平らげた。気持ちがよくなって、大ジョッキのビールを2人ともお代わりをした。

でっぷり太った陽気で日本びいきのおじさまウエイターは、私達の食事の途中で勤務時間が終わったらしく、サスペンダーがついたあざやかな黄色のズボンに履きかえて、「ごゆっくり！」といった感じで店を出て行った。

ブラーノ島のレストランには、私なりのストーリーがある。夫も面白がって聞いてくれた話なので、ちょっと記しておくことにする。

まず、初めてのときの話。1998年に娘と2人で初めてヴェネツィアへ行ったときの目的のひとつが、ブラーノ島のレストランで食事をすることだった。旅行に出るちょっと前に、テレビの「ウルルン滞在記」という番組で、ブラーノ島で一番だというレストランをやっている家族のところへ、ある若手俳優がホームステイをする話が放映され、娘が「ここへ行きたい！」と言ったのだった。いっぽう、映画「旅情」をレンタルビデオで見て映画の美しいピクニックの場面だったブラーノ島へ行ってみたかった私は、2つ返事で「うん、行こう！」と言って、そのレストラン・ロマーノの場所などを調べた。

そして娘と実際にブラーノ島へ行こうとした日、先に奥のトルチェッロ島へ行ってからと思っていたらトルチェッロ島の帰りに下船し損ねて、ガラス細工職人達の島であるムラーノ島のレストランへ行くことになった。そしてムラーノ島のレストランで出会った日本語が上手な地元の男性が、「ブラーノ島はぜひ行くといい、漁師の島だからどの店で食べても魚料理が美味しい。」と、教えてくれた。その男性はシルヴァーノさんという名で、横浜近くの専門学校で3年間ガラス細工を教えていたと言う。「銀ちゃんです」と言って名刺をくれたのだ。そんな彼の勧めもあり、翌日もう1度ブラーノ島へ昼食をとりに出かけた。さいわいヴェネツィア本島で4泊の旅だったたし、水上バスの3日券を持っていたので、容易く実行できたのだ。念願かなってたどり着いたブラーノ島のレストラン・ロマーノでは、海の幸のから揚げやリゾットなどが、本当に美味しかった。

翌1999年の春の1人旅で、私がパリ、フィレンツェからヴェネツィアまで足をのばしたのは、シルヴァーノさんの言う通りに、本当にブラーノ島ではどのレストランも魚料理が美味しいのか、試したいという気持ちがあったからだった。ただ、2度目に1人でブラーノ島へ上陸したときは、昼食にはちょっと遅いかな、というところだった。とはいえ、ギリギリ食べられそうな時間だったので、ガイドブックで見た「黒猫亭」といった名のレストランへトライしてみた。始め、遅がけに日本人の女性1人の客なんてまっぴらごめん、といった按配で断られかけたのを、頼み込んで食事をさせてもらった。こういうときは、きちんと注文して、しっかり食べなくちゃ、と気負った私は、前菜、プリモ、セコンド、ドルチェと、オーダーした。どれも美味しく、たっぷり。ここで食べ残しちゃ旅好きの日本女性の名がすたる、とばかりに頑張って1品ずつ美味しく完食していった。始めつっけんどんだったウエイター氏は、途中からにこやかになり、いろいろ話しかけてきた。最後ドルチェのときには、甘いワインを、これがまた美味しいんだよ、といったジェスチャーと共にサービスで出してくれた。食後に甘いワインを飲むことを、そのとき初めて知った。

3度目は、この旅行記での夫とのブラーノ島のレストラン・ガルッピ。

4度目は、この翌年の母達との旅。初めての店にしようかとも思ったが、母は、以前に娘と行ったレストラン・ロマーノのインテリアや雰囲気が気に入るだろうと考えて、ロマーノを再訪した。やっぱり海の幸のから揚げやリゾットなどが美味しくて満足した。

さて、食後のけだるい散歩中、「娘と来たとき、娘の後姿の写真を撮ったのはこの小運河沿いよ。」と夫に話し、私もそこにすわって同じポーズで写真を撮ってもらった。その後カラフルな家並みに沿って歩き、家の外に椅子を出して午後を過ごしているおばあちゃん達と「ボンジョルノ！」とあいさつしあった。ただ、ブラーノはレース編みの島でもあり、レースを売っている土産店はたくさんあったけれど、レース編みをしているおばあちゃんには出会わなかったのがちょっと残念だった。

ヴェネツィア、ブラーノ島、小運河ぞい

ブラーノ島からの帰り道、船は、ガラス職人達の島であるムラーノ島に立ち寄る。ムラーノのガラスのミュゼオは私も行ったことがなかったが、まあ行かなくてもよいかと、航路の左手にあらわれるサン・ミケーレ島という煉瓦塀で囲まれたお墓だけの島を眺めながら、ヴェネツィア本島まで水上バスで戻った。

本島の裏側にあたるファンダメンダ・ヌォーヴォという海沿いの道から、ホテルまでぶらぶら歩いた。ヴェネツィアは迷宮都市といわれ、道に迷うのがふつうらしいが、私はあまり迷わない。外側は昔のままで中は近代的な病院になっている建物や、教会の前や、小広場、小運河の船用の一方通行の標識などを楽しく見ながら帰った。

ホテルに戻ると、昼の暑さとビールのせいか、夕食も忘れて2人共眠りこけてしまった。

8月11日〈サンマルコ寺院とドゥカーレ宮殿からムラーノ、ザッテレまで〉

そこそこ早起きして、サンマルコ寺院とドゥカーレ宮殿へ入場した。ドゥカーレ宮殿はやはり見ごたえたっぷりで、円柱の装飾の展示などから大広間まで、ゆっくり見学。ため息の橋を渡った先の牢獄の中までこってり見てまわった。

ドゥカーレ宮殿の後、「やっぱりムラーノ島のガラス博物館へ行きたい。」と言う夫の言葉で、水上バスでムラーノ島をめざした。夫は在職中、仕事の一部でガラス細工をやっていたので、興味があるのだ。島へ着くと、まず腹ごしらえ。以前に娘と来たことがあるレストラン。肉料理が美味しい店とのことだったが、あまり時間がなかったので、ツーリスト・メニューなるものを初めて注文した。ミートソース・スパゲティに魚のフライ、ポテトとカラフ入りワインで1人1000円ちょっとだったかな。何ということはない味だったが、はやいし安いし、そのときは有難かった。隣席のアメリカ人らしい観光客達は、そのツーリスト・メニューでは足りないらしく、たくさん追加注文していた。私達も野菜サラダを1人前追加した。サラダは、ビネガーとオイルで、自分で味付けするイタリア式が気に入っていた。

ガラスの博物館は、きれいなガラス製品がたくさんあった。化粧水を入れる容器なのか、トイレット・ボトルというガラス製品が多かった。ただ、期待したほどの何か珍しいものや、実演などは無かった。

ムラーノ島からの帰りの船は前日と同じ、本島の裏のファンダメンダ・ヌォーヴォに着く。ザッテレという河岸へ行くつもりで乗り換えの水上バスを待っていると、国鉄駅まわりの船が先に来たので、それに乗り込んだ。本島をぐるっと半周して、ザッテレの河岸へ行った。付近には前2回のヴェネツィア旅行で泊まった宿もあり、散歩道も思い入れがあるので、夫を連れて行きたかったのだ。ザッテレには、ニコという美味しいアイスクリーム屋さんもある。テラス席でも食べられるが、テイクアウトのコーンに盛ったアイスクリームを買って、夫と並んで歩きながら食べた。近くのゴンドラの修理工場を眺めたり、ちいさな太鼓橋を渡って歩いた。

散歩していると、サン・バルナバ広場へ出た。映画「旅情」で、ヒロインが運河に落ちた舞台だ。その後、水上バスでサンマルコ方面に戻った。

このときはヴェネツィアでサンマルコ広場近くに宿をとったが、他の3回のヴェネツィア旅行の宿は、ザッテレの水上バスの停留所付近だった。初めてのヴェネツィア旅行の前に読んだ新潮社のとんぼの本の『ヴェネツィア案内』の中に〝ザッテレの河岸で〟という文章をみつけて、ジュデッカ運河沿いのザッテレに興味を持ったからだった。この〝ザッテレの河岸で〟は須賀敦子さんの格調高い文章で、観光案内の本としては逸脱していた。実はこれで初めて須賀敦子さんを知り、他の著作も読むことになったのだが、このときすでに須賀さんは故人だったことも後に知った。

参考までに、〝ザッテレの河岸で〟とは別の、ヴェネツィアについての須賀さんの文章を載せておく。

イタリアで、いちばん意表をつかれた都市は、ヴェネツィアだった。滑稽なはなしだけれど、わたしはミラノに10年も住んでいて、ヴェネツィアが島だということを知らなかった。

（中略）

行ってみると、もうひとつ、意外なことがあった。島、という言葉から私は、子供のときの本にあった海賊島の地図のように、白い波頭の立つ海岸線にかこまれた、そして中央の部分がこんもり小高くなった緑の土地を想像してしまう。それなのに、ヴェネツィア人は、土地の最後のひと切れまで都市化しつくしていて、島に島でないふりをさせていた。運河で、縦横無尽に切り刻んでおいて、それをちいさなかわいらしい橋でむすんで、端から端まで、船底についた貝がらのようにびっしり家を建てたりして、どうも、遊びがきつい人達のようにも見えた。

（中略）

歩くのにあきると、半分、本を読んで、半分、なにもしないで、ジュデッカの島が見えるカフェのそとにすわって、ただぼんやりしていた。2日目の朝、目のまえの運河を、お葬式が通った。明るいニスの色に真鍮がきらきらひかるモーターボートに、黒い被いをかけた柩が乗っていて、真紅のバラの花束につけたリボンが、ひらひら風になびいていた。死んでまで、水と縁の切れないヴェネツィア人の人生が、ふとうらやましかった。

（『霧のむこうに住みたい』（「ヴェネツィアに住みたい」）河出書房新社、須賀敦子著）

ジュデッカの島が見えるカフェというのは、アイスクリーム屋のニコと、その隣の店のどちらかにちがいない。初めてのヴェネツィアでは、そこからほど近いアカデミア美術館の西の小運河沿いの、ホテル・アカデミアに娘と泊まった。そしてニコの運河へ張り出したテラス席でサンドイッチやアイスクリームを食べたりしたものだ。翌年の1人旅では、ニコの並びのやはりジュデッカの運河を前に建っているペンショーネ・セグーソに宿泊した。ほぼ目の前がレデントーレの教会で、うれしかったのを思い出す。この宿には、ハーフ・ボードという2食付きでお世話になった。

夫との旅ではサンマルコ広場の近くに泊まったが、その翌年の母達との旅ではまた、ザッテレの近くに宿をとった。ザッテレの停留所とアカデミア美術館の間の、ホテル・アッリ・アルボレッティ。家族経営のちいさな宿で、須賀敦子さんの定宿だったと言う説もあるホテルだ。私は彼女の定宿だったと決め込んで、楽しく3泊したのだった。

遅めのシエスタの後、ヴェネツィア最後の夕食に出かけた。ホテルの裏あたりのレストランの細長いテラス席でピザやカプリ風サラダを食べていると、アコーディオンをかかえたミュージシャンがやってきた。チップを渡したい気もしたが、相場がわからないまま渡しそびれてしまった。帰り道では、小運河を行き交う観光客を乗せたゴンドラを眺めながら、セレナーデに耳を傾けた。

8月12日 〈ユーロスターでヴェネツィアからフィレンツェへ〉

ゆっくり朝食を食べ、少し散歩をしてからホテルをチェックアウトした。水上バスに乗って、大運河からの眺めを楽しみながら、ヴェネツィアの鉄道駅へ行く。

ヴェネツィア・サンタ・ルチア駅にはやめに着いたので、夫に、ローマ広場へ歩いて行ってみたら、と提案してみた。ローマ広場はバスの発着場、といったところで、私は2度そこから空港行きのバスに乗ったことがある。夫を送り出して、私は鉄道駅を背に大運河を見渡せるスタンド状の大階段に腰を掛けて、荷物の番をしながら、空を見たりしていた。

ローマ広場から戻ってきた夫は、「夢が破れた感じだ。」と感想を告げた。確かに、そこはいわゆるバスプールで、路線バスも発着するが、大勢の観光客を乗せたツアーバスとマイカー達と、彼ら目当ての土産物屋の客引きで鈴なりだ。ツアー客達にとっては、夢のヴェネツィアへの出入り口かもしれないが、夫にとっては夢から現実に目覚めたドラえもんのドアのような広場かもしれない。まあ、夢のようなヴェネツィアも、バスプールのヴェネツィアも、本物にはちがいない。

ほどなくフィレンツェ行きのユーロスターが発車する時刻。12時30分発の列車は、すでにホームに入っていた。4人掛けのシートで、向かい合ったまん中にテーブルがあった。定刻に列車は発車して、ブッフェ車で買ったサンドイッチの昼食を食べた。車窓を楽しんだりするうち、3時すぎにフィレンツェ・サンタ・マリア・ノベッラ駅に着いた。

予約したフィレンツェの共和国広場に面したホテル・ペンディーニまでは徒歩10分ちょっとのはず。日曜のためかツーリスト・インフォメーションが閉まっていたので、バスマップが手に入らず、歩くことにした。長い地下道を上がったすぐのセルフサービスレストランのショーケースの中の赤肉メロンのフルーツポンチが食欲をそそった。

ホテルは共和国広場を形づくっている歴史的な建物の5階にあり、ちいさな入口から入って廊下の奥のエレベーターで上がったところにフロントがあった。オーナーらしい男性がにこやかに迎えてくれて、インターネット予約の客へのプレゼントだと言って、ボッテッチョリのヴィーナスの誕生の絵柄のマウスパッドをくれた。部屋は古めかしいが広くて素敵だった。ベッドは巨大で、高い天井を見上げると、素晴らしい天井画があった。宗教画らしい風景を描いたものだった。窓を開けると、共和国広場が見渡せた。

このホテル・ペンディーニは、『フィレンツェ旅の雑学ノート』（ダイヤモンド社、山口俊明著）という本に出てくる、著者お勧めの3ツ星ホテルだった。その本の地図のページのコピーを手に、街へ散歩に出た。花の聖母教会とよばれるドォーモや、周辺の建物には、カーサ・トッレとよばれる古い塔が組み込まれているものが多く、タベルナ・コロといわれるマリア様などが飾られている祠のようなものも壁にはめこまれていた。コピーした地図と見比べながら、古い街並みを散策した。多くの彫像があるシニョリーア広場をすぎ、絵伊都という和食屋が開店準備をしていた通りあたりでホテルへ引き返し、休憩した。

さて、夕食、というとき、急に和食が恋しくなった夫に従い、先程見かけた絵伊都へ出かけた。本当は予約じゃないと入店できないほど繁盛していたが、何とか食べさせてもらえることになった。ツアー旅行の自由夕食の日だという日本の4人連れのご婦人方が隣席で、夫はビールを片手に旅の成果を彼女達と語り合ったりしていた。食後は夜の街を散歩し、昼間に気になっていたメロンのフルーツポンチを食べたが、セーヌ川を見渡せるパリのレストランで食べたメロンほどは美味しくなかった。

8月13日〈フィレンツェの休日〉

旅もなかば。折り返し点をすぎ、夫はくたびれたのか、いつまでたっても目が覚めなかった。このままでは朝ごはんの時間がすぎてしまうと、ルームサービスを頼んだ。広い自分達の部屋で食べる、のんびりした朝食は美味しかった。夫は少しずつ元気を取り戻して、コピーした地図とホテルでもらった街の地図を見比べて、歩いた道にラインを入れたりしているうちに、午後になった。

さて、少し散歩をしてから、高台にあるミケランジェロ広場をめざそうと、重い腰をあげ、ホテルを出た。ぶらぶら歩くうちに、サンタ・クローチェ教会の前へ出た。「有名な教会だよ。」と、何気なく入ってみると、まずミケランジェロの墓の像があり、「入ってよかったね。」と話し合った。そうそう、入場のとき、肩を出した女性はスカーフなどで肌をおおうように注意され、無い人にはそれ用の衣服を売っていた。大きな教会で見どころも多く、最後に出ようとしたら、望遠鏡などを手にしたガリレオの墓の像を見つけて、また「よかったね。」と言い合った。

サンタ・クローチェ教会を出て隣にパッツィ礼拝堂を見つけた。私はそこがドォーモと同じくブルネッレスキという建築家の作品だと気付いた。そこを出て少し歩くと、『フィレンツェ旅の雑学ノート』の山口氏お勧めのミケランジェロ広場行き13番のバス乗り場があった。バス券は前もってタバコ屋で買ってあったので、10分ぐらいで結構正確に来たバスに乗り、バスでアルノ川を渡った。バスで簡単に登れたミケランジェロ広場で、絵ハガキのようなフィレンツェの街を眺め、少し降りたところのオープン・カフェでお茶にした。昼近くに朝食だったので、ピザサンドのようなものをひとつ頼んで2人でつまんでお昼がわりにした。広場からの帰りは、バスにのんびり乗ってフィレンツェ駅まで行った。サンロレンツォ教会のあたりを散歩してホテルまで帰ったが、途中、中央市場が午後なので閉まっていて残念だった。ホテル近くのインテリア店というかタイルなどを売っている店のウィンドウの前を何度か通ったが、その度に夫は立ち止まり、古い絵柄をつけた新しいタイルの見本を感心して眺めていた。

夕食は、ホテルから歩いて5分ぐらいの、新市場を抜けていくネラというレストランへ行った。ホテルで予約してもらい、私の誕生日なので少しおしゃれして出かけたが、昼間下見した外からの様子よりも大衆的な店だった。でも茄子の前菜をはじめ、パスタもセコンドもとても美味しかった。

この日、サンタ・クローチェ教会の近くのツーリスト・インフォメーションでバスマップをもらえたので、通り過ぎるバスやミニバスを眺めるのも、がぜん面白くなった。

8月14日〈たっぷりウフィィッツィ美術館〉

この日は寝坊しないように気をつけて起きた。ホテルを予約したとき、ウフィィッツィ美術館の予約もフロントに頼んでおいたからだ。朝食をすませて、8時50分にウフィィッツィへ着くように急ぎ足で歩いた。予約券を見せて中へ入れてもらい、予約料と入場料を支払った。日本語のオーディオガイドも1台借りて、展示室をまわる。ウフィィッツィ美術館はイタリアルネサンス絵画の宝庫で、ボッテッチョリの「ヴィーナスの誕生」と「プリマベーラ（春）」、レオナルド・ダ・ヴィンチの「受胎告知」など、枚挙にいとまが無い。この美術館は、建物そのものも素敵で、回廊にさりげなく置かれている彫刻や、窓の外の広場や川などの景色もよかった。テラスからは、シニョリーア広場の等身大より大きな野外彫刻を見下ろせた。私達は、有名な絵だけでなく、ガリレオの仕事などの展示がある階などもゆっくり見てまわり、気が付くと午後1時をまわっていた。

昼食は前の晩と同じレストラン・ネラでパスタを食べた。2日続けて行ってもいいくらい美味しかったからだ。その後ポンテヴェッキオという両側に貴金属店が並んでいる、アルノ川にかかる橋を渡った。向こう岸に着くと、同じ橋をまた戻り、川沿いをそぞろ歩き。国鉄駅で翌日のピサ行きの普通列車のチケットを買ってから、駅近くのサンタ・マリア・ノベッラ教会まで散歩をした。サンタ・マリア・ノベッラは、私が前回来たときに入場したかったが開いていなかった教会で、このときも入口は固く閉ざされていた。ホテルへ戻ってシエスタをする。

夕食は、くたびれぎみの夫にはまた和食がよいかと思って絵伊都に電話予約を試みたが、うまくからないので、ホテルの近くの中華料理屋で食べることにした。酢豚などと、チンタオ・ビール。食後は散歩しながらアイスクリームを食べることにして、アイスクリーム屋をのぞいてまわった。どこも美味しそうで困ったが、ここ、と決めて買い求め、アイスをなめながらホテルへ帰った。ホテルの部屋は共和国広場に面しているので、毎晩何かしらやっている音楽などのイベントのざわめきを感じながら眠りについた。

8月15日　〈ピサの斜塔と夕ごはん〉

はやフィレンツェを発つ日がやってきた。朝食後、やっぱり花の聖母教会ドゥーモは行こうよ、と入口まで行ってみると、観光客の並ぶ列の様子が何かおかしい。近付いてよく見ると、ふだんのオープンの時間の掲示の他に、ちいさめの貼り紙があって、この日だけ12時から開くとのこと。どうやら、聖母マリア被昇天祭という祭日のための時間変更らしいと想像がついた。あきらめて帰ろうとしたが、ドゥーモの前の洗礼堂は入場できたので、チケットを買って入り、金色のモザイクの天井をゆっくり眺めた。外へ出て、洗礼堂の大きな扉の彫刻もゆっくり眺めてからホテルへ戻り、チェックアウトした。

ホテルの近くにミニバスの停留所があるのをチェックしてあったので、そこで駅行きのミニバスを待った。でも時刻をだいぶすぎてもバスが来ない、おかしいな、このミニバスは日曜は運休とバスマップに記されているが今日は水曜のはず、と考えたとき、はた、と思いあたった。聖母マリアの祭日で、運休なのだ、と。それで少し先の角を曲がったところまで歩き、駅行きのミニでないふつうのバスに乗った。もう駅まで歩いてもよいぐらいの距離しかなかったが、すでにバス券を買ってあったのと、やはり荷物があるときは、楽をしたかったのだ。

お昼少し前に、フィレンツェからピサ行きの普通列車に乗った。ここはローカル線で、田園風景の中を列車は走った。結構混んでいたがすわれたので、車窓を楽しめた。

ピサ駅の駅員さんに「タワー方面のバス停」を教えてもらい、バスでドゥーモ広場まで行った。バスを降りてすぐのところに広場の門があり、はやくも門柱の縦の線と比べてほしいかのように、ピサの斜塔が姿を現した。広場の門をくぐり、左手の芝生の中にドゥーモなどの建物があり、右手に土産物屋が並ぶ砂利道を通って、斜塔の右あたりだというホテルをめざした。大勢の身軽なバカンス客にまじって、旅行カバンを肩にかけた私達はちょっと浮いているように感じて、急いで歩いた。何とか人混みの間をかいくぐって広場を抜け、そこからすぐのホテル・ドゥーモにチェックインした。ホテルの部屋に荷物を置いて身軽になって広場へ戻り、ちいさなファストフードの店で、ハンバーガーなどの昼食

ピサの洗礼堂の上からの眺め

をとった。

　有名なピサの斜塔は改修工事が終わったものの、まだ登れない。外から眺めるだけだが、他の建物は入場できる。チケット・オフィスで3か所入場できるチケットを購入。まずドォーモへ入った。外観もどっしりとして素敵だが、中も天井が高く、広くて重々しい立派な教会だった。見上げると、天井は日本の寺を思わせ、東洋との交易の影響がうかがえる。そしてガリレオのヒントになった（といわれる）ランプが、高い天井から下がっていた。ドォーモをゆっくり見学してから、カンポサイトへ行った。ここはお墓の施設で、回廊と中庭があり、奥に大壁画がある部屋があり、見ごたえがあった。戦争で崩れた部分を修理しているときの写真や図の展示もあった。その後、洗礼堂へ入場した。ここは、フィレンツェの洗礼堂と比べると、とても大きかった。大屋根の内側に登れるので、細い階段を幾つも頑張って上がった。登り切った上の窓からは、ドォーモと斜塔を始め広場を見渡すことができて、素晴らしかった。上の階の手すりのところから、洗礼堂の内部を見下ろすのも、真下に大きな洗礼盤が見えて、迫力があった。そこから降りるとさすがにくたびれて、他の家族連れ達に交じって、洗礼堂とドォーモの間の芝生に寝転がって休憩した。横の道を何組もの東洋人の団体ツアーが通り過ぎて行った。

元気になって、ピサの町の散策を開始する。まず、地図の形を見て気になっていた、徒歩10分ぐらいのところにある、ピサのもうひとつの国鉄駅まで歩いた。ドォーモ広場を出て、まわりには何も無いような道路をもくもくと歩いてたどり着いた駅は無人駅。ちいさな待合室と、切符の自販機があるだけだった。ただ、そのホームの形は、上から見たら大きな三角形とでもいえばいいのか、見たことが無い形態だった。その駅から線路が分岐しているため、三角形の2辺に列車が停車する、とでもいえばよいのだろうか。

ちょうどそのとき、ピサ中央駅と思われる方面から、列車がホームに入ってきた。待合室にいた婦人が乗り込み、入れちがいに降車した2人は、何と、日本人の若い女性達だった。何の案内標識も無い無人駅に降り立って困惑していた2人は、私達を見つけて、ホッとしたようだった。フィレンツェから日帰りで斜塔見物に来たと言う2人に道案内をしてから、私達は写真を撮ったりして、ドォーモ広場へ戻った。とても暑くて、持っていた水もなくなって、ホテルへ1度戻ろうかとも思ったが、ホテルの1軒手前のカフェのポスターの、コップに入ったかき氷のようなものが目に入って、歩道の脇のテラス席のテーブルに着いた。イタリアのかき氷は、「グラニータ」と言うらしい。そのかき氷の、美味しかったことは、何事にも例えようが無いほどだった。赤いいちご味で、甘くて冷たくて、日本より湿度が低いヨーロッパで食べるとまた味わい深いのかなと思った。

グラニータを食べて元気になった私達は、そのまま町歩きを続けることにした。今度は、市民の集会場所だったというカヴァリエーリ広場や、ピサ大学の方面を散歩した。そしてガリレオ研究所らしい建物も眺めて、ホテルへ戻った。

ところで、ピサの三角形のホームの駅へ行く途中で、ガイドブックお勧めのレストランを見つけて夕ごはんの予約をしようとしたが、その晩だけクローズだと断られた。そこで、ホテルは一応4ツ星でレストランも併設していたので、じゃあホテルで食べようとフロントで予約しようとすると、何とホテルのレストランもその晩だけクローズだと言う。どうも聖マリア被昇天祭と関係があるらしいと思いあたった。日本のお盆休みのようなものなのだろう。ホテルのフロント氏が、食事をするのなら前の道をカヴァリエーリ広場方面へ左に曲がったところの店へ行くようにと言う。何という店かと尋ねると、幾つか店名をあげて、ともかく行ってみるようにと、わかったようなわからないような返事だった。ホテルの部屋で休憩した後、はやいうちに食事場所を確保しようと7時ごろに出かけた。フロント氏の言った通り、左へ曲がったすぐの1軒のレストランが開いていたが、時間がはやいせいかお客はゼロ。何軒か比べてみようと通りを奥に進んだが、幾つかあるどの店の戸もしっかりと閉ざされていた。しかたがないので、始めの店へ戻り、入店した奥からUターンして通りがガラス越しに大きく見渡せるテーブル席に案内された。ガラスを隔てて通りぎわの席だが、店としては一番奥まった場所だった。

よくわからないまま食事をすることになったそのレストランが、今となっては一番思い出深く、美味しくもあったのが面白い。イタリアのウエイターさん達は陽気でおしゃべりな人が多いのだが、その店の彼は口数が少なく、夫と私はひそかに「もの静かさん」というあだ名をつけた。私の勝手な想像では、このあたりのレストラン何軒かで話し合って当番を決め、今年のイタリア版盆休みは「もの静かさんち」が観光客相手に開店せねばならないという筋書きだ。地元の人々はみんな、家庭で食事をする日なのにちがいない。

注文したのは、生ハムメロンとサラダ・ニソワーズの前菜を1人前ずつ。前菜の次の1皿目はとばして、2種類のカルパッチョが2皿目。イタリア語しか無いメニューにどうしようかと思ったが、種類もそう多くなくて、その中に何とかわかる料理があってよかった。牛肉のカルパッチョは、レモン風味とバルサミコ風味の2種類。飲み物は、カラフ入りの白ワイン。ドルチェもプリン風だのケーキだのを頼んだ。ガラス越しに見える外の通りを、何組かの人々が通り過ぎてまた戻ってくる。店内に1組しかいない客の私達が、「ここ、いい店だよ。」という感じの顔をすると、その客達が次々と入店してきた。

料理はどれも、適度にボリュームもあり、美味しかった。それでカルパッチョを食べ終えたとき、コーヒーも飲みたいね、と「コーヒー2つ。」と注文すると、「もの静かさん」はおどろいた顔をして、「ドルチェは?」と聞いてきた。「ドルチェ　エ（and）カッフェ。」と答えると、安心したようにうなずいた。デザートがすむと、おもむろにエスプレッソが2つ運ばれてきた。どうやら、デザートがすんでからコーヒーを注文するものらしかった。メニューはイタリア語のものだけだが、もの静かさんは簡単な英語を話すので、後から来た客は、英語でいろいろ料理の相談をしているらしかった。そのうちの陽気なグループ客達は、後からホテルの廊下で再会して、あいさつをしあった。私達は先に食事をすませていったんホテルへ戻り、ライトアップされたピサの斜塔をデジカメにおさめようと、部屋から出たところで彼らと再会したのだ。

8月16日〈ローマそぞろ歩き〉

ピサのホテルで早起きした私は、付近の散歩。ドォーモ広場の芝生は、柵のチェーンがすべてかけてあって、立ち入らないようにとの合図になっていた。病院や植物園の前を歩き、開店したてのタバコ屋でバスのチケットを買った。ブッフェ・ブレックファーストの後、今度は夫がデジカメを片手に散歩。斜塔の裏側からの写真を撮りに行った。

チェックアウト後、荷物を持ってドォーモ広場を通り抜け、バスに乗ってピサ中央駅へ向かった。10時37分発のローマ行きの特急列車に乗る。所要時間は3時間ほどだ。車内は混んでいて、2等指定をとっておいてよかったと思った。イタリア南部は治安に気を付けなくてはと、昼食を買いに行ったりするのはやめて、車窓の景色を眺めていた。ピサ以南の町は、私も初めて行くのだ。

ローマ・テルミニ駅に着き、駅構内のタバコ屋で地下鉄の切符を買い、地下鉄でスペイン広場へ向かった。ローマでのホテルは、スペイン広場の階段横の建物の5階にある、パリオ・ビアンコ・ペンション。なじみの旅行社のMさんのお勧めの宿だった。建物入口のインターホンを押して名前を告げて扉を開けてもらい、クラシックなエレベーターでフロントまで上がる。フロントでは、建物と部屋の鍵を渡されて、朝食の希望の時刻を尋ねられた。Mさんからも聞いていたが、朝食用の食堂は無くて、毎朝ルームサービスされるのだ。部屋はコンパクトなつくりで、朝食が乗る最小限の丸テーブルとスツール、ベッド、洋服ダンス。テレビ、電話、冷蔵庫、バス、トイレも、何とかついていた。ちいさなベランダに出ると、地下鉄の出入り口が見下ろせて、人々が行きかうのが見えた。

ローマの散歩に出た。スペイン広場は超満員。お昼がまだなので近くのエルグレコというカフェへ行こうとしたが、お盆休み（?）だったので、ホテルの真下のあたる英国ティールーム・バビントンで、スコーンなどを食べた。ローマ最初の食べ物は、英国風だ。

食後、コンドッティ通りをテヴェレ川が右手に見えるまで歩いた。テヴェレ川の対岸に裁判所が見え、川べりは木があって気持ちがよかった。そこを左に曲がり、ナヴォーナ広場へ向かった。近くにあったローマ遺跡を見てから、広い縦長の形のナヴォーナ広場に入り、ベンチで休憩したり、彫刻がたくさんある3つの噴水を見たりした。それから、2世紀にローマ皇帝により建てられたパンテオンという神殿へ向かった。パンテオンはドーム天井に開いた丸窓から太陽の光が差し込み、本当に素敵だった。次は、散策しながら、トレヴィの泉をめざした。名だたる観光地とあって、さすがに人がいっぱいだった。ところで、こういうとき、日本版ガイドブックや地図などを見ながら歩くのは控えたい。現地の観光案内所で手に入れたマップをときたま見る程度にする。日本人の旅行者まるだしの様子を見せると、スリなどの犯罪に巻き込まれる恐れがあるからだ。この日の道筋は、後日の夕食の帰りに暗い中を通って歩く予定もあったので、前もって地図をできるだけ頭に入れておいて、なおかつ、道を覚えておくように、意識して歩いた。

また、そのあたりのガイドブックなどで調べたイタリアン・レストランは、みなお盆休み（?）だった。でも和食屋の浜清が開いているのを確認して、いったんホテルへ戻った。夕食は、その浜清で食べた。ローマの中心地にあるのに、りこうな値段で、本店が浅草、というのが納得できる気がした。

8月17日〈広大なヴァチカン美術館を2周する〉

ローマへ行ったら、ヴァチカン美術館のシスティーナ礼拝堂は、ぜひ行きたいと思っていた。早起きできたら、この日に行きたかったので、夫が起きられそうなのを見て、朝食時間をはやめてもらうことにした。部屋のドアから廊下へ出ると、廊下の突きあたりに朝食の準備コーナーがあり、ベンチ風の台の上で、1人のメイドさんが、配膳をしていた。コーヒー、ジュース、パン、ヨーグルトの朝食が部屋に届けられた。

ホテルを出て、地下鉄でオッタビアーノ駅まで。そこから歩いてヴァチカン美術館へ行く。思った通り、入場待ちの列が角を曲がって続いていたが、30分ほどで中へ入れた。オーディオガイドなどは借りずに、気ままに展示室へ突入したが、おかげで、広大な美術館を2周することになった。まあ、楽しかったけれどね、足はくたびれたけれども。

まず美術館へ入って、古代美術の部屋をすぎ、中庭をすぎ、いよいよシスティーナ礼拝堂が近付く案内が何度も出てきて、わくわくしながらシスティーナ礼拝堂へ足を踏み入れた。そこはとにかく広い空間で、やや暗い中をゆっくり進むと、人々がぎっしり床にひしめいて立っていた。目を凝らすと両サイドに腰掛けられるスペースがあり、空くのを待ってそこにすわり、ゆっくりミケランジェロの天井画や壁画を眺めた。天井画は「アダムの創造」などで、正面の壁画は「最後の審判」だ。こういうとき、いつも、もっと下調べをしてから来ればよかったと思うが、このときは特に強くそれを感じた。絵の深い内容はキリスト教の信者でなければ理解できないだろうが、調べてあれば、少しは絵のエピソードなどがわかったのにと悔しかった。

ひと通り館内をまわって入口近くまで戻り、セルフ・サービスのレストランを見つけたので、お昼ごはんにした。パスタやサラダの他に、前菜コーナーに生ハムメロンもあったので、トレイに載せて会計をすませた。生ハムメロンは、安くて美味しくて、特にお勧めだと思った。セルフ・サービスなので、長く置いてあったのか、少し渇きぎみなのが、たまにきずだったけれども。

食後、見残したところを少しまわろうか、というときに、ラファエロの間を見損ねたことに気付き、見に行くことにした。美術館のスタッフに、ラファエロの間の写真を見せて尋ねると、「もう少し行った2階。」というような答えだったので、進んで行ったが、いつまでたってもたどり着かない。ついに、一番奥の、システィーナ礼拝堂の手前のところで、ラファエロの間が現れた。どうも、先に1回通った気がした。システィーナ礼拝堂、システィーナ礼拝堂と気が急いていて、ラファエロの絵を見損ねたらしかった。しばらくラファエロの、壁面いっぱいのフレスコ画の「アテネの学堂」を楽しんだ。大勢の学者達がたたずんでいる絵で、中央にいる2人は、プラトンとアリストテレスのようだ。それから出口をめざそうとしたが、どうやら一方通行で、もう1度システィーナ礼拝堂を通って行くしかないらしい。そこで、1回目とちがう順路からシスティーナ礼拝堂へ行こうと階段を降りると、絵画が展示してあるボルジア家の部屋へ出た。そこは、塩野七生著の『チェーザレ・ボルジアあるいは優雅なる冷酷』などに出てくる部屋だったので、ちょっとうれしかった。そう言うと、夫に笑われた。ともかく、もう

1度システィーナ礼拝堂に行き、帰り道のショップで買物をして、出口まで行った。そこには郵便局があり、多くの観光客がハガキを書いていたので、私もすわり込んで日本へのハガキを書いて投函した。

美術館を出て、少し歩くと、サンピエトロ広場に出た。スイス人の若者が選ばれているというカラフルな制服を着た衛兵も見かけた。広場と、サンピエトロ寺院は共に、さすがに大きかった。寺院に入り、まず右手のピエタ像を鑑賞。ミケランジェロの若いころの作だという有名な大理石の、聖母マリアとキリストの像だ。奥へ進むと、天井が、素晴らしく高い。そのとき、スイッチを切り忘れていた携帯電話が鳴ったので、係員に注意された。夫は寺院の地下の墓地へ行ったが、私は外へ出て、日本で留守番をしている娘に電話をした。この携帯電話は、エールフランスで借りた重い機種で、電話番号は娘しか知らないはずなのだ。でも娘は私達に電話をしていないらしく、呼び出し音は、間違い電話らしかった。そうやって寺院の入口で夫を待っていると、日本人ツアーの一行がやってきた。ベテランの添乗員さんらしく、なかなか説明が上手で、感心して聞いた。彼女いわく、「入って、右手のピエタ像をまず見てください。そしてそのまま奥へ行きたくなりますが、まんなかまで戻ってから、奥へ進んでください。教会の中は、中央の通路をゆっくり歩くのがお勧めです。また、信仰のさまたげになるわけではないので、神を敬う気持ちで写真を撮るのはＯＫです。集合時間は○○分です。」などと、的確に指示をされていた。おちあった夫に、「寺院に入ったら、まんなかの通路を進むのがよいんだって。後からもう1度行こうか?」などと言いながら、先にクーポラに上がることにした。少しだけ並んで、サンピエトロ寺院のクーポラへ上がるエレベーターに乗れた。クーポラへ上る日本人は珍しいのか、ネクタイをした素敵な係員に、日本人かと尋ねられたり、「さよなら。」と言われたりした。でも、教会の屋根の部分まではエレベーターで上がれたが、そこから円形のクーポラ部分までは階段だ。必死の思いで階段を踏みしめてたどり着いた眺めは抜群だった。サンピエトロ広場が、幾何学模様よろしくきれいに広がっているのが、手に取るように見えるのだ。

　クーポラから階段で降りてからエレベーターで降り、ドアが開くと、そこは寺院の内部だった。ちょうど正面入口から入ったところで、私達は2人並んで通路の中央をゆっくり進んで、もう1度祭壇の前まで気取って歩いた。

　サンピエトロ広場に出る。よくテレビのニュースなどに出てくる、楕円形で中央にオベリスクがある広場だ。広場を囲む、回廊の柱を眺める。すると、居合わせた人が、ここに立って見まわすと、回廊の4本の柱が重なって見える、と教えてくれた。そこに立ってみるとその通りで、柱が重なって、その間から広場の外がきれいに見える。感激した。

　サンピエトロ広場から少し南へ歩き、バスに乗って、ローマの中心部へ帰ることにした。スリが多いというバス路線は避けて別のバスに乗り、ヴェネツィア広場で降りた。そこからは、宿があるスペイン広場行きのミニバスがあるのだ。フィレンツェでミニバスに乗り損ねたので、ローマではぜひ乗りたかった。コルソ通りのバス停で少し待つと、白い電気ミニバスがやってきた。乗り込んで、ふつうのバスと共通のバス券をガチャンと刻印する。座席は8席で、すわれない人は立って乗る。バス停にバスルートが書いてあったとおりに、市内見学よろしく、バルベリーニ広場からヴェネト通りへ曲がり、ピンチアーナ門を出てUターンして、またヴェネト通りを戻る。そしてバルベリーニ広場からスペイン広場をめざして走るのだ。ヴェネト通りでは、カフェ・ド・パリやホテル・エクセルシオールなどの、映画に出てくる場所も見物できたし、バルベリーニ広場を曲がるときには、隅の、蜂の噴水も見えた。このミニバスは本当にお勧めだ。スペイン広場のバルカッチャ（船）の噴水のすぐ横を北上したところのバス停で、ミニバスを下車した。宿で休憩する。

夕食はほとんどのレストランがお盆休み（？）なので、総菜屋をさがしたりもしたが、結局中華屋にした。やきそば、春巻きなどと、チンタオ・ビール。帰り道、マクドナルドのスペイン広場店が素敵なので入る気になって、お茶にした。シックな外観が気に入ったのだが、エントランスがしゃれているだけでなく、2階へ上がるととても広くて別世界、という感じだった。アイスと飲み物を楽しんだ。宿はすぐそこ。夜のスペイン階段も、しっかり賑わっていた。日本人は少なかったけれど。おやすみ。

8月18日〈ローマの休日はミニバスに乗って〉

前日はヴァチカン美術館を2周してくたびれたので、朝はゆっくりすることにした。朝食は部屋へ運ばれてくるので、夫はパジャマ姿のまま、のんびり食べた。

やっぱり古代遺跡のフォロ・ロマーノとコロッセオは行きたいね、とまず市庁舎へ行って、フォロ・ロマーノを眺めることにした。前日の白い電気ミニバスが気に入ったので、それに乗ってヴェネツィア広場まで行き、市庁舎まで歩くのだ。このミニバスは循環しているので、前日降車したバス停から乗車して、ポポロ広場まで行ってから、ヴェネツィア広場へのルートをとる。遠まわりではあるが、ポポロ広場の双子教会なども眺められて楽しい。ヴェネツィア広場でバスを降り、カンピドリオの丘を階段で登り、ローマ市庁舎の右奥の展望台からフォロ・ロマーノの遺跡を目のあたりにしたところで、夫がトイレに行きたいと言い出した。そこで、もうパスしようねと言っていた、カンピドリオ広場の両側のカピトリーノ美術館と、コンセルヴァトーリ美術館へ入ることにした。2つの美術館は共通入場券で入場できる。「中にトイレありますね?」と言ってから美術館に入ったのは初めてだった。この2つの美術館では、狼の胸にすがる双子の像や、ヴィーナスの像など、ざっと見てまわった。丁寧に見ていたらきりがないので、中庭の、人の背丈よりずっと大きな「手」の彫刻の前で写真を撮った後、館内図を見て、地下の出口がありそうなので階段を降りて行った。するとそこは、市庁舎の地下部分の遺跡だった。現市庁舎は、遺跡の上に建っているのだ。2つの美術館は地下で繋がっているらしかった。地下の展示物を見て、出口がありそうな方向の通路を行くと、とつぜん、うれしいことに、フォロ・ロマーノの雄大な景色が目の前に出現した。素晴らしい展望バルコニーといった場所で、先程の脇の展望台からの眺めなどとは比べ物にならない迫力だ。しかも、すいていて、景色をひとりじめできて最高だった。館内図にあった、その階からの出口は鍵がかかっていて、スタッフにメインの出入り口へ戻れと言われたが、気分がよかったので、足取りも軽くもとの階段を上って、美術館を後にした。

市庁舎の左奥の坂道を下ってフォロ・ロマーノへ行くとき、先程の鍵がかかっていた出口と、スタッフが見えた。フォロ・ロマーノは入場料がいると思っていたが、このときはいらなかった。ここは文字通り古代ローマの遺跡だが、スケールが大きく、古代の神殿や集会所などの建物が残っていて、素晴らしいの一言だ。古代ローマ人の気分で、広い敷地内をあちこち散歩しながら、コロッセオの方角へ歩いた。暑かったけど、楽しかった。思いついて市庁舎を振り返ると、古代遺跡の部分と、上階の新しい部分がくっきりと区別ができ、地下のはずの展望バルコニーもよく見えた。カンピドリオの丘、と言うだけあって、高いところに市庁舎はあるのだった。

コロッセオでは、入場券を買うのに少し並んだ。入場して、上階へのエレベーターの場所がわかりにくかったが、見つけて上へ。やっぱり雄大だ。ヴェローナのアレーナとちがって、サンピエトロ寺院を建設するためにかなりの石が持ち去られたらしく、周囲の石組みが完全でないのが残念だった。コロッセオの一隅にミュージアムコーナーがあり、面白い展示物があったらしい。らしいと言うのは、ちょっと暑さあたりでくたびれた私はベンチで休んでいて、夫だけが見てきたのだった。コロッセオの猛獣を出入りさせる運搬メカニズムの模型があり、構造などがよくわかって印象に残ったらしかった。

お昼ごはんをどうしようかと思いながら地下鉄の駅の方へ行くと、バールがあったので、サンドイッチとペットボトルの紅茶などを買った。近くの土手にすわって食べるうち、少しずつ暑さあたりがましになっていった。

地下鉄よりバスの方が景色も見えるからと、フォロ・ロマーノ沿いのフォリ・インペリアーリ通りを歩いた。その通りをバスが通っているはずだったが、お盆休み（?）のためか、歩行者天国のような感じで、車は通行止め。結局、ヴェネツィア広場方向へぶらぶらと歩くことになった。ローマというところは、歩いていると何かに出くわすので、くたびれながらも、楽しかった。道の左側がフォロ・ロマーノなのだが、右側にも遺跡があった。市庁舎のように、遺跡の上に建物を建てて、現在も使っているようなビルもあった。そのうち、通りより1段低い右手に現れた結構広い遺跡は、フォリ・インペリアーリという名前らしい。その遺跡のポールの上に、皇帝らしい像があった。ローマの地図に載っていた写真によると、トラヤヌス帝という皇帝らしかった。

ローマ、朝のスペイン広場を下から。左の赤茶色の建物の上階にペンションが入っていた

ヴェネツィア広場からは、またもや同じミニバスに乗った。ヴェネト通りを往復するのだが、前回よりもルートを気にせずに景色を眺められると喜んで乗っていた。ところが、折り返し地点あたりで乗務員の交替その他の理由で、別のミニバスに乗り換えとなった上に、ちょっと待たされた。せっかく「勝手知ったる」ミニバスに乗っているのに、ぼーっとしていてはいけないような気配を感じて身構えながらすわっていると、スペイン広場の手前でバスは左へ曲がってしまった。あわてて次の停留所で降りて歩いてスペイン広場まで戻った。ペンションへたどり着いてシエスタの時間とした。

夕食の時間になった。観光客用らしい店以外、ほとんど休みだが、ナヴォーナ広場方面の方が、まだしもよい店があるのではと、歩いて行った。2日前と同じ向きに行けば、暗くなっても地図を見ないで帰れるだろう、と考えていた。ナヴォーナ広場手前北側の、パセットというレストランが開いていたので入った。1皿目は、2人でパスタを2種類。2皿目は、1人分がカルパッチョ、もうひとつはムール貝。ムール貝はヴェネツィアでは前菜の項にあった軽めの料理だが、セコンドの欄にあって助かった。軽いものでないと、食べきれないからだ。ハウスワインが無かったので、ワインリストの中で一番安いものを頼んだら、「それは甘すぎるから、こちらにしたら?」とか、高い方を勧められた。私は、「夫は甘いワインが好きだから、これで。」と押し切った。夫は実際に甘いワインが好きなのだ。テイスティングのとき、実際甘かったが、「ヴォーノ、美味しい。」と、イタリア語と日本語で言って、みんなで和やかなムードになった。残念ながら、ムール貝はヴェネツィアのブラーノ島の方が、カルパッチョはピサの「もの静かさんち」の方が美味しかったが、広いテラス席で夜風が気持ちよく、甘いワインがローマ最後の夜をひきたててくれた。帰りの夜道は、2日前と同じルートだ。ナヴォーナ広場、パンテオン前と、人通りは賑やかだったが、夜道のせいか日本人はほとんど見かけなかった。地図を持ったり、道に迷った様子をしなかったら、よからぬ人に目をつけられることも無いと思うので、地元の人のような気分で夫と仲良く足早に歩いた。トレヴィの泉の前は、昼間と変わらない人出だった。あまり長居せずに泉の前を通り過ぎて、スペイン広場の人混みを眺めて、宿に戻った。楽しい夜の散歩だった。

8月19日　〈ナポリでちょっとこわいめにあう〉

部屋で朝ごはんをゆっくり食べて、チェックアウト。地下鉄でローマ・テルミニ駅へ。11時38分発の特急の2等コンパートメントでナポリへ向かった。満員の乗客で、指定席を取っていなかったら、どうなることやら。相席の陽気な年配の夫婦は、シシリー島の家へ帰るところだとのこと。ナポリまでノンストップの列車で、景色を楽しんだ。私は、列車の中でも、ナポリの治安対策を考えていた。それまで幸い何かこわいようなトラブルはなかったが、ナポリではやはり、気を付けなくちゃと思っていた。トラブル時のイタリア語も幾つか頭に入れた。

ナポリに着いたが、駅の観光案内所は閉まっていた。それで、タクシーのおよその値段を聞くこともできないので、バスで、ホテルのあるムニピーチオ広場をめざすことにした。バス停は、駅前のガリバルディ広場の端の方にあった。バス券売り場で、「R2」のバスに乗るように言われたが、「R2」が発車するのが見えたので、次のを待とうか、別の系統でも行けるはずだけど、と考えていた。すると、そのあたりにいた数人の男達の1人が、どこへ行くのかと聞いてきた。「ピアッツィア・ムニピーチオ。」と答えると、やって来たバスを指さして、「乗れ。」と言う。バスの運転手に確かめると、「そうだ。」と言うので、私が先に乗り込んだ。チケットを刻印し、奥へ進んだ。しかし、発車してだいぶたっても、後から乗ったはずの夫が近付いて来ない。乗客をかき分けて前の乗車口へ戻ろうとしたが、何となく間にいる一般乗客が通してくれない。変だな、と思って大声を出してみようかと思ったとき、バスは次の停留所に停まった。そして、大小、2つのショルダーバッグを手でしっかりと押さえながら、夫が近付いてきた。夫の話によると、2人組の男に行く手をはばまれて、ポケットをさぐられたり、ちいさい方のショルダーバッグを引っ張って取ろうとされたと言う。「ノー、ノー！」と言って抵抗しているうちに次のバス停が来て、あきらめた男達が乗車口から降りていき、開放されたのだと言う。男達は取り巻きも含めて数人で、手を出してきた2人の男のうちの1人は、バスに乗れと言った男らしかった。運転手さんや、まわりの乗客達は、そんなことは日常茶飯事なのか、見て見ぬふりをしている様子だ。単に物取りで、危害を加えるのでなければ黙認、といったところかもしれない。そうなのかー、と思って、何となくそのバスに乗り続けるのがいやな気がして、車窓の景色からも目的地が近いのが感じ取れたので、その次のバス停で下車した。そこからホテルがあるムニピーチオ広場までは、徒歩10分ほどのはず。まあ、被害がなくてよかったが、おっかない体験だった。でも、後から思い返せば、貴重な体験ともいえるかな。

混雑ぎみのバスに乗った私が悪かったと、少し落ち込みながら、気忙しく歩いた。ムニピーチオ広場はすぐわかったが、広場の裏にあるホテルはわかりにくく、人に尋ねるにもお盆休み（？）のせいか、人通りが少ない。地図をひっくり返しながら、やっとたどり着いたホテルは、少し古いが、結構大きな4ツ星のホテル・メディテラネオ。部屋に着くなり、ふぅーっと息をして、どっとくたびれた気がした。

気を取り直して出かけることにしたが、ナポリはやっぱりぶっそうだな、とデジカメなどを持つのはやめて、いかにもふだん着、といったいでたちで散歩にでた。ムニピーチオ広場に出ると、黒くてがっちりしたヌォーヴォ城が広場に面していたのに気付いた。散策はまず、ウンベルト1世のガレリア、というアーケードへ行った。お休みの店が多い中、角の電気製品の店は開いていて、ウィンドウで立ち止まったりした。それからガレリアを通り抜けて、プレビシート広場（王宮前広場）の方へ向かうと、めざすカフェ・ガンブリヌスは、すぐ見つかった。図書館で大きなナポリ案内の本に出ていた、スイーツでいっぱいのショーケースの写真を見て、老舗カフェだというガンブリヌスは、ぜひ行きたかったのだ。ガンブリヌスのテラス席は狭かったが、外の風が気持ちよかった。老舗のカフェらしく、礼儀正しいウエイター氏に、コーヒーとナポリ名物だと言う「ババ」というお菓子を注文した。「ババ」は、きのこ形の甘いカステラにラム酒をかけたようなケーキで、美味しかった。

カフェを出るとき、広場の脇にローマと同様のミニバスが停まっていて、ちょっと乗りたかったが、行先がわからないので、やめにした。石畳のプレビシート広場を抜けて、名高いサンタ・ルチア港の方へと歩いた。卵城という海につきでたちいさな城の前を歩き、海沿いの大きな噴水まで行って、ゆっくりとホテルへ戻った。海岸通りは散歩する人もいて、のんびりと歩けたが、車の通る道を横切るときは大変で、さすがナポリの神風ドライバー、と思わされた。ところで、「ナポリを見てから死ね」などと言われるナポリは、サンタ・ルチア港あたりのことらしく、期待して行ったのだが、海岸通りに大きなホテルやレストランが並んでいるサンタ・ルチア港あたりは、それほどなんという景色でもないように思ったものだ。かすんで見えたヴェスヴィオ火山が、くっきりとしていたら、もっと感激したのかもしれない。

ナポリとくれば、夕食はやはりピザだろう。目当ての店が休みなので、ホテルのフロントで教えてもらったレストランへ行く。ホテルの近くの広いテラス席がある店で、8時前ごろに行ったときはすいていたが、どんどん混んできた。注文したのはピザ2種類と、サラダ1つと、ビール2つ。どういうわけか、まずビール2つが来て、しばらくしてピザが1つ。日本人だと思って、何か適当にあしらわれている感じもした。すでに注文してあるサラダとピザ・マルゲリータを催促すると、サラダだけ来て、またほっておかれたりした。待たされるうちに、大きなピザ1つとサラダでおなかもふくれてきて、帰りたくなったが、サービスされていないものまで払わされるのがいやで、ピザ・マルゲリータを何度も催促した。そして、ついに運ばれてきたときは、もう食べる元気がなくて、テイクアウトにしてもらい、ホテルへ持ち帰った。ウエイター氏は結構陽気でよい人のようだったけれど、途中から怒り出して何か変な気分だった。ともあれ、ホテルの部屋で気を取り直して食べたピザ・マルゲリータは、さめかけていたのにかかわらず、とっても美味しかった。ピザの縁の薄い生地の食感と味が忘れられない。

ナポリへ着いてから半日、いろいろあったけど、楽しい気分で眠りについた。

8月20日〈ナポリの休日〉

ホテルで朝食。本当はこのホテル、朝食場所が屋上で、ヴェスヴィオ火山の眺めがよいので、治安がよくないナポリの景色を楽しむには最適だと思って旅行社で手配してもらったのだが、あいにく屋上は改装中だった。2階の食堂で、ブッフェの朝食を食べた。

ナポリでの第一目的のサンタ・ルチア港の散歩は前日にすませた。私の第二目的はサンタ・キアーラ教会へ行くこと。夫はどこでもいい、という感じだったが、ポンペイからの出土品には興味があるということで、国立考古学博物館も行くことにした。

水を入れた袋だけ持って、ほとんど手ぶらで、まずサンタ・キアーラ教会がある下町のスパッカ・ナポリをめざして歩いた。スパッカ・ナポリはナポリの中心部の、古くからの細くてまっすぐな道で、歩きながら見上げると、干した洗濯物がたくさんはためいていた。ちょっと治安がよくない街だが、ここを通らないと行きたい教会にたどり着かない。サンタ・キアーラ教会へ行きたい理由は、作家の塩野七生氏の『イタリアからの手紙』だったか、若いときの著作に、彼女が行った素敵な教会として、載っていたからだ。その著作には、サンタ・キアーラ教会の前に車を停めておいて、教会へ行き、戻ってきたら、車ごと消えていて、警察のお世話になったというエピソードも書かれていた。そのサンタ・キアーラ教会は、外観はふつうで、内部は素朴な感じだった。教会の裏の、マヨルカ焼きの列柱で有名な中庭がある教会付属の修道院は、お盆休み（？）にかかわらず、幸いオープンしていた。中はすいていたし、入場料を払って入る修道院は、治安についてあまり気にせずに歩ける雰囲気で、楽しめた。リラックスして、マヨルカ焼きのタイルのベンチに腰掛けて、夫に写真を撮ってもらったが、係員の青年に、ベンチにすわってはいけないと怒られてしまった。奥の展示室には、土器などの展示物だけでなく、地下の遺跡も保存してあった。

サンタ・キアーラ教会付属の修道院を出て、スパッカ・ナポリの道をもとのバス通りへと戻る途中、わき道を2軒ほど入ったところに地元の酒屋があるのを見つけた夫は、飲み水を買いに行こうと言う。治安を考えてどうかな、と思ったものの、夫の後について店の中へ入り、レジの前にいたきっぷのよさそうなおかみさんに、「アクア・ミネラーレ・ナチュラーレ・グラン・ペルファボーレ（ミネラルウォーターの大ください）。」と頼むと、冷えたのを出してくれて、何やら値段を言った。私が小銭しか入っていないサイフをさかさまに振ると、カウンターの上に広がったコインの中から、レシートを見せながら代金をつまみあげてくれた。安かった。下町での買い物成功、と気をよくして薄暗い店内を見渡すと、奥の隅で午前中からお酒を飲んでいる数人の男達がこちらを見ていた。そして、そのうちの1人がおもむろに近付いてきて、出入り口の開いた扉に立ちはだかる感じで、タバコを手に、後ろ向きに外を眺めて、動かなくなってしまった。出口をふさがれて困ったなと思いながら、とっさにイタリア語を思いついて、「ペルメッソ（前を通して）。」と彼に言うと、身体をずらして通してくれた。「グラッチェ。」とお礼を言うと、「プレーゴ（どういたしまして）。」と返事が返ってきて、ほっとしながらうれしかった。前日、バスで夫が男達にねらわれたので、夜寝る前にちょっと旅行用イタリア語の本でおさらいをしたのが役立ってよかった。

バス通りへ戻って、道沿いの広場のベンチで休憩をした。そして、関空で、クレジット・カード会社の景品でもらった、飲み物を冷やすグッズを出して、買った水のペットボトルを入れた保冷袋に入れた。

もらった景品が、旅の最後の日に役立ってよかった。南国ナポリの日差しは強く、冷たい水は本当に有難かった。

国立考古学博物館へ着いて、立派なファサードから入場した。チケットを買って入った壁際に、各国語の館内案内パンフレットがあったが、英語版が品切れだった。日本語版が無いのは当然として、英語版が無いのは困る。そばにいたスタッフは、「これが似ている。」と言って、ドイツ語版を渡そうとする。まだしもフランス語版の方がましだと思って、フランス語版をもらった。

館内は結構広くて、古代彫刻の部屋とか、ポンペイやエルコラーノ（ポンペイ同様にヴェスヴィオ火山の噴火で廃墟となった遺跡）の土器などの出土品の部屋、ポンペイの復元模型の部屋とかあって、面白かった。でも、パンフレットに写真がある、目玉の展示品らしい、アレキサンダー大王のモザイク壁画がどこにあるのかわからない。それで、そばにいたスタッフ達に、フランス語の案内図を見せながら、そのモザイク壁画の展示室を尋ねた。スタッフ達は、おしゃべりの手を休めて、教えてくれて、「オヴァ（さよなら）、マダム。」とフランス語でお愛想を言ってくれた。

ポンペイとエルコラーノの繊細なモザイク壁画の部屋は素敵だった。アレキサンダー大王のモザイク画は、遠目にも存在感があり、近付くと尚更だった。ポンペイの遺跡にはレプリカがあるということで、本物を見られてよかったけれど、やっぱりポンペイにも行きたいと思った。その後、別の展示室に行ったときに、日本の女子大生2人に出会った。ギリシャから2等の夜行で、その朝ナポリに着いたとのこと。気ままな2人旅で、ポンペイにも行く予定だと言う。今の若い人はいいなー、と、羨ましい気もした。ドイツ語版のパンフレットを手にした彼女達もアレキサンダー大王のモザイク壁画の部屋をさがしていたので、教えてあげた。ところで、そのとき、彼女達は夜行列車で着いたと思っていたが、よく考えると、ギリシャからだと、夜行の船で東海岸のバーリあたりへ着いて、そこから列車でナポリへ着いたのかもしれない。

国立考古学博物館からの帰り道、ケーブルカーに乗って丘に上がり景色を見たい気はしたが、無理しないでホテルへ戻ることにした。時刻は、お昼をすぎたころ。レストランへ入ろうかとも思ったが、しゃれた総菜屋があったので、おかずやパスタなどを買ってホテルへ帰る。飲み物はホテルの冷蔵庫のものを利用するつもりで、買わないでいた。というのは、到着した日に冷蔵庫の中を見たら、飲みかけのものが入っていたりしていいかげんだったので、フロントにクレームをつけていたのだ。それで、文句を言うだけでなくて、利用してあげようと思ったのだった。ところが、部屋に戻ると冷蔵庫の中は、ジュース類が入っている程度で、補充がちゃんとされていなかった。どうも、部屋係がいいかげんな人にあたったようだ。しかたがないので、私1人で、ムニピーチオ広場で見かけたマクドナルドへ出かけた。マクドナルドで、「ビール2つ。」と注文するとき、ちょっとほしくなってマックシェイクもひとつ頼んだ。高校生ぐらいに見えるかわいい店員の女の子は、「シ（はい）。」と言って、シェイク用のストローを2本つけてくれた。ビールの包装は、ミュンヘンのマクドナルドでのテイクアウトより、きっちりしていて、こぼれにくかった。ドイツとイタリアのどちらがよい、というより、ちがいが面白かった。たっぷりの昼食を部屋で食べて、女の子のお勧めとおり、ひとつのシェイクに2本のストローをさして飲んだ。食後はゆっくりシエスタをした。ナポリでの街歩きは、やはり気が張っていたのか、くたびれていたらしい。2人とも、ぐっすり眠ってしまった。

目覚めると、夕方。おなかはすかないけれど、サンタ・ルチア港へ散歩に出た。翌日はもう日本へ帰るのだ。ナポリはせめてもう1泊したかったな、と思いながら、沖灯りを見ていた。ホテルへの帰り道、ピサでの「かき氷」を思い出して、食べたくなった。通りすがりのちいさなカフェでグラニータがあるかと尋ねると、「リモーネ（レモン）がある。」と言う。ピサとちがって、英語は全く通じない。夜の海辺の空気を感じながら、「レモンかき氷」のすっぱい味をかみしめた。日本へ帰る前夜のすっぱさだった。

8月21日〈ナポリともお別れ〉

出発の朝。飛行機の時間はゆっくりなので、のんびり朝食を食べた。

荷造りをすませて、くつろいで、ホテルの部屋の窓の真下を眺めた。この窓からは、度々眺めていたが、客待ちしているタクシーがたむろしているのが見下ろせて面白いのだった。旅の間中、バスや電車ばかり利用していたけれど、最終日、ホテルからナポリ空港までは、タクシーを利用することにしていた。

夫に、「もう帰国だけれど、どこがよかった?」と尋ねると、「連泊ではなかったけれど、ピサがゆっくり楽しめてよかった。それから、この窓からのタクシーの運転手達の様子も、なかなか思い出深い。」と言う。フェレンツェあたりで和食が恋しくなりくたびれぎみだった夫を思い出して、「もう帰るのか、という感じ?もう帰れるっていう感じ?」と続けて尋ねた。帰ってきた答えは、「もう帰るのか、もっとイタリアにいたいな。」だった。

フロントでチェックアウトのとき、空港までのおよそのタクシー料金を確認して、タクシーに乗り込んだ。ナポリともいよいよお別れだ。空港まではほんの20分ほど。道がすいていたせいか、予想よりはやく、メーターの料金も安かったが、チップをはずんで、乗車時に言われた、およその料金を支払った。ナポリ空港はちいさくて、何もかもかわいらしかった。はやく着きすぎたので、待合の椅子でぼーっとしていたら、12時50分発のパリ行きのチェックインが始まった。ちいさな免税店で、残ったイタリア・リラを使うべく、トリュフオイルや、バルサミコ酢などの買い物をした。

2時間ちょっとのフライトで、昼食が出た。デザートのお菓子は、機内食のデザート皿におさまる、ちいさな「ババ」だった。ラム酒入りのナポリのお菓子はやっぱり甘かった。パリが近付くと、フライトアテンダントさんに確かめることがあった。到着はパリ・オルリー空港なのだが、乗り継ぐ日本行きの便は、パリのシャルル・ド・ゴール発なのだ。パリ→大阪の航空券を見せて、乗り継ぎについて尋ねると、機内誌のオルリー空港の案内図のページを広げて印をつけて、ここで航空券を見せて、空港バスのチケットをもらうように、と教えてくれた。エールフランス同士の乗り継ぎなので、バス代を払う必要は無い、と、一番知りたかったこともわかってよかった。

ところで、私達は身軽なように荷物はコンパクトにまとめていて、このフライトでも、荷物全部を機内持ち込みにしていた。それで、オルリー空港では荷物をピックアップする必要もなく、その上ちいさな空港なので、すぐに空港バスのチケットをもらえるカウンターへ行くことができた。カウンターのスタッフは、時計を見て、もう降機してやってきたのかという顔をして、バスチケットを渡してくれた。

オルリー空港→シャルル・ド・ゴール空港間のバスの旅は快適だった。パリの町の東を通る高速道路から、モンマルトルの丘のサクレ・クール寺院などが見えた。パリから始まった旅も、いよいよ終わりだと思いながらちがう角度のパリを見ると、妙に切なかった。

シャルル・ド・ゴール空港18時05分発のエールフランス関空行は、日本航空とのコードシェア便で、機材は日本航空のものだ。当時、週に2便あったこの便を利用すると、ヨーロッパのほとんどの街から、その日の内に乗り継ぎが可能で、便利なフライトだった。シャルル・ド・ゴール空港ターミナル２ＦのＡＦ２９４便の搭乗口へ着いたときから、すでに日本へ着いた気分になる飛行機に乗る。まだ帰りたくないと思いつつも、今までで一番長いこの旅のときは、日本の匂いを懐かしいとも思った。夕方発の帰国便は便利だ。離陸すると夕食がでるし、ワインでもいただいて、寝て起きると日本なのだ。

8月22日〈帰国してしまった！〉

今までで一番長い旅と言っても、帰ってくればあっという間だ。帰国してしまった！もっと旅していたかった！という気持ちだ。また行きたい、と関空から帰る列車の中でも思う私だった。

夫はというと、旅行があまり好きでない人なので、もう1度ヨーロッパへ行きたいという気持ちは少ないと言う。でも、テレビにヴェネツィアやローマの街角が映されたりすると、とても楽しい気持ちになるのだそうである。

3.
最初で最後のフルムーン夫婦グリーンパスの旅

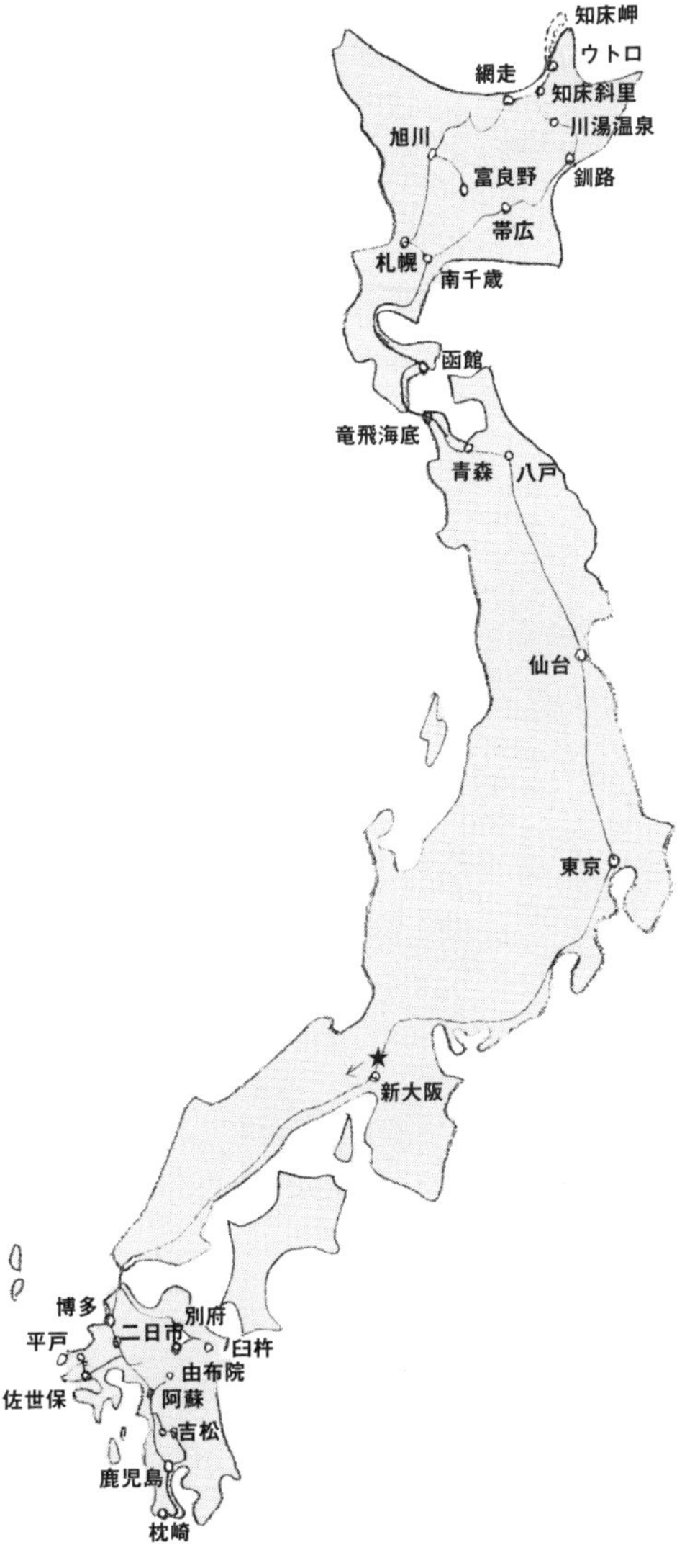

〈フルムーン夫婦グリーンパスの旅が具体化する〉

夫とのヨーロッパ旅行から６年目の２００７年６月、念願のＪＲフルムーン夫婦グリーンパス利用の旅をすることができた。夫が、長年の夢であったフルムーングリーンパスの旅に同行するのを承諾してくれたのだ。これを幸いに、２度と行けないかもしれないとの懸念から、12日間用のパスを利用した長めの旅を考えて、腕によりをかけて旅の計画を練った。ふつうは５日間用パスの旅が多いと思うが、５日間用が２人で８０５００円、７日間用が同９９９００円、12日間用が同１２４４００円で、割引率から言うと、12日間用が断然お得なのだ。夫は北海道の旭山動物園へ行きたいと言っていたので、当然北海道旅行だと思っていたようだが、何というか、ＪＲのグリーン車や観光列車に乗りまくって楽しい列車の旅をしたいという考えの私にとっては、まず九州へ行ってから夜行列車で北海道へ渡る、という計画をもくろんだのだった。

ＪＲ九州のホームページで調べてみると、ちょうど国鉄からＪＲ九州になって20周年の記念として、スタンプラリーをやっていることがわかった。これはぜひ参加せねばなるまい。全部で20か所に設置された駅や観光列車のスタンプを集めると、素敵な列車のミニチュアがついたキーホルダーなどがもらえるのだ。大げさにも写真付きのパスポートを用意してエントリーが必要なのも何だか楽しく、いそいそと夫と写真を撮りあったりした。

まあ、スタンプラリーに振りまわされて無茶な日程になるのはいやなので、20個のスタンプ制覇なということは考えずに、10個集めて列車のキーホルダーを３個ゲットするくらいを目標とした。また、スタンプを押すためだけに駅へ行くような行程はいやなので、何らかの観光を付加したい、と考えながらプランをたてていった。

佐世保駅はスタンプラリー設置駅でもあるが、ＪＲ最西端の駅でもあり、ぜひ行かねばと思った。更に、私鉄最西端の松浦鉄道のたびら平戸口駅へも行きたい。私は端にこだわる趣味があり、たまたまＪＲ最北端の稚内駅と最東端の東根室駅と最南端の西大山駅は以前に行ったことがあったが、それらは行ったことが無かったからだ。

夥しい数のＪＲの指定券などの手配は、ＪＴＢ旅行社に依頼することができた。宿泊もいっしょに頼むなら、という条件だった。ＪＴＢの宿泊プランのパンフレットからホテルを選ぶとおまけがついていることも多い。例えば、温泉地の他のホテルの風呂も入浴できる場合があるなどで、得した気分もあった。ちなみに、宿泊のホテルは主に駅に近いなどのロケーションで選び、２食付きの場合は夕食が部屋食の宿をさがして手配を頼んだ。

ここで一応、旅の目的を列挙しておく。

1. 旭山動物園をたっぷり楽しむ。夫の第一希望だ。
2. 竜飛海底駅見学。エンジニアだった夫が興味を持っていたし、見学廃止になる前に。
3. たびら平戸口駅（最西端の鉄道駅）と佐世保駅（最西端のＪＲ駅）へ行く。
4. 枕崎へ行く。やはり最南端の終着駅は行っておきたい。
5. ＪＲ九州スタンプラリー参加。せっかくイベント開催時に旅するのだから。

6．知床へ行きたい。世界自然遺産の知床へ行くのにあこがれていた。
7．帯広の六花亭へサクサクパイを食べに行く。これは娘のお勧め。
8．函館へ行く。歴史とおしゃれな街らしいけど、行ったことがないので。
9．温泉を楽しむ。旅で泊まるなら、やはりできれば温泉でしょ。
10．列車を楽しむ。何せグリーンパスだから、グリーン車を楽しむ！観光列車も。

6月5日〈旅のスタートは、〝ひかりレールスター〟の4人用個室から〉

わくわくして迎えた旅の初日。朝食用のパンや果物、果物ナイフなどをカバンにつめて、ＪＲ長岡京駅から新大阪駅への快速列車に乗った。新大阪からは、〝ひかりレールスター〟の4人用個室に乗るのだ。フルムーンパスでは、新幹線〝のぞみ〟には乗車できない。〝ひかり〟に乗ることになる。でも〝ひかりレールスター〟にはグリーン車が無い。残念に思って調べると、4人用個室を追加料金無しで2人利用できることがわかった。4人用個室にはまんなかにテーブルがあるので、食事をするには、グリーン席より都合がよい。これ幸いと、新大阪8時10分発の〝ひかりレールスター〟の個室内で朝食をとることにした。個室だから、果物をむいたりするのも便利だ。ふだんのメニューに近い朝食を、気兼ねなく楽しむことができた。

10時27分に小倉着。わずかの乗り換え時間だが、うまく昼食用の駅弁を購入することができた。小倉からは別府まで特急〝ソニック〟のグリーン車だ。はずむ気持ちで乗車すると、客室乗務員さんがいて、思いがけずドリンクサービスもあってうれしかった（ＪＲ九州のグリーン車のドリンクサービスは、その後中止になってしまって非常に残念だ)。さて、サービスのコーヒーをいただいて、ほっこりのんびりしているうちに別府へ11時55分に到着。別府では、向かい側のホームで〝にちりん〟に乗り換えることができて、楽ちん。惜しむらくは、この〝にちりん〟にはグリーン車が無かったので、普通車指定席で昼食の駅弁を食べたことだ。

12時39分に臼杵駅着。スタンプラリーの記念すべき最初のスタンプは、この臼杵駅のものになった。スタンプの図柄は臼杵大仏だった。この大仏を見たくて来たので、うれしかった。コインロッカーに荷物を預けて、タクシーで石仏見学に行く。石仏群は結構見ごたえがあり、お寺の役員などをしている夫も仏像群を興味深く見てくれてよかった。帰りのタクシーでは、観光名所の古い街並みの二王座の道へも立ち寄ってもらった。ちなみにタクシー代は、往きが1880円、帰りが2160円だった。

臼杵駅から別府へ特急〝にちりん〟で戻り、駅近くのホテル・アーサーに3時すぎにチェックイン。旅装をといてから、旅行社のホテル付随サービスで無料の「竹瓦ゆうぐれ散歩」に参加した。路地裏を歩いてちいさな祠や建物のこて絵を見たりして楽しかった。散歩の到着地は竹瓦温泉の前で、向かいの「カフェTAKEYA」でお茶とお菓子をいただいた。いったんホテルへ帰り、入浴の用意をして、旅行社のホテル付随サービスにより無料の、ホテルニューツルタへの日帰り入浴に行った。宿泊のホテルの風呂ももちろん温泉だが見晴らしはよくないので、展望風呂への日帰り入浴はうれしかった。入浴後は夕食。ホテルは夕食付きでは無いので、「グリルみつば」というところで食べようと出かけた。でもそこが定休日だったため、ビリケン食堂でとりてん定食を食べた。「とりてん」は別府の名物らしい。

6月6日〈〝ゆふいんの森〟や特急〝かもめ〟のグリーン席で最西端駅をめざす〉

朝食の前に、1人で散歩がてら徒歩10分ほどの竹瓦温泉へ入浴に行った。入浴料は100円。石鹸が備え付けてないのは知っていたので、持参した。入口土間を上がった畳のホール（？）は広かったが、脱衣所と風呂場の間に仕切りが無いのが面白かった。別府の公衆浴場はそういうのが多いらしい。これで別府温泉は、宿泊のホテル・アーサーの風呂と、ホテルニューツルタへの日帰り入浴と、竹瓦温泉の朝風呂と、3湯入浴できた。

竹瓦温泉から帰って、起きていた夫と、ホテル・アーサーのレストランで朝食。和食と洋食から選べて、洋食の定食にした。ボリュームがあって、味もよかった。

この日は別府発8時50分の〝にちりん〟でスタート。大分で乗り換えて由布院には10時11分着。由布院駅でスタンプラリーの2つ目のスタンプを押した。そして、観光特急〝ゆふいんの森〟の発車時刻の12時まで、湯布院の散歩をする。由布岳がきれいに見えていたが、行き帰りの道は人が多く、観光地ずれしているような印象だ。金鱗湖も期待していたのよりちいさくて、人通りが多い分、趣が無くて残念だった。楽しみだった散歩だが、ちょっとがっかりだった。ともあれ、無事散歩を終えて由布院駅へ戻り、駅のホームで足湯に浸かって観光列車を待った。緑の車体の〝ゆふいんの森〟に乗り込むと、ウッディな内装。いったん座席に落ち着いてから、車内の探検。売店の近くにスタンプラリーのスタンプを見つけて、押印する。3つ目のスタンプが手に入った。〝ゆふいんの森〟などの観光列車にはグリーン車は無いが、客室乗務員さんは乗っていて、いろいろなサービスをしてくれる。記念写真用の日付が入ったボードを持って座席をまわってくるのもそのひとつ。恥ずかしいのでこのときは写真サービスをパスした。また、この日の昼食は「ゆふいんの森特製弁当」を買って車内で食べる予定だったが、朝食がボリュームたっぷりだったためおなかがすかなかった。

昼食の時間を遅らせて午後2時ごろに乗り換えの鳥栖駅で食べた駅そばは、具のこってりした鶏肉がだしにも効いていて美味しかった。この後、ホームの屋根を支える柱は古いレールを再利用したものだと気付き、製造年代も刻まれているのを、夫は興味深く見ていた。

ところで、鳥栖から佐世保までは特急〝みどり〟1本で行けるのだが、〝白いかもめ〟のグリーン車に乗りたくて、肥前山口までは〝白いかもめ〟、そこから佐世保までは〝みどり〟のグリーン指定券をとってあった。〝白いかもめ〟のグリーン席は先頭車にあり、運転席もガラス張りで、進行方向前面が見渡せる上に、黒い革張りの椅子がすわり心地がよいと調べてあったので、短時間でも乗車したくて、こんなスケジュールにしたのだ。その甲斐あってか、1号車の前半分だけのグリーン車に乗り込んだとき、夫も目を輝かせて車両を楽しんだ。

特急〝みどり〟に乗り換える肥前山口駅では少し時間があったので、後日鹿児島から〝はやとの風〟という特急車内で売られる「かれい川弁当」という駅弁を予約しておくことにした。人気のお弁当で、九州内のみどりの窓口で予約する必要があるとのことだった。みどりの窓口のスタッフは人のよさそうな人だったが駅弁の予約券の発行など初めてらしく、ずいぶん手間取った上で発券してくれた。

その後特急〝みどり〟に乗り、無事佐世保駅に到着。JR最西端のこの佐世保駅もスタンプ設置駅なので、4つ目のスタンプを押した。それから松浦鉄道に乗り込む。松浦鉄道のチケットは旅行社で手配されていたので、買う必要は無かった。ローカルな単線の列車に1時間以上乗る。地元の人々が乗り降りするのを見たり、木々の緑のトンネルを通ったりして、結構楽しかった。17時48分に最西端の鉄道駅である、たびら平戸口駅に到着。駅前に、平戸温泉の平戸脇川ホテルからの迎えの車が停車していた。車で橋を渡って平戸島へ上陸、ホテルに着いた。ひらめのつくりなどの部屋での夕食後、温泉につかって疲れを癒した。

6月7日〈平戸散策、佐世保バーガー、太宰府天満宮、そして鹿児島へ〉

宿の食事処で朝食後、チェックアウト。宿の車で平戸市中心のバスターミナルまで送ってもらった。バスターミナルのコインロッカーに荷物を預けて、平戸を散策した。宿の送迎車の運転手さんが、松浦資料館がよいからぜひ行くようにと勧めてくれたので、英国商館跡へ行ってから、そこを訪ねた。松浦資料館（現在は松浦史料博物館となっている）は旧藩主松浦家の本邸が博物館になっているもので、南蛮貿易やキリシタン関係の品々を始め、多くの史料があって興味深かった。見学の後、隣接しているゆったりした茶室で抹茶とお菓子をいただいた。お菓子は2種類から選べたので、ちょうど食べたいと思っていた平戸名物のカスドースを食べることができた。

平戸発11時20分のバスに乗って佐世保へ向かう。バス代は1人1300円。松浦鉄道と比べて、はやくて便利らしく、地元の人達も主にバスを利用するらしい。12時46分、定刻に佐世保着。13時13分佐世保発の特急〝みどり〟まで少し時間があったので、昼食に佐世保バーガーを食べることにした。佐世保は海軍の町で昔からハンバーガー屋さんが多く、今は佐世保バーガーと銘打ってパンフレットなどを作り、街おこしのひとつになっていた。駅から歩いて5分ほどのパンフレットに載っているラッキーズという店で食べてみた。SサイズとMサイズをひとつずつと、コーヒー。ふつうの美味しいハンバーガーだった。

佐世保から特急で14時50分に二日市駅に着いた。ここはスタンプ設置駅なので、5つ目のスタンプを押す。コインロッカーに荷物を入れて、タクシーで太宰府天満宮に向かった。夫も私も太宰府天満宮は初めてである。参道には、梅ケ枝餅の店がひしめいていた。社殿までは結構歩き、参拝をした。何となく、京都の北野天満宮より広い感じだ。また、大阪天満宮へ行ったときに、菅原道真公の一生を物語にした博多人形のジオラマがあり、太宰府天満宮から払い下げられたものらしかったので、本家の太宰府の博多人形も見てみるべく、菅公歴史館へ入った。博多人形のおひざ元であり、たくさんの人形がところ狭しと飾られていた。天満宮を出ておやつ用に5個入りの梅ケ枝餅を買い、またタクシーに乗って二日市駅へ戻った。タクシー代は往きが1150円、帰りが1230円。

二日市駅から鳥栖駅までは特急〝みどり〟の自由席に乗って、鳥栖から特急〝リレーつばめ〟に乗る予定だった。でも、二日市駅にはやめに戻れたので、つい乗る予定の特急〝みどり〟よりもはやく発車する快速列車に乗ってしまった。ちょっと快速も乗ってみたくなったのか、よくわからない。その結果、いつの間にか特急〝みどり〟に抜かされてしまって、鳥栖からグリーン指定席を取ってあった〝リレーつばめ〟に乗り遅れてしまった。楽しみにしていた〝リレーつばめ〟のグリーン席なのに残念と、鳥栖駅の窓口へ行ってみると、次の特急のグリーン席を発券してもらえた。やれやれ。

〝リレーつばめ〟に乗り込むと、客室乗務員の〝つばめレディさん〟に、出迎えられた。彼女はにこやかに、かつテキパキと急ぎながらドリンクサービスの注文を聞き、すばやく持ってきてくれた。労をねぎらうと、「鳥栖からだとまだよいのですが、熊本からたくさんのお客様が乗ってこられるときはちょっと大変です。大勢のお客様に、滞りなく飲み物をお出しした後は、ほっといたします。」と言って、彼女は微笑んだ。

〝リレーつばめ〟はハード面もソフト面も素敵な列車だった。半両だけのグリーン車だが、3列シートの重厚な座席はゆったりしている。車両の出入り口デッキ付近は、ギャラリーのよう。博多↓新八代の運行なのだが、行先表示は鹿児島中央行き。新八代での〝新幹線つばめ〟への乗り換えは、同一ホームの向かい側で3分後には発車、大変スムーズで、なるほど、博多↓鹿児島中央の運行と言ってもさし支えないような文字通り〝リレーつばめ〟で、JR九州の思い入れが強く感じられた。

鹿児島中央には、予定より30分遅れの7時半ごろに到着。タクシーで繁華街の天文館近くのホテルレクストンへ向かった。旅装をとき、夕食に出かけた。列車内で見たJR九州の車内誌に載っていた天文館のはずれのふじ井という鰻屋へ行く。車内誌で「黒豚わっぜえか丼」の特集をやっていて、お勧めの店の中に鰻屋があった。鰻屋の豚丼ってどんなものだろうかと、興味津々で出かけたのだ。注文して出てきた丼を見ると、見た目はふつうの豚丼で、肉の下にキャベツの千切りが敷いてあり、その下に鰻とごはんがある。キャベツの効果で豚肉と鰻がうまくコラボレーションして、とても美味しかった。

宿泊のホテルは、男性用の大浴場があり、夫は喜んでいた。女性用は岩盤浴の設備はあるが、有料かと気にして尋ねてみると、特別に無料でよいとのこと。おかげで、初めての岩盤浴を楽しむことができた。気持ちよくて、翌日も利用した。

6月8日〈枕崎の休日〉

夫は、私がたてた旅のプランを見て、「何だ、連泊は鹿児島1回だけか。」と不服そうだった。私も連泊が好きなのだが、いかんせん九州から北海道をめぐる盛りだくさんの旅では、そうそう連泊のプランはたてられない。ともあれ、大切な1度だけの連泊を楽しむべく、1日がスタートした。まず、ホテル・レクストンのレストランでのんびりブッフェの朝食。座席に仕切りがあり、ゆっくり食事ができた。

身軽ないでたちでホテルを出て、市電で駅に向かい、鹿児島中央駅10時40分発の黄色い車両の快速〝なのはなデラックス〟に乗った。海に向いての座席もあるかわいい内装の指定席の車両が1両あり、それに乗ったのだ。のんびり海を眺めたりしているうちに11時33分に指宿着。指宿はスタンプラリーのスタンプ設置駅なので、短い乗り換え時間だったが6つめのスタンプを押した。指宿からは普通列車でJR最南端の終着駅の枕崎をめざす。途中、JR最南端駅の西大山にも停まる。運転手さんは、サービス精神旺盛で、ちいさなホームに降り立って写真を撮ってもよいと言う。お言葉に甘えて、きれいに見える開聞岳を背景に、日本最南端の駅の標識の写真を撮影した。実はこの駅は1992年の夏に夫と中学生だった娘と3人で来たことがある。そのときはレンタカーでの旅行中に台風がやってきて、予定していた佐多岬へは行かずに、指宿で宿泊する前の観光地として車で西大山駅へ立ち寄ったのだった。それで我が家のアルバムには、台風の中の西大山駅での記念写真が貼ってある。そのとき、ちょうど指宿方面行の列車が来たので、私1人で山川駅まで列車に乗り、並走するレンタカーに乗っている娘と手を振りあったのは楽しい思い出だ。

ＪＲ枕崎線は三角形の２辺を行くような路線で、指宿から先は普通列車しかなく、終着駅までは結構時間がかかるが、乗客も少なくてのんびりと走るうちに、枕崎駅へ着いた。新しいホームと線路の車止めがあるのみのシンプルな無人の終着駅だが、日本最南端の終着駅という標識はたっていた。以前は枕崎から先に私鉄がのびていて、古い駅舎があったらしいが、このときはもう取り壊されて、その跡にスーパーの建物があった。その後、ＪＲ枕崎の駅舎は、２０１３年４月に新しいものが建ったらしい。

列車の枕崎着は12時53分で、とりあえず腹ごしらえと、駅前の一福という食堂に入った。枕崎に来たからにはカツオを食べなくちゃと、「カツオのたたき定食」と「腹皮塩焼き定食」とビールを注文した。美味しくいただきました。

枕崎では最南端の終着駅へ降り立つのが第一の目的だったが、日帰り温泉に入浴する予定もたてていた。温泉までのバスの本数が少ないので、タクシーに乗った。タクシー代は７２０円。「枕崎なぎさ温泉」は海の見晴らしがよく、気持ちよかった。入浴後、待合所に貼ってあるさつまいもビールのビアハウスのポスターを夫が見つけた。予定していた15時44分の帰りの列車には間に合わなくなるが、鹿児島行きのバスが結構あるので帰りの足は大丈夫だし、面白そうだから行ってみることになった。

まず駅までバスに乗り、後はビアハウスまで歩くことにした。駅で鹿児島行きのバスの時刻をメモして、ぶらぶら歩きだす。歩いてみると、南国の太陽が注ぎ、枕崎はなかなかよさそうな町だった。ちょっと沖縄の町の雰囲気にも似て、人のよさそうな地元の人々が見受けられる。15分強で到着したビアハウスは、着いてみると「明治蔵」という焼酎工場に付属した建物だった。工場の方をのぞいてみると、制服を着た若くて健康そうな女性が受付にいて、予約無しでも工場見学ができると言う。喜んでお願いすると、その笑顔が素敵なお嬢さんが、丁寧に説明しながら、工場内を案内してくれた。見学の最後に売店と試飲ができるホールに出た。するとそこに、ピアノを弾いている羽田健太郎さんの大きな写真があった。当時ニュースステーションというテレビ番組があって、その中でいろいろな場所でピアノを演奏する羽田健太郎さんの映像が流されたものだが、この「明治蔵」も、その舞台のひとつだったのだ。もう故人となってしまった羽健さんの演奏写真を見て、夫も私も感激してしまった。その後焼酎の原料のさつまいもの種類などを見せてもらいながら、焼酎の試飲をさせてもらった。美味しかったので、購入して発送してもらった。ところで、帰宅してからその焼酎を土産にしたらとても喜んでくれた知人2人が、共に故人になってしまったのは何か物悲しい。

その後ビアハウスにも立ち寄ってさつまいもビール3種類セットを飲んだが、焼酎の方が気に入ったね、と夫と顔を見合わせた。連泊の日なのでのんびりできたが、帰りのバスの時間があるので、タクシーを呼んでもらって駅まで戻った。タクシー代は560円。枕崎駅からは鹿児島行きの路線バスに乗る。すごく飛ばすバスだ。でも定刻に到着したので、飛ばすことを前提にしたダイヤなのかもしれない。バス代は1人1150円だった。

バスを降りて、せっかくだからと、鹿児島中央駅の駅ビルの上にある観覧車に乗った。その後夕食。天文館の「むじゃき」という店で、とんかつ定食と豚しゃぶ冷麺。食後は、もちろん名物のかき氷の「しろくま」を食べた。

6月9日〈九州の観光列車に乗りまくる〉

ホテルで朝食の後チェックアウト。タクシーで鹿児島中央駅へ。タクシー代は660円。

鹿児島中央駅9時28分発の観光特急〝はやとの風〟に乗車。黒いボディで、車内は明るい木のインテリアでかっこいい。発車後まもなく、進行方向右手に海を隔てて桜島が雄姿を現す。かっこいい。見とれていないでと、車内を散策してスタンプラリーのスタンプを押す。7つ目のスタンプだ。〝はやとの風〟は、グリーン車は無いが、観光列車なので客室乗務員さんが乗っている。思い出して、客室乗務員さんに「かれい川弁当」の予約券を見せて、お弁当を売ってもらう。2つで2100円。そのとき、「かれい川弁当」がたくさん積んであるのを見て、せっかく予約したのにと、複雑な気持ちになってしまった。気を取り直して、ハーブティーを注文、1人300円。そのうち列車は海沿いを離れて内陸部を走り、とあるちいさな駅で停まった。そこは築100年という木造の「嘉例川駅」で、5〜6分停車して、観光タイムがあった。客室乗務員さん達はカメラのシャッターを押すサービスなどをしてくれる。私は、「わあ、観光バスみたい。」と言ってはしゃいだ。そして吉松駅に10時57分着、ここで〝はやとの風〟とお別れ。乗り継ぎの列車の発車まで、駅前に展示してあるSL機関車を見たりして過ごす。この路線は博多と鹿児島を結ぶ大動脈だった時代もあるらしく、吉松駅は結構立派な駅だった。JR九州の社内誌に駅の近くで名物の「汽笛まんじゅう」を売っているとの記載があったのを思い出して、地元の人に店の場所を尋ねて買いに行った。2個で200円。少しはなれた場所の店なので、駅で売ったらいいのにと思った。

吉松駅発11時40分発の各停の観光列車の〝しんぺい号〟の指定席に乗る。スタンプラリーの8つ目のスタンプを押す。〝はやとの風〟と同じ客室乗務員さん達が乗車していた。だいぶ慣れてきて、列車の名前と日付を書いたボードを持っての記念撮影を夫と2ショットで撮ってもらった。近くの席におひとりさまの鉄道好きらしいおじさまがいて、彼にも客室乗務員さんは記念撮影を勧めていたが、照れながら断っていた。吉松～人吉間は、霧島連山を望む車窓を楽しみながら、ループ線や2つのスイッチバックの峠越えを体感できる。日本三大車窓という地点ではちょっと停車もしてくれる。運のよい日は遠く桜島まで見えるらしいが、残念ながらそれはかなわなかった。それから各停の〝しんぺい号〟は駅毎に5～6分停車して、観光バス気分になれる。幸せの鐘がある駅や、SL機関車の展示がある駅で停車して、客室乗務員さんの説明などがある。ふと見ると、先ほどの「おひとりさまのおじさま」が、恥ずかしそうに笑いながらボードを持ち、SLの前で記念撮影をしているのが目に入った。客室乗務員さん達の笑顔は、私達も含めて乗客達を童心にかえしてしまうようだった。

12時58分に人吉駅着。乗り継ぎの観光列車の〝九州横断特急〟がホームで待機していた。多くのお客達や、客室乗務員さん達は、それに乗り換える。13時5分に〝九州横断特急〟は発車。指定席に落ち着き、車内を散策してスタンプを押す。9つ目のスタンプだ。列車は球磨川に沿って走り出し、ちょっと落ち着いたので、「かれい川弁当」を取り出して広げた。朝食がたっぷりだったのと、観光バスみたいな列車旅だったので、昼食を食べるのを忘れていたのだった。「かれい川弁当」は食べてみると、鳴り物入りで売り出していた割にはこういうものか、というお弁当だったが、野菜が多くて美味しかった。途中、八代駅では少し停車時間があったので、おやつまたは夜食用にと、「鮎屋三代」という駅弁をひとつ1050円で購入した。全く食べることばかり思い出す。

〝九州横断特急〟は熊本をすぎて、そのまま別府まで行く。私達は阿蘇駅までの乗車だ。途中、立野駅ではスイッチバックする。阿蘇の雄大な景色が見えてきたら、下車駅が近い。阿蘇には15時46分着。ここからは阿蘇の景色をちょっと眺めるだけで、また観光列車に乗って熊本へ引返すので、向かい側のホームへ行くために陸橋を渡る。その陸橋上に、阿蘇駅のスタンプラリーのスタンプがあった。10個目のスタンプを押す。陸橋から熊本行きのホームへ降りると、観光列車の快速〝あそ１９６２〟が停まっていた。いそいそと列車に乗り込む。15時53分発で、〝あそ１９６２〟は動き出した。また車内を散策してスタンプラリーのスタンプを押した。10個のスタンプでキーホルダーがもらえるので、11個目のスタンプは無駄ともいえるが、かわいいスタンプが増えるのはやはりうれしいものだ。列車内では、またもや客室乗務員さんから記念撮影をしてもらった。17時21分熊本着。

熊本からは〝リレーつばめ〟で博多へ向かう。大好きになった〝リレーつばめ〟のグリーン車にさっそうと乗り込むと、〝しんぺい号〟などでずっとごいっしょだった客室乗務員さんが出迎えてくれた。向こうも私達に気が付いて、笑顔で応対してくれた。ゆっくり楽しんで、18時52分に博多に着いた。この日は列車に乗りづめの行程なので、くたびれないか気にしていたが、快適に過ごせてよかった。

博多駅からはタクシーでホテルニューオータニに向かった。タクシー代は６７０円。ホテルのフロントでは、「お部屋にゆとりがあるので、グレードアップさせていただきます。」と言われて、デラックスツインルームに案内してもらった。ラッキーだ。デラックスルームを楽しみながら、駅弁「鮎屋三代」を分け合って食べた。夕食は、旅行社のホテル付随サービスにより無料のラーメン券があったので、散歩がてら中州の屋台へ出かけた。ホテルのフロントで教えてもらったお勧めのラーメン屋だったが、そんなに待たないで食べられた。ラーメン屋から戻り、ホテル1階のカフェでコーヒーとケーキを楽しんだ。

6月10日〈博多散策を楽しんでから寝台列車で北海道をめざす〉

ホテルニューオータニの朝食は、和食処かバイキングか選べた。最上階の和食処がおしゃれなので、そちらで食べることにした。満員で少し待ったが、席に案内されてからは、落ち着いた雰囲気の中で美味しい朝食をいただくことができた。列車の出発まで時間があるので、博多の街を散策する。〝天神〟の地名の由来だという水鏡天満宮と、奥に隣接していた赤煉瓦記念館が特によかった。赤煉瓦記念館は、赤煉瓦の東京駅と同じ辰野金吾の設計だった。帰り道、スーパーマーケットに立ち寄って列車内で食べる昼食のパンやチーズや果物を購入した。ホテルに戻りチェックアウトして、タクシーで博多駅へ向かった。

博多駅11時59分発の〝ひかりレールスター〟の個室に乗る。1日目の朝食と同様に、4人掛けテーブル席に買い込んだ食料を広げ、ゆっくりとランチタイムをとった。14時44分に新大阪着。ちょっとつまらないことは、フルムーングリーンパスは〝のぞみ号〟に乗れないので、次の〝ひかり号〟まで我が家に程近い感じの新大阪で待たねばならないことだった。案の定、夫は「ここからなら家はすぐだねー。」など言いながら、コーヒーを飲んでいた。でも第一目的の「旭山動物園」がまだ行けていないので、旅を続けるしかないのだ。15時19分発の〝ひかり号〟に乗車。見慣れた京都駅で停車するときも、ちょっと妙な気分だったが、それをすぎるとグリーン席で落ち着いていられた。東京着は18時13分。

東京駅では改札を出て、大丸デパートの地下売り場で弁松の深川めしなどのお弁当2つ（2065円）と缶ビールを買った。弁松は、五木寛之氏の『旅のヒント』だったかの本で紹介されていたのだ。このお弁当を次に乗る〝はやて〟の車内での夕食にするのだ。

乗車した〝はやて〟は、18時56分発。この夜のねぐらは〝特急北斗星〟のデュエットという個室B寝台である。〝北斗星〟は、すでに上野から出発しているのだが、この新幹線〝はやて〟で追いついて追い越し、仙台から乗車する計画なのだ。そうやって時間をかせいだ分、朝の出発がゆっくりなので博多で散策のときを持てたし、〝はやて〟のグリーン席で夕食をとることもできるのだった。お弁当を広げてビールで乾杯していると、ドリンクサービスの乗務員がやってきた。食後にコーヒーをと所望すると、笑顔でうなずいてくれた。〝はやて〟もドリンクサービスがあってよかった！

仙台着は20時37分。少し時間があるので、夜の仙台駅前を歩いた。駅前広場から暗闇にうかぶ「JR仙台」の大きな駅名を見上げると、九州から東北まで、はるばるやってきた感慨がわき起こった。

〝北斗星〟が発着するホームで、列車の到着を待つ。他に列車を待つ人影は年配の2人連れが1組。どうやら私達と同じ、フルムーングリーンパス組らしかった。〝北斗星〟がホームに入ってきて、乗り込む。21時14分発車。デュエットという2人用個室B寝台は狭いけれど快適だった。私達の個室は上段だったが、互いちがいにある下段にあたる場合もある。上段に向かい合った2つのベッドに身を横たえてみると、列車のリズムでたちまち眠りにおちそうだったが、荷物を置いて鍵をかけ、食堂車へ出向く。グランシャリオという、豪華なシャンデリアが下がる食堂は、夕食は予約制だが、9時以降のパブタイムは予約無しでよい。サラダとビールを注文して、夜食を楽しんだ。

個室寝台に戻り、備え付けの寝間着に着替えて横になる。このデュエットは、思いのほか広くも感じた。開放式のB寝台だと、カーテンの内側だけの世界だが、これだと通路と夫が寝ている寝台の上も空間が広がっている。鍵のある個室だという安心感もあるし、ちいさな窓もあるので、夜景も楽しめて居心地がよかった。列車の揺れもご愛嬌だった。

ところで、この旅の日程表を見た人達が口を揃えて言うには、「九州から北海道まで一気に駆け抜けるなんて、とってもくたびれたのじゃない?」ということだった。しかし、夫も私も全然くたびれない。楽しかった、の一言だ。うれしいことにグリーン車には車内誌というものがあるし、JR九州、JR東海、JR東日本と、それぞれ工夫をこらした記事が載っている。各社の管轄内のお勧めの見どころや工場その他を紹介してくれて、列車に乗りながら、それらを読んでいるだけで、全国を観光している気分になれる。各社の読み比べをするのも楽しかった。残念ながら、博多→新大阪間はグリーン車では無かったので、JR西日本の車内誌は見ていないが、その間は〝ひかりレールスター〟の4人用テーブル付個室内でのランチタイムだったので、それはそれで楽しく過ごせた(この4人用個室であるが、九州新幹線〝さくら〟や〝みずほ〟の運行開始に伴って〝ひかりレールスター〟は激減していて、今はまず利用できないのが残念である。でも〝さくら〟はフルムーングリーンパスで乗車できるので、〝さくら〟のグリーン車はOKだ)。

グリーン車のサービスに関していうと、JR東海の〝ひかり〟では、おしぼりサービスがあった。JR東日本の東北新幹線〝はやて〟では前述のようにドリンクサービスがあり、夕食後のコーヒーが楽しめた。そのとき、同じ車両の少し離れた席には、団体ツアーの一行がいて、参加の奥様達が、楽しそうにドリンクサービスを受けていた。ちなみに、団体ツアーでのグリーン車乗車についてだが、いろいろなツアーのパンフレットを見ている限りでは、〝ひかり〟のグリーン車利用は多いが、〝はやて〟は少ない。多分、キャパシティの問題で、大勢のグリーン席を確保するのが難しいのだと思われる。このときの〝はやて〟のツアー会社は、チケットを取るのが上手だったのだろう。〝はやて〟ならまだしも、JR九州や北海道の1車両の半分しかないようなグリーン車だと、個人旅行で乗るのが王道だといえよう。

6月11日〈旭川から富良野へ、〝ノロッコ号〟の旅〉

目覚めると、列車は北海道の大地を走っていた。車窓からの景色を眺めているうちはよかったが、車内を散歩しようとしたらアクシデントに出くわした。個室寝台から出ようとするとドアが開かないのだ。夫と2人でいろいろ手をつくしてみたが無理だった。そのうち個室内に緊急用のインターホンがあるのを見つけて、車掌さんに来てもらった。そして外から車掌さんが鍵を開けてくれた。その後は鍵の調子は大丈夫で、原因は結局わからずじまいだった。まあ、車体が老朽化してきている、ということだろう。

朝食は食堂車へは行かないで、車内販売のサンドイッチ（500円）とコーヒー（300円）を買って個室デュエット内で食べた。札幌着は9時18分。

札幌から旭川までは特急〝ライラック〟に乗る予定だったが、何らかの事情でダイヤが乱れていて、ほどなくやってきた〝スーパーホワイトアロー〟に乗車した。指定席が取れてないので混んでいる自由席に乗ったが、何とか席に着けた。11時すぎに旭川着。

旭川に着いたら「旭山動物園」へ、と足を向けたいところだが、ここは1日のばして、この日は富良野へ行く予定にしていた。理由は、せっかく第一目的の動物園へ行くのだから、長時間楽しむべしという私なりのこだわりで、翌日開園したての時間に訪れようという計画だった。そういうわけで、この日は旭川に着くと、宿泊する駅前の旭川ターミナルホテルに荷物を預けて、富良野をめざした。

旭川駅の富良野線のホームは、駅のはずれにある。結構歩いてホームに着くと、11時30分発の普通列車富良野行きは、すでに入線していた。のどかな列車に乗り込み、富良野をめざす。途中ラベンダー畑などがあるのだが、まだ咲いていなかった。でも車窓には田園や丘や山が連なり、景色はよかった。

富良野着は12時40分。

富良野でのお目当ては、「くまげら」という食堂での昼食だ。脚本家の倉本聰氏が応援している店だそうで、ネットで知って以来、行きたかった店なのだ。富良野駅の前の「北海道のへそ・富良野駅」といった案内板の前で写真を撮ってから、歩いて5分ほどの「くまげら」へ行った。予約していなかったが、カウンターに案内してもらえた。注文したのは、和牛さしみ丼、チーズ豆腐、じゃがバター、なっとう、ビールなど。全部で4300円。どれもとても美味しかった。

富良野発13時59分の、季節限定観光列車の〝富良野・美瑛ノロッコ号〟に乗る。ラベンダーはまだ咲いていないが、〝ノロッコ号〟は走っているのだ。トロッコ風で木製のベンチが並んでいる、かわいい列車だ。車内に売店のコーナーもある。ただ、ラベンダーがまだなので、客はほとんどいなくて、もったいなかった。時々沿線案内の放送があって、美馬牛小学校の塔が木々の間から見えるとの説明もあったが、ちらっとしかみえなかった。〝ノロッコ号〟は美瑛駅までで、そこから普通列車に乗って旭川へ戻った。15時55分着。

のんびりと旭川の町を散歩する。歩道の整備などが行き届いていて、歩き易い街だ。横断歩道の信号も、残り時間を知らせてくれる仕組みで、見易い。繁華街の広がりも結構あって、店をのぞきながら散策した。スーパーマーケットでは予定通り、夕食の買い出しをした。おにぎりひとつにも郷土色があって、惣菜などを選ぶのは楽しかった。ひじき、おから、アスパラごまあえ、赤飯、ビールなどで、1124円だった。

ホテルの部屋のテーブルに食材を並べて、くつろぎながら夕食を食べた。

6月12日〈旭山動物園〉

ホテルでたっぷりブッフェの朝食を食べて、チェックアウト。荷物を預かってもらって、ホテルを出た。いよいよ旭山動物園へ行く日だ。動物の自然な生態が見られる行動展示を実施しているというか、とにかく新しい見せ方を工夫しているという旭山動物園は、夫ならずとも私もぜひ行ってみたいところだった。

近くのバス停から8時40分のバスに乗った。旭山動物園着は、9時20分。チケットを買ってさっそうと入場。そんなには混んでいなくてよかった。

掲示板で、動物達がエサを食べる「もぐもぐタイム」やその他の見どころを確認して、散策開始。ぺんぎん館では、本当に空飛ぶペンギンのような見せ方に、まず感激。その後あざらし館で縦の筒型

旭山動物園

のプールにかわいいアザラシが、行ったり来たり泳ぐのを感心して見学。それからほっきょくぐま館へ行き、プールの中で泳いでいる白熊を見学したり、ちいさな透明の半円形のカプセルからごく近くで白熊を眺めたりした。もうじゅう館、さる山などを丁寧に見て行って、おらんうーたん館へ出た。おらんうーたん館は見学通路をはさんで2か所に分かれていて、その2つの間は、高いところに張られたロープで繋がっていた。ちょうどそのとき、かわいいオランウータンがロープを伝って移動するところだった。よいところに出くわして運がよかった。また、チンパンジーの森では、人が歩くところとチンパンジーがいるところが工夫してあって、楽しかった。

昼食は、園内の簡易食堂のようなところで、山菜そばとかき氷を食べて簡単にすませた。その後も園内をくまなく見てまわり、動物博物館のような展示館も、丁寧に見た。こんな風に旭山動物園をたっぷり楽しんでから、帰りのバスに乗った。

旭川駅前のホテルに戻って荷物を受け取ったが、列車の出発まで少し時間があったので、ロビーでコーヒーを飲んだ。受け取った荷物を見ながら、「この荷物は、昨日の朝から今まで、このホテルに長逗留していたんだね。」と思うと面白かった。

時間が来てホテルを出た。ホテルからドア1枚で、そこは旭川駅だ。夕食の駅弁を買うべくお弁当屋さんへ行ったが、めぼしい駅弁は売り切れ寸前だった。コーヒーを飲む前に買っておけばよかった。何とか「わっぱミックス」と「いかつぼ弁当」を購入することができた。ビールも買って、合計2310円。

旭川発16時58分の網走行特急〝オホーツク〟のグリーン車に乗る。このグリーン車でも、ドリンクサービスがあってうれしかった。お弁当の飲み物はビールなので、食後のコーヒーをいただいた。くつろいでいるとき、グリーン車用のパンフレットに、お弁当の予約サービスがあるのを見つけた。3日後の帯広から南千歳への特急〝スーパーとかち〟内で食べる「特製サンドイッチ」を予約することにした。座席まで持ってきてくれるらしい。

網走着は20時48分。歩いて5、6分の網走ロイヤルホテルにチェックインした。夕食はすんでいるので、部屋に荷物を置いて、大浴場へ行った。サウナ付き浴場があるから選んだホテルだったが、この浴場は日帰り入浴もしていて、ご近所のお客さん達の社交場となっているのが面白かった。洗い場で年配の男性が、近所の男の子をつかまえて、背中を流してもらったりしていた。

6月13日〈レンタカーで知床まで、ウインカーは出さないでよいと言われた〉

早起きをして朝食を食べ、ホテルをチェックアウトした。網走駅まで足早に歩く。駅レンタカー屋が営業を始める8時に車を借りるのだ。そして知床のウトロ港10時発の観光船に乗る予定をしていた。

レンタカー屋さんのスタッフは、「ウトロまでは道なりに行けるので、ウインカーは出す必要が無いですよ。」と言って、送り出してくれた。「北海道なら、レンタカーを運転してもよい。」と言っていた夫がハンドルを握る車は、快調に走り出した。

市街地を抜けると、左手にオホーツク海が広がる。右手のＪＲ釧網線と並行して走る。流氷の時期は、〝流氷ノロッコ号〟が走る有名な路線だ。少し走ると、踏切を越えて線路は左手に移る。そのうち、ちいさな駅が見えてきた。北浜駅である。ウインカーを出して停車してもらい、併設の展望台へ上った。流氷の接岸時だったら見物客で鈴なりなのだろうな、と思いながら見渡すと、オホーツク海の大海原と青い空が広がっていた。展望台から降りて北浜駅の構内へ入る。待合室の壁面は、旅行者が訪問の足跡として貼った名刺や切符などで埋め尽くされていた。元の駅務室のようなところは停車場という喫茶兼食堂になっていてちょっと立ち寄りたかったが、まだ営業時間前だった。

北浜駅を出て、快適なドライブは続く。右手に原生花園や道の駅が現れるが、先を急ぐので通り過ぎた。レンタカー屋さんの言う通り、道なりにいつの間にか知床方面へと車は進む。やがて右手にオシンコシンの滝という標識が見えてきた。ここはやはり立ち寄りたくて、停車のウインカーを出してもらった。とても迫力のある滝だった。

滝見物を終えて、ウトロ港へ直行する。何とか知床観光船の出港に間に合いそうだ。ただ、船内での昼食用のパンなどの購入のためにコンビニへ立ち寄る間は無かったので、とりあえず私だけ船乗り場で降ろしてもらい、乗船手続きをした。その間に、夫はコンビニをさがして、昼食を買いに行く。観光船は、ゴジラ岩観光という会社の小型船。ツアーでよく利用される硫黄山航路という途中までのコースではなく、知床岬航路という４時間乗船するものを予約していた。ネット割引で１人７５００円。

乗客は、私達の他は数人。オレンジ色の救命胴衣を着せてもらって、いざ出航。幸いよい天気で、揺れも少なくてよかった。乗組員が、救命胴衣姿の私達の写真を撮ってくれた。岸沿いに、観光船は走る。途中で昼食をすませ、景色を眺めながら、硫黄山もすぎる。しばらくして、夫が、「ヒグマが見える！」と叫んだ。海岸沿いの浅瀬をヒグマの親子が歩いているのがちいさく見えた。その後、また数頭のヒグマが現れた。そして知床岬まで到着した船は舳先を返し、帰路に着いた。岬のあたりは、なるほど鬱蒼とした森林が幾重にも続いていた。

ウトロ港へ戻り、次に知床五湖をめざした。結構広い駐車場にレンタカーを停めて、案内所の建物へ行く。熊出没についての注意をうけ、マップをもらって歩き出す。知床五湖と言うが、歩いてまわれるのは、一湖と二湖だ。歩き易い遊歩道を、大勢の観光客と共に進んだ。ちいさな湖はきれいだったが、人が多いのは今ひとつだった。

知床岬からレンタカーを返却する知床斜里駅までのドライブの途中で、道の駅に立ち寄り、トドの缶詰などを物色して必要な土産物を購入して、自宅送りにしてもらった。

知床斜里駅の駅レンタカー屋さんは営業時間が17時までなので、それまでに車を返却せねばならないが、思いのほかはやく到着して、時間に余裕があった。荷物を転がしながら、駅前のマーケットなどで時間をつぶす。次の釧網線の列車は17時30分なのだった。

時間がきて釧網線の普通列車に乗車。ここから川湯温泉までが、特に列車の本数が少ない区間だ。乗客はまばらで、地元の人と、鉄道好きらしい人がちらほら。ふつうの観光客は、私達ぐらいのようだった。他に、恰幅のよい若い女性のカメラマンらしい人がいて、車窓からの風景などを写していた。緑が多い景色は、なるほど美しかった。

川湯温泉駅には、18時25分着。駅からたまたま5分後に温泉街行きのバスがあるので、バスに乗る予定だった。私達以外に駅に降りた乗客は無く、バスはどこから乗るのかな、とベンチにすわっている男性に尋ねてみると、当のバスの運転手さんだった。私達だけを乗せたバスが発車し、運転手さんは「どこに泊まるの?」と聞いてくる。「川湯ホテルプラザです。」と答えると、7、8分走った角で車を停めてくれた。川湯ホテルプラザの玄関の前だった。

このホテルは2食付きにしては1人8000円なにがしかで、大変安価なため、どんなホテルか気にしていたが、少し古めかしいだけで、大きなよいホテルだった。案内された部屋はやはり古めかしいがスイートルームとでもいうべき広さで、応接部分と続きの和室があった。ただ冷房設備が無いので、夏でうんと暑い日だとちょっと困るかもしれない。部屋食の夕食は応接の広いテーブルに並べられたが、食べきれないほどのご馳走だった。温泉はやはりの露天風呂こそ無かったが、2階建てのような大浴場で、大満足だった。

6月14日〈行きつ戻りつ釧路湿原ノロッコ号の旅〉

朝食はホテルの食事処でブッフェだった。この日は、列車のダイヤの関係で、川湯温泉駅を午後発の列車に乗ることにしていた。それで、午前中は旅行社のホテル付随サービスにより無料の他のホテルの日帰り入浴にでも行こうと思っていたが、ロビーに貼ってあったポスターで、摩周湖行きの無料のイベントバスが出る日だということがわかった。フロントで確認して、午前中はそのバスで観光をすることにした。このイベントは街おこしのボランティアさん達が企画運営したもので、摩周湖への道路のマイカー交通規制を目的として代替バスを運行する、環境を考えてのものらしかった。霧で有名な摩周湖に着くと、私達にとって2度目の摩周湖は、1度目同様によく晴れていた。ともあれ町民のボランティアさん達はとても親切で、観光案内も丁寧でよかった。街の人達が透明度の高い摩周湖や周囲の自然をとても大切にしていることが伝わってきた。帰りには、摩周湖の霧の缶詰というものをお土産にもらった。

昼食は川湯温泉駅の駅舎レストラン・オーチャードグラスで、ビーフシチューなどを食べた。このあたりでは、名物の食事らしい。食後、少し時間があったので、駅に併設の足湯につかって楽しんだ。木造り風の、立派な足湯だった。

川湯温泉発13時29分の普通列車に乗り、釧路湿原駅まで行く。14時44分着の釧路湿原駅は夏だけの臨時駅で、かわいい木造の駅舎の無人駅だ。近くの細岡展望台まで歩いて行くため、荷物の預かり所をさがしたが、当然そんなものは無い。貴重品は入ってないし、ええいままよ、と駅舎の隅に荷物を置いておくことにした。細岡展望台での釧路湿原の景色を楽しんで戻ってきて、無事に荷物があってよかった。

その後は、来たのと反対方向からやってきた〝湿原ノロッコ号〟に乗り込む。15時27分発。富良野のものとちがい、このノロッコ号は結構大勢の乗客がいた。もと来た道を引き返すかたちで湿原の車窓を楽しむ。塘路着15時50分。塘路駅にはホームの隅にちいさな櫓のような展望台があるので、登って景色を見渡した。駅舎内に喫茶室があるので、そこのカウンターでお茶の時間にした。実はこの旅行の2年ほど前に娘がここの喫茶店のご主人にお世話になったとのことで、お礼を言いがてら立ち寄ったのだ。娘は宮沢和史さんのファンで、帯広でライブがあったときに釧路湿原まで足をのばして1人旅をしていた。そのとき、列車の本数が少ないので、塘路にはわずかの滞在しかできないとなげいていたところ、喫茶店のご主人が湿原を車で案内してくれた上に、茅沼駅の宿まで送ってくれたと言うのだ。御主人は、「そういえばそんなことがありましたね。シーズンでないと、はやじまいすることがあるので、気にしてもらわなくていいんですよ。」と、言ってくださった。

塘路にはわずかの滞在時間で、私達はまた同じ〝ノロッコ号〟に乗って釧路へ向かう。行きつ戻りつノロッコ号の旅だ。くだんの茅沼駅や2度目の釧路湿原駅も通って列車はゆっくり走る。小川沿いに小動物がひそんでいたりもした。釧路着は17時14分。

釧路では、和商市場へ行くことにしていた。荷物をコインロッカーに預けて、5分ほど歩く。和商市場は、今や観光スポットともなっている鮮魚などの大きな市場だ。ここで食料を買って、帯広までの特急〝スーパーおおぞら〟内で夕食にする算段だった。市場内をひとまわりしてカキ昆布巻きを土産用に買ってから、夕食用に御飯ミニと刺身、お浸し、煮魚などを買い込んだ。釧路駅に戻り、18時42分発の〝スーパーおおぞら〟に乗る。グリーン車の入口で、客室乗務員さんが、深々と頭を下げて出迎えてくれた。グリーン席でゆっくり夕食の後、ドリンクサービスのコーヒーを楽しんだ。

帯広着は20時12分。釧路で宿泊せずに帯広を選んだのは、娘に帯広の六花亭本店へはぜひ行って、そこでしか食べられないサクサクパイを買って食べるようにアドバイスされたからだった。帯広での宿は、駅前の十勝ガーデンズホテル。モール温泉の浴場があるので選んだホテルだった。

6月15日〈帯広から函館へ、大雨で特急列車が大幅に遅れた〉

ホテルの朝食は、洋食を選んで、たっぷり食べた。

10時の六花亭の開店まで間があるので、夫が、帯広別院へ行こうと言い出した。市内地図に、真宗大谷派の別院があるのを見つけたのだ。何とか歩いて行ける距離だったので同意して、寺をめざした。大きな通りに面した帯広別院は、すぐに見つかった。広い境内へ入ると正面に本堂、左手に鐘つき堂があった。本堂はひっそりしていたが、引き戸を開けて畳敷きのスペースに上がらせてもらった。扉が閉まっていて阿弥陀様は見られなかったが、阿弥陀様の方へ向かって合掌した。何かよい気分だった。

その後駅の近くへ戻り、開店していた六花亭を見つけて店内へ入った。幾つかのお菓子を買ってから娘のお勧めのサクサクパイを2個購入して、セルフサービスの無料のコーヒーと共に店内でいただいた。サクサクパイはホロホロと美味しかった。

ホテルで荷物を受け取って駅へ行く。11時36分発の〝スーパーとかち〟に乗るのだが、駅に着いてみると、何だか様子がおかしい。うろうろした人々であふれていたのだ。聞くところによると、新得駅付近の大雨のために列車が大幅に遅れているとのことだった。動き出すまで待つしかない。そういえば、ここまで大したトラブルも無く旅を続けてこられたのを感謝すべきだな、とも思った。1時間以上待つうちに、帯広始発の〝スーパーとかち〟よりも先に、釧路発の〝スーパーおおぞら〟がやってきたので、とりあえず乗り込むことにした。グリーン車には少し空きがあって、座席を確保できた。ややこしい状況だったが、3日前の旭川から網走へのグリーン車の中で、この日の昼食のサンドイッチを注文してあったのを思い出し、キャンセルをお願いすることにした。客室乗務員さんは、「この状況なのでキャンセルは伝えますが、代わりのお弁当は必要ですか?」と聞いてくれた。私は「おなかがすきそうにないので、いりません。」と答えた。実際に、サクサクパイが結構大きかったので、結果的に昼抜きになったが、大丈夫だった。

列車は新得駅あたりで徐行運転をしながら、予定より2時間以上遅れて南千歳に着いた。駅の窓口で運よく、次の函館行の特急〝スーパー北斗〟のグリーン席が確保できた。南千歳で1時間位待ち時間があったが、そのとき2日前に釧網線で見かけた女性カメラマンさんを見かけた。向こうも私達に気付いたらしく、どちらともなく話しかけあった。釧網線の後釧路に2泊してその朝釧路から特急に乗ったが、すぐに止まってしまい、大変だったとのこと。彼女も函館まで行くらしい。私達はグリーンパスのおかげで、ゆったりと旅ができた方らしかった。〝スーパー北斗〟のグリーン席は離れた座席だったが、ドリンクサービスもあって快適だった。

予定より2時間以上遅れて函館着。駅からタクシーに乗り、何とか部屋食の夕食を楽しめるギリギリの時間にホテルに着いた。湯の川温泉のプリンスホテル松風苑というちいさな宿だったが、居心地はよかった。元気があれば夕食後函館山へ夜景を見に行くつもりだったが、それは割愛することにした。でも夕食が美味しかったので、満足した。

6月16日〈旅の終わりは竜飛海底駅見学〉

この宿は朝食も部屋でゆっくりいただいた。函館発10時40分の列車に乗るのだが、その前に、帯広別院に続いて函館別院へも行きたいと夫は言う。函館別院は有名な聖ハリストス教会のすぐそばにあり、私もそのあたりを散策したいので、ちょうどよかった。ホテルをチェックアウトして、乗ってみたかった市電で函館駅まで行き、荷物をコインロッカーに預けて、また市電に乗って十字街で下車し、坂を歩いて登ると聖ハリストス教会と函館別院の前へ出た。坂から海を見下ろすと、観光保存の青函連絡船が繋がれているのが遠くに見えた。駅までは、タクシーで戻った。タクシー代は610円。

函館駅で「みがきにしん弁当」をひとつ買って、特急〝白鳥18号〟に乗った。このときは、竜飛海底駅で下車するため、グリーン車ではなく、普通車の車両に席を取っていた。海底駅見学者用の車両だけ、海底駅で列車のドアが開くのだ。

さて、海底駅に降り立ったのは、私達2人の他は、男性が1人のみ。でも、私達だけでなくてよかった。海底駅ができたころは大勢の見学者がいたようだが、このころは減っていて、案内表示なども古びていて、ちょっとわびしかった。ＪＲの担当者の案内で駅を一通り見てまわり、その後ケーブルカーに乗って地上の海峡記念館へと導かれた。記念館の中は案内人無しで自由に見てまわるしくみ。展示物は結構大がかりで見ごたえがあり、エンジニアだった夫は興味深く見ていたが、私にはよくわからないものも多かった。海峡記念館の外の広場にも野外展示物があったが、内容はともかく、メンテナンスが悪く錆びついていたりして悲しかった。案内人が来て、そのあたりに階段国道という珍しい国道があって、走って行ってくる見学者もいるという話をしてくれた。時間が来てケーブルで海底駅のホームへ戻り、海底駅発13時59分の特急〝スーパー白鳥24号〟の普通車に乗り込んだ。朝食がたっぷりでおなかはあまりすいていなかったので、この車内で、函館駅で買ったお弁当を2人で分け合って食べて、昼食にした。

青森駅で同じ列車のグリーン席に乗り換えて、八戸まで行った。八戸着は15時50分。この当時、東北新幹線の始発駅は八戸だった。ここで新幹線〝はやて〟に乗り継ぐ。乗り継ぎ時間はわずかだがスムーズに乗り換えられた。〝はやて〟のグリーン席でドリンクサービスのコーヒーを飲みながら、車内誌を見たりしているうち、19時8分に東京駅に着いた。

その後東京から19時36分発の〝ひかり〟に乗れば22時20分に京都駅に着くのだが、実は翌日の親戚の法事に出席することになったので、東京で1泊した。そして翌日は法事の後、夕方の〝のぞみ〟のグリーン席を奮発して乗って帰ったが、これは2人分が36740円で、フルムーンパスの2人分124400円という値段と比べると大変高くついた気がした。でもこれは、別に法事のために東京を往復することを考えると、安いのかもしれない。

〈帰ってからのお楽しみ〉

総じて考えると、やはりJRのいろいろな列車に乗ったのが楽しかった。九州から北海道へJRで移動したのは、あっという間に感じた。食事については、2食付きの宿は3軒だけにして、スーパーの惣菜などを食べる日もあったのがよかったと思う。スーパーへ行くと土地の食べ物もわかるしよいものだ。ひかりレールスターの個室のテーブルにパンその他を広げて食べたのも楽しかった。2食付きの宿は夕食を部屋食にこだわって選んだので、ゆっくり食事を楽しめた。

それにしてもJR九州は、楽しい観光列車を当時から走らせていたものだ。その後2011年に私は1人旅で観光列車〝海幸山幸〟〝あそぼーい！〟〝SL人吉〟〝いさぶろう・しんぺい〟〝はやとの風〟〝指宿のたまて箱〟などに乗りに行ったが、夫とのこの旅では〝いさぶろう・しんぺい〟〝はやとの風〟が特に印象に残ったものだ。スイッチバックやループ線、「嘉例川駅」の存在など、沿線が楽しかったのもあるが、やはり客室乗務員さんの案内や笑顔によるところが大きいと思われる。〝ゆふいんの森〟は運行開始から年月も経ていて、少し古い感があり、それほどでもない印象だった。

ちなみに、当時乗った観光列車〝あそ1962〟の路線は〝あそぼーい！〟に、〝なのはなデラックス〟は〝指宿のたまて箱〟にチェンジしている。

旅から帰って、夫に「楽しかった？」と尋ねると、「楽しかったよ。」と返事が返ってきた。そして「どこが一番よかった？」と聞くと、あまり間をおかずに、「JR九州の列車と、つばめレディさん。」と夫は答えた。

ところで、JR九州のスタンプラリーであるが、参加者が主催者の予想をくつがえすほど多かったらしく、記念品の生産が追いつかなくて送付が遅れるお詫びの文章が2、3度郵送された後に、かわいい列車の銀色のキーホルダーが夫のぶんと3個ずつ送られてきた。

4. 日帰りで京都から熊本へ、A列車で行こう

最新の夫との旅は、2013年11月18日。熊本まで、特急〝A列車で行こう〟に乗りに行った日帰り旅だ。あまり旅行が好きでない夫だが、腰をあげてくれたのだ。

思い起こせば2007年6月、夫とのフルムーン夫婦グリーンパスの旅で、すっかりJR九州の観光列車などに魅了されてしまった私達。そのときに乗車した〝あそ1962〟と〝なのはなデラックス〟が引退したかわりに、〝海幸山幸〟〝SL人吉〟〝あそぼーい！〟〝指宿のたまて箱〟などの楽しい観光列車が出現したのを機に、2011年7月、私は、それらの列車に乗りに行く1人旅をした。そして、これで一通り九州の観光列車は制覇できたと喜んでいたのもつかの間、その年の秋には熊本～三角《みすみ》間の短い特急〝A列車で行こう〟の運行が始まったのだ。何だか拍子抜けしてしまったのをよく覚えている。それ以後、あわよくば〝A列車で行こう〟に乗ってみたいと、機会をねらっていた私だった。

今回、JR西日本で「ノリノリきっぷ」というものを売り出していて、JR西日本の全区間を3日間乗り放題、ジパング倶楽部会員は普通車用が15000円、グリーン車用が19000円、一般用は普通車用が18000円、グリーン車用が22000円という値段だった。たまたま前述の1人旅で日本100名城のスタンプラリーも始めた私は、この切符を使用して城めぐりなどに行きたいと思った。ジパング倶楽部会員の私は1人旅もOKな切符なのだ。そして博多から足をのばして〝A列車で

行こう〟に乗りに行くのも悪くないな、と考え始めたのだ。ただ、お城のスタンプラリーなら1人旅もよいが、車内でハイボールを供するのが売り物のひとつ、という観光列車に女性1人で乗りに行くのは何となく面白くない。それで夫に、「熊本まで日帰り、いっしょに行かない？」と水を向けてみた。返ってきた返事は、思いがけず「そんな遠くまで日帰りとは面白そう、行ってみようかな。」というものだった。そして私は、いそいそとチケットの手配にとりかかったのだ。

幸い〝A列車で行こう〟は土日だけでなく、金曜、月曜も運行を始めている。月曜日の朝ゆっくり家を出て、3往復目の〝A列車で行こう5号〟と〝A列車で行こう6号〟に往復乗車することにした。熊本までの往復は、ノリノリきっぷの都合で博多乗り換えの新幹線だ。

さて、当日。いつになくドキドキしてはやめに目覚めた私は、予定通り昼食の弁当を作ることにした。あまり弁当としては一般的ではない親子丼。これが冷めても結構美味しいし、夕食は一般的な駅弁になると思ったので、選んだメニューだった。何より、手ばやく作れるのがいい。お茶を用意して手近にあった柿も剥いてパックに詰め、準備完了。私は昼食パックを手に家を出たが、夫は手ぶら。日帰り旅は身軽でよい。

JR長岡京駅から快速列車で新大阪へ行き、新大阪10時45分発の〝のぞみ15号〟のグリーン車に乗る。フルムーングリーンパスの旅でグリーン席の快適さに目覚めた私は、「ノリノリきっぷ」ももちろんグリーン車用を購入していた。〝ひかり〟とちがって〝のぞみ〟のグリーン席は予想以上に快適で、大喜びで乗り心地を楽しむ。フルムーングリーンパスでは〝のぞみ号〟は乗れない規則なので、乗れるのがうれしい。11時半すぎにお弁当と食後の柿を食べた。ちょうどよいタイミングで、車内販売がまわってきたので、コーヒーを2つ買って飲む。ふぅー、何だか落ち着く。終着の博多まで乗るので、うとうとしても降り損ねる心配も無い。ゆっくり車内誌を見たり、座席に身を沈めて微睡んだりした。

「ノリノリきっぷ」は博多まで。博多でいったん改札を出て、三角までの乗車券と熊本までの新幹線自由席の切符を改札機に入れて再入場する。途中、帰りに買う夕食の駅弁の売り場をチェックしたりした。博多発13時36分の〝さくら〟の自由席に乗り込む。〝さくら〟は普通車指定席は4列シートなのだが、自由席は2列3列のシートだ。〝のぞみ〟のグリーン席とのちがいに愕然としたが、短い乗車時間なので我慢できる。熊本には14時12分着。在来線の該当ホームへ行ってみると、14時41分発の〝A列車で行こう5号〟は、まだ入線していない。がらんとしたホームで、三角から戻ってくる〝A列車で行こう4号〟を待った。私達と相客はあまりいないようで、客室乗務員さんも忙しくないだろうと安心する。やがて〝A列車で行こう〟がホームに入ってきた。夫は、カメラを構えてパチリ。降りる乗客はまばらで、やはり土日じゃないからすいているのかな、と思う。はやる心を抑えて、2両編成の〝A列車で行こう5号〟に乗り込む。全車座席指定で、私達は1号車の6番C、D席だ。1号車にはバーカウンターもあるので、席に着く前にカウンターにあったピンバッジを、客室乗務員さんに発車前でも購入可能か聞いて、売ってもらう。特産のデコポン入りのハイボールも、もう作ってもらえるというので、ハイボールを2つ注文して、やっと自分達の席に着いた。デコポン入りのハイボールは、飲み易くて美味しいが、結構アルコール度数は高いらしく、ほんのりまわってくる。夫は、隣の席の1人旅の若い男性に、「鉄道お好きなのですか?」と話しかける。「ええ、まあ、東京から……。」と答える彼に、夫は、「私は妻のお伴で……。」などと言っている。聞くところによると、彼は前日博多へ入って、「アラウンド九州」

“A列車で行こう”車内にて

という九州内でしか買えない切符を購入して、3日間JR九州を乗りまくる計画らしい。前日は博多駅で、〝ななつ星in九州〟の1泊2日ツアーのお出迎えをして写真を撮ったようだった。「日帰りでこの列車に乗りに来ただけですか?」とびっくりする彼に、私は口をはさんだ。「帰りに熊本で〝SL人吉〟のお出迎えをする予定もありますが。」すると彼は、「えっ、〝SL人吉〟、今日走っているんですか、僕もそのホームへ行こうかな、でも熊本から鹿児島行きの指定席を取ってしまったしなあ。」とぶつぶつ言っていた。

列車がすいているので、客室乗務員さんの手が空くのははやい。「日帰りで乗りに来てくださったのですか、うれしいです!」と本当にうれしそうな笑顔を向けてくれた。乗車記念の夫と2ショットの写真を撮ってくれたり、終着三角から先の天草のマップを説明してくれたり。そのうち、車窓で一番のお勧めだという、おこしき海岸へさしかかる。引き潮でよいタイミングだという絶景スポットを撮影したりできた。楽しいけれど短い乗車時間はあっという間にすぎて、三角駅が近付く。私達は往復乗車だからよいが、片道だけだとさぞもの足りないことだろう。

15時18分に三角駅に降り立ち、1時間ほど時間があるので、散歩をする。天草行きのフェリー乗り場を見たり、土産物屋をひやかしたりしたが、まだ時間があるので、車窓から見えたスーパーマーケットへ行くことにした。旅先でスーパーへ行くのは大好きだ。線路沿いに10分ほど歩いて戻ったマーケットで、生鮮食品などを物色する。鯖の南蛮漬けの小パックをひとつ、夕食の突出し（?）に買った。178円。

駅に戻ると、大勢の観光客が、〝A列車で行こう6号〟の改札が始まるのを待っていた。トラピックスだかの、団体ツアー客もいる。「行きがすいていて、帰りが賑やかなのはよかったね。」と夫と話しあった。改札が始まり、駅の奥に停まっていた列車が入線してくる。ツアー客達が車両の外観の写真を撮っているのを尻目に乗り込む。帰りは、2号車の12番C、D席だ。席に着くと、偶然後ろの席は、行きで隣だった東京からの男性だった。「僕も〝SL人吉〟の出迎え、行くことにして、鹿児島行きの座席指定はキャンセルしました。」と彼は言った。そして、「帰りもハイボールを飲もうかな。」と言って、1号車の方へ歩いて行った。夫は帰りも、うろうろせずにじっとすわっているらしい。私は1号車へ買い物にでも行くふりをして、車内の混み具合や乗客達の様子を見て歩いた。客室乗務員さん達は、ハイボールづくりに大わらわだった。

列車が発車して、のんびり海岸の夕日などを眺めた。かなり時間がたってから、客室乗務員さんが、写真撮影のサービスにまわってきた。「混んでいると大変ですね。」と私が言うと、「当列車は満席に近いので、本当に忙しいです。」と言って、笑顔を向けた。「もう少し乗車時間が長いとよいですね。」と言うと、「よくそう言われます。」とうなずいた。帰りもあっと言う間に17時ちょうど、終着熊本へ着く。列車や客室乗務員さん達とのお別れは残念だが、〝SL人吉〟のお出迎えがあるので、そう寂しがらずにすんでよかった。

熊本駅で〝SL人吉〟の到着ホームを確認して、3人でSLが姿を現すのを待つ。暮れなずむ3番ホームに17時13分着のＳＬがやって来た。夫も東京からの男性も、カメラを構えて立つ。降り立った乗客は少なかったが、熱心なファン達が、罐を焚く乗務員のそばに群がり、写真を撮ったり話を聞いたりしていた。夫が車内のインテリアを興味深そうに見ている横を、素敵な制服のＳＬの客室乗務員さん達がにこやかに通り過ぎていった。

熊本発17時36分の〝つばめ〟で博多へ向かう。行きの〝さくら〟と同じシートの自由席だった。

博多でまた、いったん改札を出る。ちょうど駅弁売り場の前だったので、予習していた瓶入り焼酎付きの2段重ねの弁当を買おうとしたが、予約のみの販売だと言われた。それで、販売員さんお勧めのレンジで温めてもらえる釜飯を購入した。改札から再入場して、「博多通りもん」という西洋和菓子の5個入りを買って、すでにホームに入線していた18時55分発の〝のぞみ64号〟のグリーン席に乗り込んだ。早速、温かいお弁当を広げて、ビールと共に楽しむ。食後は、「博多通りもん」を1個ずつ食べた。ちょうどまわってきた車内販売のコーヒーといっしょに食べたが、バターが入っているのか、コーヒーによく合った。

〝のぞみ64号〟は東京に12時前に着くらしい。「新大阪で降り損ねないように、いねむりはできないね。」と言ったり、「やっぱり旅は人とのふれあいが楽しいね、客室乗務員さんもよい人だったし、東京の男性とも出会ってよかった。」と言い合った。

第2章 その他の旅

1. みんなともだち、美味しいモロッコ

〈モロッコへ行きたい！〉

1993年に海外デビューして以来、ヨーロッパ旅行が病みつきとなり、それが元気の素のような気もしていた。そして2005年の夏、航空会社のマイルがたまり、パリ経由で乗り継ぎ便があるところならどこへでも行けるらしいと知り、テレビ番組などで魅せられた迷宮都市のフェズやマラケシュが頭をよぎった。フェズの地図や資料を眺めたり、イスラムの文献をめくったりする内に、モロッコが私を呼んでいる気がしてきた。

そしてモロッコへ行こうと決めたものの、内心びびっていた。モロッコにくわしい旅行社の男性の言葉が、その不安をあおった。「治安のよい国ですが、イスラムの国。女性の1人旅はまず絶対に勧めませ

ん。特に日本人女性をカモにするプロ（？）が列車でも街でも必ず接触してきて、問題ばかり……。」でも若い女性とちがい私は中高年だし、何とかなるだろうと考えながら日本を出発した。

そして、美味しいモロッコ、みんなともだちのモロッコに出会ったのだった。

〈カサブランカに1泊〉

モロッコでの1泊目は国際空港があるカサブランカ。深夜到着して、翌朝のホテルの朝食のフランスパンとナツメヤシなどのドライフルーツが、モロッコの美味しさとの最初の出会いだった。一時期フランス領だったためか、モロッコは、どこでもパンが美味しい。

〈マラケシュへの車内、みんなともだち〉

カサブランカに1泊して翌朝、マラケシュ行きの2等の列車に乗り込んだ。混んでいる。8人掛けのコンパートメント（4人ずつ向かい合わせの席）のひとつに、「ボンジュール。」とあいさつして、仲間に入れてもらう。モロッコの言語はアラビア語で全く未知の言葉だが、フランス語も通じるので、少しだけかじっていたフランス語が結構間にあった。左隣の2人の女性は都会風のTシャツスタイルで、大学生と会社員だという。共に22歳、首都のラバト在住で、マラケシュへ遊びに行くらしい。右隣のアロハ風シャツ姿の男性もラバトに住む会社員で、向かいにすわっていたほっそりした奥さんとご夫婦仲睦まじい。彼女は顔以外をすっぽりと白地にオレンジ色プリントの布で覆った民族衣装を着ていて、自分達は西サハラの出身で今から故郷へ帰る、マラケシュから乗り継いで行くと教えてくれた。彼女と同行にも思えたもう1人の女性は、単に小枝のように見える歯ブラシで歯を磨くのに余念が無い。そういえば、女性達はどこでもみんな、真っ白で美しい歯をしていた。また、Tシャツ姿でも民族衣装でも、女性達の目の化粧は念入りで、魅力的だった。

左隣の2人はポテトチップスを食べながらおしゃべりに夢中だったが、はたと気が付いたように、コンパートメントの乗客達に、少しだけ残ったポテトチップスを差し出した。みんなはアラビア語で多分「勧めるのが遅いじゃないの、まあしかたがない、いただくわ。」などと言いながら底だまりのチップスを分けあった。どうやら、ご縁があって乗り合わせたのだから、お菓子などを食べるときは、まずまわりの人に勧めてから自分も食べる、という暗黙の了解があるらしかった。私は、あられが入った小袋を持っていたのを思い出し、みなさんに勧めてから、自分も食べた。「日本のお菓子?」とみんな大喜びで、「美味しい、何からできているの?」と、尋ねられた。どうにかこうにか原料は米だと伝えると、なるほど、といった風に、感心された。そのうちご夫婦が車内販売の紅茶を買った。紅茶は「リプトン」とよばれているらしい。「日本と同じだ。」と私が言うと、奥さんが飲んでみろという合図をした。そこで、水を飲むために日本から持参していたプリンの空容器に注いでもらった。かなり甘かったが、モロッコで飲む甘い紅茶は美味しかった。このプリンの空容器は、後々、列車内で水をまわし飲みするときなどに、大いに役立つことになった。

〈マラケシュでウェルカムフルーツ〉

約3時間半でマラケシュに到着、駅の向かい側の停留所からバスに乗り込んだ。メディナ（旧市街）

の中心のジャマエル・フナ広場前が終点。日干し煉瓦でできているくすんだピンク色のマラケシュ特有の建物がつらなり、砂埃だらけの自動車と人と馬がひっきりなしに行き交う道を5分ほど歩いてホテルへ。フナ広場の近くで女性1人が3泊するのによい宿を、という条件で旅行社に手配してもらったもので、分不相応な高級ホテルだったが、メディナの散策には最高の場所だった。部屋にはウェルカムフルーツがあってびっくりしたが、マスカット、りんご、オレンジなどの自然の恵を3日がかりで少しずつ楽しんだ。後に道端で売っていたイチジクも味わったが、モロッコの果物はどれも美味くて感激。

〈にぎやかなジャマエル・フナ広場〉

近くのフナ広場へ繰り出すと、ヘンナ描きの女性達が多勢ジュラバにスカーフ姿ですわり込み、客引きをしていた。ジュラバというのはゆったりしたロング丈の民族衣装だ。ヘンナというのは手や足にレースのような模様を描く伝統文化だが、呼び止められるとややこしいので、用事があるふりをして通り過ぎた。すると、真っ赤な衣装に思いっきり派手な飾りをぶら下げた水売りのおじさん達が現れた。幸い、ヨーロッパかららしい観光客達が来てチップを渡していっしょに写真に納まるのを、遠巻きに見学することができた。まわし飲みに近いコップで皮袋に入った水をどんな人が買うのだろうと遠くから見ていると、民族衣装のおばさんが美味しそうに飲んだり、黒地にストライプのスーツを着た若いお父さんが、連れていた2人の男の子に水を飲ませたりしていた。彼らは、晴れのお楽しみの広場へ、めかしこんでやってきたらしい風体だった。

〈迷路のスーク〉

フナ広場の北にひしめくスーク（商店街）での散歩は、日本とヨーロッパしか知らない私にとって異文化体験そのものだった。通路の両側から押し寄せてくるような商品の山、特有の音楽とにおい、よそ者を品定めする目付きをしているように感じられた人々……。そこでは様々な商店が軒を並べていた。やっと両手を広げたぐらいのちいさな間口の店も多く、赤い地色のモロッコの国旗があちこちにぶらさがり、大人も子供も店番とも退屈しのぎともつかぬ風情で、背もたれの無い低い椅子を道端に持ち出してすわり込んでいたりした。

始めの内は「ジャポネ?」とたて続けに呼び止められるのを無視して歩いた。でも何か面白くない。そのうち、タイミングを見計らって、話しかけられる前にこちらからフランス語で「ボンジュール!」とあいさつして歩くことを思いついた。モロッコの言葉はアラビア語だがフランス語も通じるので、少しだけわかるフランス語で試してみたのだ。

「ボンジュール!」と言うと、「サバ（元気）?」と返ってくるので、「ウィ、サバビアーン、メルシー。」と笑顔を振りまいて歩いた。日本人かと聞かれると、素直に「ウィ。」と答える。すると、「こんにちは。」と日本語で返されることもあって、こちらも「こんにちは。」と笑顔で返事をしたり、夕方のときは「こんばんは!」と言ってみたり。後は「オヴァ（さようなら）。」で決まりだった。

でもスークの迷路状況は予想以上で、ふだんは初めての土地でも大きな顔をして歩く私なのだけれど、かなりの冷汗ものだった。あてどなく歩き、迷いながらもなんとかフナ広場へと戻ることができたのだった。

〈フナ広場の屋台は美味しい〉

スーク（商店街）の散歩の後フナ広場へ戻り、明るい内にと屋台の食べ物に挑戦。夕方から組み立てが始まった屋台のひとつでまずはハリラというスープを飲む。ハリラというのは日本の味噌汁にあたると言われ、ラマダン（断食）明けのときには真っ先に口に入れるスープだという。辛さの無いカレー汁のようで、飲み易い。次に隣の屋台に移動して、魚のから揚げを食べる。美味しい。揚げナスがまた、美味しい。ナスの皮が硬いからか皮を除いて客に出すメニューもあり、地元の年配客に人気だった。日本のナスも昔は皮が硬かったのが品種改良して軟らかくなったのかもしれないなどと想像しながら、モロッコパン・きざみトマト添えとコーラ（次の日も行ったが、そのときはファンタ）も美味しく楽しんだ。ちなみに、ビールなどのアルコール飲料はおいていない。

〈ホテルの中はリゾート気分〉

にぎやかなフナ広場をあまり暗くならないうちに引き上げて、分不相応な高級ホテルへと戻る。フナ広場から徒歩1分と最高の立地の上、木々が美しく中庭にはゆったりしたプールもあり、メディナの喧騒から逃れて一歩ホテルに入るとリゾート気分でゆっくり過ごすことができた。マラケシュのスークは陽気で楽しいけれど結構へビーだったから、モロッコ初心者の私としては素敵な癒しの部屋が歩いてすぐのところにあるのはうれしく、それゆえメディナをより楽しめるのだと有難かった。

〈スークの仕立屋〉

スークでは品物の種類毎にちいさな店がかたまっていて、縫製関係に興味がある私は布地屋や仕立屋などに足が向いた。と言っても買うわけではなく、ジュラバを注文するべくレースの布を肩に広げて選んでいる母と娘をこっそり眺めたり、ミシン1台のちいさな仕立屋の職人の手元を見つめたり。そんな私の視線に気付いた仕立屋の方から陽気に声をかけてきて、話が弾んだりもした。

2日目のバイア宮殿からの帰り道には、ちいさな紳士服の仕立屋を見つけた。スークには布地屋や婦人服の仕立屋は多いのだが、紳士服の仕立屋は珍しい。立ち止まっていると、ちょうどミシンの手をとめた若い仕立屋と目が合い、彼は私に手招きした。「私は日本人で縫い物が好き。」と話すと、そこに腰掛けてゆっくりしていけと言う。勧められるままに店内を見渡すと、埃をかぶったヨーロッパの雑誌のファッションページが貼ってあったりした。しゃべりながらミシンに向かう彼の手元は恐ろしく正確で、腕前のほどが感じられた。どこで修行したのか尋ねると、作業の手を休めて裁断台の横にあった先代の店主の写真を見せてくれた。写真の主から技術を受け継いだものの、何らかの事情で今は若い彼が1人で店を切り盛りしているらしかった。彼は客でもないのに私をもてなそうと、「お茶の代わり」、と言って凍らせた水のビンからコップに水を1杯注いでくれた。うれしかったけれども生水は飲まない方がよいと判断して、自分のカバンから水を取り出して乾杯した。彼は残念そうに自分でその氷水を飲んだ。「お茶の代わり」の水でなく、沸かしてある「お茶」だったらごちそうになったのにな、とちょっと残念だった。

〈ミントティー〉

モロッコのお茶といえばミントティー。あたりのカフェは何となくおっかなくて、まず無難に2日目、マラケシュ博物館のカフェで味わう。そして3日目のサアード朝墳墓群の帰り道に、知る人ぞ知る超高級ホテル・ラ・マムーニアでミントティーをと、気負ってみた。本当は一般家庭のそれを味わいたかったが知人がいるわけでもなく、超高級ホテルのものを、と考えたのだ。ホテルのドアマンはさすがに格調高い物腰で、私もパンツスタイルの腰に巻いたスカーフを整え直して胸をはり、案内してもらった。豪華絢爛かつ重厚な設えのロビーを通り、手入れの行き届いた広大な庭を眺められるカフェの席にすまして腰を掛けた。銀色に輝く熱々のティーポットで運ばれてきた香り高いミントティーは、甘くて美味しかった。サービスの様子に気をよくしてメニューも見ずにモロッコ菓子を注文すると、数種類のモロッコ・クッキーが大きい銀の皿に美しく盛り付けられて供された。ココナツの香り高い菓子類は微妙な味わいで甘くて美味しかったが1人では食べきれず、お土産用に包んでもらった。値段はお茶とお菓子にしては破格の40ディラハムだったが、努めてすました顔をして、チップと共に支払った。

モロッコ、マラケシュ。マラケシュ博物館内にて

〈高級ホテルでの食事〉

2日間、屋台で夕食をとったので、最後の晩は泊まっているホテルで食べることにした。豪華なモロッコ風インテリアのレストランに、

何故か客は私1人。ハリラとクスクスにビールを注文。ハリラは屋台の十倍の値段で、同じような味。初めて食べる有名なアラブ料理のクスクスは、あまりのボリュームに味がわからない気がしたが、頑張ってかなり食べた。美味しかったのはビールで、それがモロッコ初めてのアルコール飲料だった。イスラムの国なので外国人相手の店にしかビールなどは無かったのだ。

ホテルでは朝食のパンケーキが美味しかった。スカーフを被った人のよさそうなご婦人が目の前で焼いてくれるのだ。彼女は、パンケーキにつけるのはバターかジャムかと尋ねる私を蜂蜜が置いてある台へ連れて行き、蜜蜂がとぶしぐさをして教えてくれた。

〈マラケシュのハンマームも美味しい〉

マラケシュを発つ朝はフナ広場近くの安宿街を歩いた。個人のお宅を利用したちいさな宿は入り口から美しい中庭が垣間見えることがあったし、ホテルによっては堂々と入って、「次はここに泊まりたいのだけど。」などと話したりした。どこも中はとても素敵で、欧米の個人旅行者などに人気があるらしかった。そんな道すがら恰幅のいい現地のご婦人に呼びとめられた。ハンマーム（風呂屋）の客引きだったが、何となく彼女と波長があった私は「用意をしてまた来る。」と言って、いったんホテルへ戻り、着替えを持って取って返した。質素なハンマームだったがみんな親切で楽しかった。風呂といっても浴槽は無く、お湯を汲んで体を洗うだけだが、半サウナ状態のそこは母親の胎内のようで心地よかった。さっぱりして帰ろうとしたとき、更衣場所の出口をふさぐように、揚げ菓子をいっぱい載せた大きなお盆を持ってすわり込んで夢中でおしゃべりしている女性達がいた。私に気付くと、「もう帰るの、気持ちよかった?」というような顔つきで、盆の上の菓子を少しくれた。お礼を言って口にいれると、モロッコの甘さが広がった。スークや道端でお盆に載せた菓子を売り歩く人をよく見かける。買った人は手で受け取ってそのまま食べる。包装紙などは無く、極めて地球にやさしい。そんな菓子を、売りに歩く前のお盆から一口分けてくれたようだった。

〈ラバト行き列車のおしゃれな客達〉

マラケシュから首都のラバトへと列車に乗った。やはり8人用のコンパートメント。列車内の人々は陽気で、服装も様々。インナーもお揃いのおしゃれなブルー系のジュラバを着た若奥さんは、手と足にゴージャスなヘンナをほどこしていた。車内に限らず、モロッコでは伝統的な服装の人を多く見かける。年配の人はふだんふつうに、若い人も事ある毎に民族衣装を着ているようだ。同じ民族衣装でも、日本の和服と比べて着付けに手間がかからない。大きなTシャツよろしく、かぶって着られて、動きも楽なモロッコのデザインが羨ましく思えた。

〈首都ラバトで1泊〉

ラバトでは駅の近くの2食付きのホテルに1泊。モロッコは2食付き料金設定のホテルが多く、1人旅には有難い。夕食はきゅうりのオードブル、ハリラ風味のポタージュ、牛肉と野菜の洋風煮込み、パン、ハニジューメロン、ビール。少し大味の洋風コース料理が、逆に胃にやさしく美味しく感じられた。旅行社の宿泊クーポンはチェックイン時に渡してあり、ビールの代金だけ、その場で支払うシステムだった。

〈フェズへ向かう車内の思い出〉

翌朝は早起きして海岸の散歩などを楽しんでから、ラバト駅のホームのベンチで11時すぎ発のフェズ行きの列車を待った。左隣に腰掛けていた5歳位の男の子と目があったので、その子の母親に、持っていた黒アメを「ジャポン、ボンボン。」と言って手渡した。モロッコの女性はふつう控えめな服装なのだが、彼女はメタリックなロゴ入りのプチTシャツでおへそが見え隠れしていて、私は密かに「ヤンママ」と名づけた。男の子はアメを美味しそうに食べ、ヤンママはアメの包みを折りたたみ、「スーヴニール（おみやげ）。」と言って大切そうにポケットに入れた。

1時間近く遅れてホームへ現れた列車はかなり混んでいた。ヤンママ親子と私は2等の空席をさがしたが、いつの間にかはぐれてしまった。そのときひとつのコンパートメントからお声がかかって席を確保できたのはいいけれど、大人2人の他は、悪ガキ軍団だった。大人2人分の席に3人ずつすわっていた8～11歳だという彼らは、「ジャポネ？」と言ってはしゃいだり、「ブルース・リー」と言いながらカンフーのまねをしたり、にぎやかなことこの上ない。そして、いくらなんでもうるさすぎると頭が痛くなったときに、乗り合わせていた40歳ぐらいの男性が穏やかな中にも厳しい口調で諭し始めた。アラビア語だが、「マナーを守りなさい、アッラーの神が見守っていますよ。」とでも言ったのではないだろうか。すると、ただちにボーイズは神妙な顔をして言うことをきくではないか。日本でも昔は見知らぬ大人の言うことを子供達がちゃんと聞いたのになぁ、とちょっと感慨深かった。そうこうするうちに、通路からコンパートメントのドアをノックする人があらわれて、誰かと思ったら先刻はぐれたヤンママだった。

私をさがしてくれていたヤンママと同じコンパートメントに落ち着き、他の乗客のみなさんにあいさつをした。私を見て、「アメのおばちゃんだ！」という風に喜んだ男の子の隣の席にすわり、何かと男の子の相手をするようになったころ、男の子は、お菓子を食べだした。お菓子の後は、いちご味らしいどろりとした飲み物。口のまわりがベトベトになったのをティッシュで拭いてあげたりするうちに男の子は水が飲みたいと言ったらしく、向かいの席の男性がミネラルウォーターの大ビンをカバンから取り出した。さて、ちいさい男の子に大ビン、どうしよう、という空気がコンパートメントに流れた。そこで、私が持っていたプリンの空容器の出番となった。男の子はうれしそうにプリン容器の水を飲もうとしたが、1口で顔をしかめて飲むのをやめた。どうやら、男性が持っていた水は、ガス入りのものだったらしい。私は、持参していたガス無しの水を入れてあげようとしたが、容器はガス入り水で満たされたまま。そこへヤンママの手がのびてきて、「私が飲むわ。」と言い、美味しそうに飲み干した。その後ガス無しの水を、男の子がゴクゴクと飲む。そして容器が空くやいなや、次々に手がのびてきて、私と男の子以外のコンパートメント中の人が、ガス入りの水でのどを潤した。プリン容器を水でゆすごうなどと考える人は、誰もいない。みんな仲間、といった親密な雰囲気が漂った。

〈フェズへ向かう車内の思い出、その2〉

そのうち乗客達が下車してゆき、ヤンママ親子と私の他は、それまでコンパートメントの話題を取り仕切っていた年配の女性だけが残された。その女性は上の棚に旅行鞄をのせ、小脇には使い込んだヴィトンのバッグ、よそゆきらしいベージュ系の布地のジュラバを着て、茶色のスカーフをまいていた。

入れ替わりに乗り込んできた人達はすべて女性。それまでも私は乗客同士が昔からの知り合いのように陽気にしゃべりあうのを楽しんでいたのだが、女ばかりとなった車内は、いっそうおしゃべりの渦となった。座の中心はもちろんヴィトンのおばぁ。沖縄のおばぁ、といった感覚で、私は彼女をおばぁと名づけていた。新参のジュラバ姿や洋服にスカーフスタイルの女性達やヤンママを相手に、おばぁは、しゃべる、しゃべる。おばぁは私のことをみなさんにちらっと紹介してくれた後、とにかく話題が豊富で、みんなでおなかを抱えて笑いあっていた。そのうち男の子とヤンママがトイレに行くと、おばぁは声をひそめてヤンママが退いた空席を指さしてはや口で話し始めた。始めひそめていた声はだんだん大きくなり、ジャポネと言って私の方を見たりする。どうやら、「あの子（ヤンママ）ねえ、子供の面倒をちっともみないのよ。ジャポネが世話をしてたんだから。」などと話していたらしい。ひとしきりしゃべると、おばぁはフーッと大きく息をついて、向かいの既婚風の女性に、「ところであんた、水持ってない？」と聞いた。その女性が「持っているけど……。」と水を凍らせた大ビンがほどよく溶けてきているのをバッグから出して戸惑っているところへ、おばぁは、「ジャポネがコップを持っているから大丈夫。」と言い、私の方に手をだした。それに答えてプリン容器を差し出した私の手から間髪をいれずにそれを受け取り、おばぁは冷たい水をさも美味しそうに2杯飲み干した。

親しくなった女性仲間も、列車がフェズ駅に着くと解散だ。列車を降りたホームで、おばぁが迎えの息子らしい大柄な男性とひしと抱き合っている横を通り過ぎ、タクシーをさがす私に、ヤンママが付き添ってくれた。客達が相乗りしていくタクシーでごった返す駅正面をはずれたところで1台のタクシーを停めてドライバーに私のことをたのんだヤンママは、立ち止まって私の両頬にキスをして別れを惜しんでくれた。

〈迷宮都市フェズ〉

フェズでは中級ホテルに3泊した。有名なブージュルード門へも歩いてすぐで、メディナを歩きまわるのに大変便利な宿だった。

早速、マラケシュよりも迷宮度が高いと評判のフェズのメディナへ、おそるおそる足を踏み入れた。1日目は、「ボンジュール！」と笑顔を振りまきながらタラーケビーラ通りを用心深く行って戻る。2日目は少し慣れて、カラウィーンモスクから、なめし皮の作業所あたりまで足をのばし、付近の土産物屋のおじさんと仲良くなっていっしょに写真を撮ったりもした。ネジャリーン広場も大好きで、何度も通う内、近辺のおじさん達とすっかり顔なじみになった。歩きくたびれた帰り道に地元客が多いちいさなカフェで飲んだ甘い4ディラハムのミントティーは、ラ・マムーニアのものよりも美味しい気がした。でももっと美味しかったのは、ジュラバの刺繍専門らしい仕立屋でごちそうになった更に甘いミントティーだ。その仕立屋はタラーセギーラ通りのちいさな店で、私は職人さん達が、縫い目が引きつれないようにたて膝を上手に利用して布を張らせながら熱心に刺繍をするのを見て、「日本では、こんな風に縫います。」などと運針の仕草をして話をした。すると、職人さんの1人が「ここへすわってゆっくりしろ。」とばかりに、道路に椅子を出してくれてヤカンからコップにミントティーを注いでくれた。お茶は沸かしてあるので大丈夫、とまわし飲み用らしいコップのことは気にせずに、「シュクラン（ありがとう）。」と言って味わったのだ。

〈フェズを満喫〉

フェズのホテルも2食付きで、3晩でいろいろ美味しいものを食べた。メインはそれぞれ、タジン（肉と野菜の煮込み）、クスクス、鶏肉の串焼き。ハリラやサラダ、モロッコパンやデザートも美味しかった。ビールはラバトと同じく、その場で支払うシステムだった。

フェズのホテルでは2人連れの日本人女性と知り合いになり、彼女達をハンマームにさそってみた。翌日繰り出したモザイクが素敵なハンマームには、大阪の叔母ちゃん予備軍のようなたくましくもキュートな女の子がいた。観光客と見て料金を少しでも多く取ろうといろいろまくしたてていたが、私が「マラケシュではいくらだったけど……。」と言うのを聞いた年配の女性にたしなめられると、しおらしく引き下がった。風呂からあがると、彼女は打ってかわって親しげな様子で名前などを尋ねてきた。こちらからも尋ねると、年配の女性は「ミナ」という名前だった。

ハンマームの帰り、同行の2人がわずかの持ち金をはたいてサンドイッチを買った。ハンマームには小銭しか持って行かなかったのだ。モロッコパンに好きなものを挟んでもらって温めるホットサンドイッチだ。ホテルの部屋でご馳走になったが、日本からクーラーボックス持参の彼女達がスーパーで購入したという冷えたビールと共に食べると、いっそう美味しかった。彼女達とは、市街を見渡せる絶景スポットへタクシーの相乗りで出かけたりもした。2人でよく世界のあちこちに出かけるという旅なれた彼女達なのだが、モロッコは英語が全く通じないと閉口していたので、おせっかいを承知で「笑顔でボンジュール、サバ。」などの歩き方を伝授した。果たして効果は抜群で、フェズの街歩きがとても楽しくなったと喜んでもらえた。

〈フェズからカサブランカへ、そして帰国〉

フェズでの3日間はあっという間に過ぎ、いよいよ帰途につく。カサブランカまで4時間ほどの列車の旅の後、次の朝は日本へ帰る飛行機に乗るのだ。最後の列車で隣に乗り合わせたのは、フェズ在住でカサブランカへ向かう、ジージャンを腰に巻いた女性。彼女は私のカサブランカのホテルの場所を聞いて、向かいのジュラバ姿の女性にタクシーの相乗りをたのんでくれた。そしてカサブランカ駅の構内で、「ヤンママ」と同じように、彼女も私の両頬に別れのキスをした。タクシーの相乗りは現地の人になったようでうれしく、ホテルへ向かう私の胸は大きく弾んだ。

2.

車イスのおばあちゃんは素敵な水先案内人

――コペンハーゲンとパリ――

車イスを押して旅したヨーロッパが、あまりにもスムーズで、かつ楽しくて、私を有頂天にさせた。わかったことや考えさせられたことも多かった。1995年春。

〈大好きなパリ〉

大好きなパリ。夢がかなって、パリの土を踏んだのは2年前の春。当時15歳の娘と、大手旅行会社の「パリ・ロンドン、フリータイム8日間」に参加したときのことだ。それが初めての海外旅行だったけれど、同じツアーの人から、「一番旅慣れて見える」と言われ、ちょっといい気分だった私。ガイドブック片手に地下鉄やバスに乗り、雑誌『SO-EN』

の切り抜きをたよりにマルモッタン美術館を訪ねたり、サクレクール寺院近くの布地屋ドレフィスで安くて素敵なプリント地を選んだりしたものだ。
1度行くと、更に心ひかれて、2度目のパリは、去年の春。なんとか休みをひねり出しての、パリフリータイム6日間。カルトミュゼ（美術館フリーパス券）を利用しての美術館めぐりや、クリニャンクールの蚤の市へ行くこと、安くて美味しいレストランでお昼を食べることなど、めいっぱいの計画をたてたものだ。そしてわずかの日程でそれらの目的をかなりこなして帰る前にセーヌ河畔で考えたこと――それは、どうして我々日本人は、旅行というと欲張ってあちこちへ行きたがるのだろう、という疑問だった。何故のんびり公園を散歩したり、カフェでぼーっとお茶を飲んだりする〝ぜいたく〟ができないんだろう――私も全くそうだ、と、なごりを惜しむパリの空気の中で、そのとき脳裏にうかんだひそかなたくらみ、それは「次回はぜひおばあちゃんといっしょに来よう、そして、カフェでぼーっと過ごそう！」セ・ボン。

〈おばあちゃんと行きたい！〉

おばあちゃん（夫の母）は、82歳。足が悪いので、ちょっとの歩行は松葉杖でできるが、散歩などは車イスの方がベター。ふだんは夫の弟家族といっしょに暮らしているが、私の休みのときなどは、我が家の一員となる。若いときは一夏海の家で過ごして泳ぎまくったり、裏庭の卓球台で汗を流したり、結構おてんばさんだったというおばあちゃんだ。そして25年ぐらい前だと思うけど、ヨーロッパ旅行の積立をしたのに、都合で行けなくなったと、残念がっていたこともあるのだ。高血圧などの持病もあり、ちょっぴり頭が固くなったおばあちゃんだけど、まずは、「いっしょにパリへ行きましょう。」とさそいかけることから、私の計画は始まった。――おばあちゃんのパスポート用の写真も撮らなくっちゃ。いつも中途半端で終わるテレビのフランス語講座もまた始めなくっちゃ。ああ忙しい。――お正月は夫と娘とおばあちゃんと私の4人で沖縄旅行を楽しみ、飛行機がお気に召した様子のおばあちゃんを見て自信をつけ、お医者様のOKもとったところで、おそるおそるまわりの家族全員に同意を求めた。実は夫はドクターストップがかかるだろうとたかをくくりながら、私がしていることを眺めていたようだ。でも主治医の女医先生がとても開けた人で、「それはいい、ぜひ行ってらっしゃい。日本からヨーロッパへ車イスで行くのは、大賛成。逆に、ヨーロッパから日本へというのは勧められないけれど。ぜひ日本から愛用の車イスを持って行きなさい。車イスだと、空港でもVIP待遇だし、パリは北欧ほど設備が整っていないにしても、市民がそのことを恥ずかしいと思っているから、車イスが通行しにくいところは、行く先々で人々が手助けをしてくれるはず。それを体験していらっしゃい。障害を持つ人が、家に閉じこもっていないで、どんどん出かけて行くことは、とてもいいことですよ。」と。これで決まり。

〈旅の計画は楽しいもの〉

具体的な旅の準備にとりかかる。通勤帰りの旅行社の前でパンフレットをもらっては、電車の中で眺めるのが日課となった。女医先生の話の中で、社会保障が進んでいてお年寄りや障害者も快適に過ごせるという北欧へも行きたくなり、北欧&パリのツアーはないかと、各社の商品を物色する。パリだけなら、かなりの激安ツアーがあるが、北欧も行きたいとなると、既製品のツアーには見あたらない。

自分で組みたてる旅のパンフレットも取り寄せてみたが、かなり高価で、手がでない。どうしたものかと、いつもの旅行社の前で立ち止まった私の目にとまったのが、ある〝卒業旅行〟と銘打ったパンフレットの1ページ。スカンジナビア航空利用、コペンハーゲン&ヨーロッパ内1都市、ホテル2泊付きで3月発は149000円。基本の15日間を11日間に変更してもらい、コペンハーゲン4泊パリ5泊で、ホテルの追加も申し込む。関西空港発着なのが、有難い。前回の旅行とちがい、空港⇔ホテル間の送迎が無いのがちょっと不安だけど、何とかなるだろう!

どうせならコペンハーゲンで老人施設の見学もしたくなり、あちこち問い合わせてみるが、個人ではむずかしい。最後に〝北欧〟のガイドブックに広告がのっていたFトラベルサービス社を訪ねたところ、社長のS氏に大変親切にしてもらえた。個人でも、きちんと通訳さんをつけてアポイントメントをとるのなら可能ということで、手配を頼む。おばあちゃんがハードスケジュールにならないように、朝ゆっくりめの半日という希望も通り、10～14時、デイサービスもやっている老人ホームの見学が、思ったより安価（51500円）で計画表に加わった。

〈いざ出発〉

いよいよ明日出発という日も、仕事の山と格闘していた私。夫が退社後、弟家族の家へおばあちゃんを迎えに行ってくれたので、おばあちゃんは無事、我が家へ前泊。

3月21日朝7時すぎ、予約しておいたタクシーに乗り込む。車イスと、スーツケース1ケ、旅行カバン1ケは、運転手さんが積んでくれ、最寄りのJR小野駅へ。祭日のためラッシュが無いので助かる。

京都駅では、関空行きの「はるか」に乗り換えるため、陸橋を昇り降りする。松葉杖で、ゆっくりゆっくり階段を上るおばあちゃん。折りたたんだ車イスを私が、荷物2ケを娘が、よいしょよいしょと運び上げる。まわりの人々は、気にもしてくれない。ヨーロッパではこんなとき、本当に気軽に手をかしてもらえるのかなと、ちょっと前途不安になる。JRでは、予約しておくと駅員さん達が手伝ってくれるそうだが、おばあちゃんはいちおう歩けるので、頼み損ねたのだ。

関空駅はさすがに新しく、各ホームにエレベーターがあり、車イスのままでOK。荷物2ケも、娘がカートに乗せて快適に運ぶ。JRの改札を出て、空港の団体受付カウンターへ。団体とはいうものの、そのときの客は私達だけで、旅行社の係員から、航空券とホテルバウチャーを受け取る。そして、チェックインのときは荷物だけを預け、車イスのままで搭乗口まで行き、そこで車イスを預けることになっている、と説明を受ける。出国審査をすませ、搭乗口では車イスを預かってもらい、VIP待遇で一番に飛行機に乗る。12時30分発のSK988便。無事、離陸、日本脱出。ヤッタ！　心配していた機内でのおばあちゃんのトイレも、私がドアの外で待っているとスムーズで、一安心。機内食はハンガリア風チキンのピラフ添え、サラダ、ケーキなど。歯が悪いおばあちゃんも一通り食べられたし、ワインのほろ酔いかげんも心地よく、うとうとしながら映画などを楽しんだ。

〈空港内のドライブは快適〉

3月21日16時、予定より30分はやくコペンハーゲン着。12時間近く乗って来たのにまだ夕方。またホテルで寝られると思うと、得した気分。おばあちゃんの手をひいてゆっくり飛行機を出たところで、空港のチャーミングな女性の係員に出迎えられ、4人乗りの電気自動車（オープンカー）に乗せてもらったのはよいが、英語で「どこへ行くのか」と尋ねられ、何だかわからないままに「荷物を取りに」と答えたところ、彼女は困って機内へ引き返してしまう。日本人スチュワーデスに助けを求めに行ったようだったが、見つからなかったらしく、戻ってきて、「Stay here?」とちいさな声で聞く。事情がつかめたので、「イエス、ステイコペンハーゲン」とこちらが言うと、彼女はOK、とアクセルを踏む。どうやら、乗り継ぎ客が多いので、それと勘違いして行く先を聞かれたものらしい。ともあれ、空港内のドライブは快適で、しゃれた免税店やコーヒーショップをかすめて、あっという間に荷物の受け取り場所の近くへ到着する。ここで電気自動車と別れ、おばあちゃんは空港の車イスに乗り、それを押す彼女の案内で、入国審査もちらっとだけですむ。荷物を受け取ると、税関もすっと通り過ぎ、あっという間に到着ロビーへと導かれる。「じゃあ、ここで」と言っているらしい彼女。でも何か物足りなくてたたずむ私と目があった彼女に、（そうだ、思い出した車イスだ）「ホイールチェアー、プリーズ」と預かり券を出して頼む。「Oh,yes」と言って彼女は走り去り、まもなく見覚えのある車イスと共に戻ってきた。「サンキュー、バーイ」と笑顔で手を振る。いざ、タクシーでホテルまでと心が逸るが、おっとここで、忘れてはいけないことが2つ。5日後の

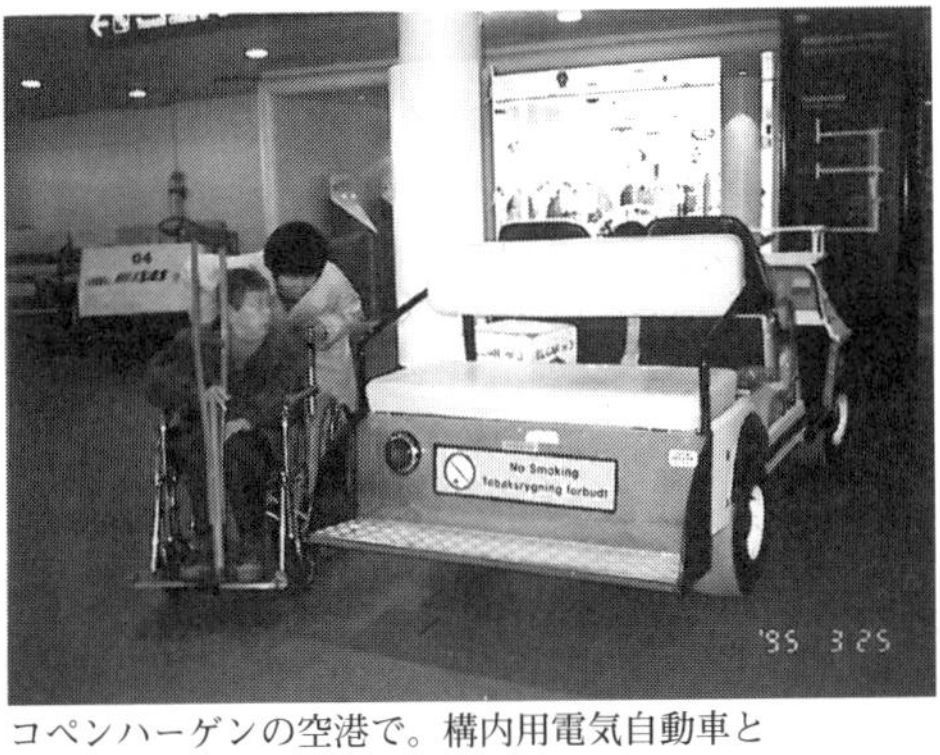

コペンハーゲンの空港で。構内用電気自動車と

パリへのフライトの予約再確認（リコンファーム）と、両替。

〈リコンファームをクリア！〉

添乗員無しの旅行ときまったとき、一番心配だったのが、このリコンファーム。これを行わないと、予約が取り消されてしまうこともあるらしい。電話連絡でよいとのことだが、片言の英語で電話が通じるはずもなく、身振りや筆談ができる、オフィスへ出向く式でアタックするべく、ガイドブックなどを調べまくる。結果、到着した空港のカウンターですませてもよいことがわかり、飛行機の中で予習した英語をもう1度つぶやきながら、サービス・カウンターをさがし、航空券を見せながら何とかリコンファームをすませる。やったね！ ただし後から聞いたところによると、このリコンファーム、我々が利用した航空会社では、必要が無かったようだ。よく調べておいて、楽な旅をしたいものだ。

次は両替。以前に、空港はあまりレートがよくないと聞いたように思うので、とりあえず5万円出して、「チェンジ、プリーズ」。約３０２１クローネでした。今回はクレジット・カードをつくってきたので、海外旅行でどの程度便利か、現金と併用して使ってみるつもり。今までお金を借りるという感覚が嫌いで、クレジット・カードをつくらなかったのだけれど、出発間際に2つ申し込んだ。まず通勤定期も購入できると思って、ＪＲ用カードとセットになったVカード。次に、Ｇ旅行クラブの会員証とセットになったJカード。でも先に申し込んだ海外で幅広く通用するはずのVカードは間に合わず、申込書に海外旅行出発日の記入欄があったJカードがなんとか届いたので、上手に使いたい。

いよいよタクシーでホテルへ。トランクに車イスと旅行カバン、助手席にスーツケースをつんでもらう。北欧は、治安がいいと聞いていた通り、運転手さんもやさしそうで、ほっとした。道も広く、のびのびと心地よい街並みを15分ほど走って、ホテルへ到着。

〈コペンハーゲン中央駅前のホテルにチェックイン〉

ホテルは、コペンハーゲン中央駅のまん前。正面のちいさな回転ドアからは車イスが入らないので、脇のドアを開けてもらう。狭いけれど暖かいロビーとフロント。「チェックイン、プリーズ」と言って、ホテルバウチャーを出す。若いフロントマンがにこやかに朝食の時間を告げながら、ルームキーを渡してくれる。2階（日本風には3階）の、272号室。エレベーターは古めかしい木製で、ドアを手前に開いてから入る。降りるときは、自分でドアの取っ手をまわして押して開ける。ドアを自分で閉めるまで動かないので、ゆっくり乗り降りできて、車イスにはかえって有難い。長い廊下のつきあたりの、バス付きのトリプル。角部屋で2つ窓があり、1つは広いバス通りに面していて、もう1つの大きい窓からは中央駅の建物や、鉄道の線路を見渡すことができ、コペンハーゲンまでやって来たんだな、と旅情をかきたてられる。結構ゆったりした部屋で、朝食付きで1人5000円なんて、信じられない感じ。難点をさがせば、バスルームのドアがちょっとしまりにくいぐらいかな？　のびのびとベッドでくつろぐ2人を横目に、窓際の書き物机の上に電熱器（変圧器内蔵のトラベル用、今回の旅行用に購入したもの）を置き、お茶をわかす。飛行機で軽食を食べたばかりなので、夕食は、持参のパンなどで、軽くすませることにしたのだ。実は、ホテルが朝食無しだと思いこんでいたので、お茶づけのりだとか、いろいろ日本で物色して持ってきたのだった。

夕食後1人で、中央駅へ翌日のオーデンセまでの切符を買いに行くことにした。1人で夜外出するなんて、パリやロンドンではとても考えられなかったけど、ここコペンハーゲンでは、大丈夫みたい。

〈オーデンセ行きの切符を買いに！〉

オーデンセは、アンデルセンが生まれた町。途中、列車ごとフェリーに乗り込んで、船旅も味わえると聞いているので、とても楽しみ。一晩寝た後の1日目はコペンハーゲンの散策の予定だったけれど、都合でオーデンセまで遠出をすることにしたので、到着早々から切符を買うことになったのだ。中央駅はとんがり屋根で明かりがつき、人々をさそう。古めかしい木のドアを押して駅構内へ入ると、そこは近代的なショッピングセンター。マクドナルドやボディーショップなどの、なじみのある店が並んでいて、夜もやっている。1店舗ずつ、のぞいてまわりたい衝動にかられたが、1周しただけで切符を買いに急ぐ。

筆談のためのメモ用紙には、あらかじめ「ＯＤＥＮＳＥ」と書いておいた。それをみせながら窓口で、「明日、朝、オーデンセへ行き、明日、午後、帰ってきたい」と英語の単語を並べる。1時間おきにあるとのことで、メモに時刻を書いて確認しながら、行きは9：52コペンハーゲン発で12：33オーデンセ着を、帰りは16：08発で18：48着のＩＣという列車を頼む。3人分ＯＫということで、いよいよ支払い、つくりたてのクレジット・カードをとりだして、おそるおそる初使用としゃれこむ。ところが何と！カードを機械にかけた係員は、「ＮＯ！」と、伝票の0の数字を指さしながら戻ってきた。残高が0なので使用できないということらしい。そんなばかな、と思いつつ、しかたがないので現金で支払う。3人分の乗車券指定席券ともで往復804クローネ。日本円に換算すると15000円以下で、信じられないくらい安い。DSB（デンマーク国鉄の略）の文字をデザイン化したオレンジ色の用紙に行き先などが黒字（デンマーク語のみで英語の併記は無い）で記入してある素敵なチケットで、記念に持って帰りたいな、と思った。

〈スカンジナビアン・ブレックファースト〉

コペンハーゲンでの初めての朝は、快適な目覚めで始まった。おなかをすかせて、階下へと急ぐ。1階のレストランは、朝食時のみのオープン。エコノミークラスのホテルなので、他のときはやっていないものらしい。「Good morning!」とルームキーを見せて、中央駅がすぐ横に見える窓際の4人掛けの席へ案内してもらう。バイキングスタイルで、まんなかのテーブルには、食欲をそそる食べ物や飲み物がいっぱい。コーヒー、ティー、ジュース、ミルク、ヨーグルト、ハム、ソーセージ、チーズ、レバーパテ、魚の酢付け、林檎、コーンフレーク、パンなどが、ところ狭しと並んでいる。パンがまた、ロールパンや黒や白のブレッドをはじめとして、各種デニッシュ類が盛りだくさんで、しかもとても美味しい。娘が、「そうか、デニッシュって、デンマークのってことだったんだ！」とつぶやくのを聞き、なるほどな、と思う。酪農の国のバターやミルク、ヨーグルトは本当に美味しくて、いっぱい食べてとても幸せな気分になる。

そして、何より素敵なことは、笑われるかもしれないけど、まわりに日本人が見あたらないこと。今までの安いツアーのホテルでは、日本人専用の食堂をあてがわれたり、ロンドンのあるホテルでは部屋のドアの外にランチボックス入りの朝食が置かれていて、自室で食べるシステムだったりしたのだ。何だか、日本人はマナーが悪いから隔離しておこうと思われているみたいで、ちょっといやな感じがしたものだった。今回はまわりが外国人ばかりなのでかえってリラックスして朝ごはんを楽しみ、彼等と共にレストランの風景にとけこんでいる心地よさを味わえたようだ。この朝食、泊まり客以外でも食べられるらしく、通りから直接入れるドアの外に、45クローネの貼り紙があった。

〈片道2時間半のIC列車の旅〉

ヨーロッパの鉄道は改札口が無いのがふつう。駅構内の正面にデンマーク語でＳｐｏｒと書かれたホームへ降りるエスカレーターが並んでいる。ホームは地下なのだ。切符を買ったとき教えてもらった5番ホームへエレベーターで降りてみる。列車がとまっているので、車掌さんに切符を見せて聞くと、この後に入る列車だといわれる。発車時刻まで間があるので、お弁当を調達しに駅の片隅のスーパーマーケットへ行き、紙パック入りのジュースとサンドイッチ、お菓子の他、レジの横にあったテレホンカードも買っておく。

再びホームへ行くと、すでに長い列車が入っていた。黒づくめのいでたちの女性車掌さんに確認して、車イスはたたんで乗り込む。客車の中はブルー系でゆったりと素敵。入ったあたりは車イスや乳母車用のスペースになっていて、共に過ごす人用の座席も必要に応じて引き出して使える。そこに車イスを置いて、4人掛けシートにすわる。大きめのテーブルがまんなかにあり、レストランのようだ。車掌さんが、切符を確認しに来る。座席にはしゃれたデザインのナイロン袋が備え付けてあり、ゴミを入れて置いておくと定期的に回収されていく。車内販売もまわってきて、楽しい。車窓よりどこまでも続く牧場を眺めているうちに港へ着いて、列車ごとフェリーに乗り込むことになった。乗客のほとんどが船のデッキへ行くようで、私達もまねをする。海を眺め、フライドポテトを買って列車へ戻りサンドイッチの昼食をとるうち列車は再び陸を走り、あっという間にオーデンセの駅に着く。ホームへ降り立つと、がっちりした駅員がエスコートしてくれ、古めかしい地下通路を経ていつに間にか駅の出入口へと導かれた。サンキュー。手元に残った回収されなかった切符を記念にしまいこみ、窓口でタウンマップをもらって、駅舎の外へ出た。

〈アンデルセン博物館で女医先生と会う〉

駅前の王様広場を通り抜け、地図をたよりにアンデルセン博物館をめざし、何度か人に聞いてやっとたどり着く。ちょっとわかりにくい小路に、写真そのままの様子の博物館を見つけ、昔ながらの石畳の風景に3人でとけこんでたたずむ。入館料は1人20クローネ。レシートをもらって中へ。木作りのちいさな部屋に写真やデッサンが並んでいる。デンマーク語の解説が主で、くわしいことはわからない。次の部屋の入口で日本人の団体客を見かけ、「もぐりこんでガイドさんの説明を聞こうか。」とつぶやいたとき、とつぜん「あらこんなところで、まあ!」と声をかけられる。何と、おばあちゃんの主治医の女医先生の一行だったのだ。彼女等がデンマークへ研修旅行中で、コペンハーゲンの後3日の滞在のホテルも近くだと知ってはいたが、まさかオーデンセで出会うとは本当におどろいた。地方での研修を終え、コペンハーゲンへ向かうバスの途中とのこと。いっしょにアンデルセンの素晴らしい切り紙細工や絵本などを眺めて時を過ごし、出口近くの童話のパッチワークキルトを背に記念写真を撮る。お別れの前に、2日後コペンハーゲンのリサイクル・センターへごいっしょさせてもらう約束ができ、再会を楽しみに去りゆくバスに手をふった。

オーデンセはどこかしら懐かしい町。かわいらしい商店をのぞき、市長舎前広場を通り過ぎ、アンデルセン少年時代の家へと車イスを押して歩く。通りをへだてて見つけたのは、童話のようなちいさな家。チャイムを鳴らして質素なドアを開けてもらい、5クローネ払って入る。中は本当に狭くて、家族が何人も暮らしていたなんて信じられなかった。

帰りははやめに国鉄の駅へ着いたので、ＤＳＢレストランでティータイム。アイスクリームがとても美味しい。から傘の飾りがついていたので、3人ではしゃいだ。

〈コペンハーゲンの日本料理〉

帰りの列車のホームも、案内人がついてくれるので迷わずにすむ。全くおばあちゃんのおかげ、本当に有難い。乗車してほっとひと息、深々とシートでくつろいでいるうち、眠たくなる。あっという間に、暮れなずむコペンハーゲンへ着いた。

夕食は和食の店と決め、ガイドブック片手に駅から電話で予約する。雨が降らないうちにと、車イスを押してスカラというショッピングビルをめざして急ぐ。店は3階で入口には赤いもうせんの腰掛けなどもあり、すっかり和風のインテリア。「いらっしゃいませ。」とナプキンやはしでテーブルセッティングした席へ案内される。日本語で相談できるのが有難く、すし・焼きとり・すきやきというびっくりするようなセット（実際びっくりセットという名前でメニューにのっている）を注文する。1人175クローネ。他の客は地元の人ばかりで、おはしの使い方がみな上手なのに感心させられる。デンマークの牛肉は霜降りでやわらかく、その上すごいボリューム。外国人向きの分量だそうだ。ちなみに2日目は同じビルの中華料理店。ちょっとアジア風、といった感じかな？

3日目は通りに面した1階の落ち着いた日本食のレストランG。とり照り焼き定食120クローネ、てんぷら定食190クローネ。Jカードのお兄さんお勧めで、美味しい。

Jカードといえば、残高0といわれて国鉄の切符が買えなかったのだが、日本語対応の「Jデスク」へ電話して調べてほしいとたのんで外出した後、ホテルへ帰ったとき、フロントに「使用OK」の日本語メッセージが届いていて、感激。よく住所を見ると、何とホテルとバス通りをはさんだ向かいのビルの2階。好奇心も手伝って早速お礼がてら事務所へと出向き、長身で日本語が上手なお兄さんに、いろいろ教えてもらったのだった。

〈コペンハーゲンの老人施設へ〉

2日目は朝食をゆっくり楽しむと、約束の9時45分。通訳のアライさんがホテルへ迎えに来てくれた。黒のコートとパンツに大きめのショルダーバッグ、長年海外で暮らしてきた日本女性らしい物腰で、にこやかにあいさつされる。4人でタクシーに乗り、ドローイング・アンヌマリー・センターへ。すぐうちとけて車内で会話がはずむ。昼時にかかるので、センター内でみなさんと同じ食事ができるよう、たのんでもらうことにした。15分ほど車窓を眺めるうちに到着。ほどよく使い込まれた、清潔で暖か

コペンハーゲンの老人施設で。入居者の婦人とおばあちゃん

みが感じられるしゃれた建物と空間、インテリア。責任者のヘンリック氏に談話室でジュースを飲みながら話を聞き、案内してもらう。日本の車イスのおばあちゃんを歓迎してくれているよう。

能率よく働けるよう配慮されたF字型の建物で、最初に案内されたのは、絵やリースが飾られたゲストルーム。面会の家族の宿泊用で、素敵なホテルの一室みたいだ。その次は93歳のアルマさんの部屋。彼女が以前から大切にしていたというアンティーク家具などが配置され、テラス窓の外には、専用の花壇の草木が揺れていた。ベッドに横たわる彼女の装いは、プリントのドレスに真珠のネックレス。ベッドの足元にはリボンがついた中ヒールの靴。にこやかに迎えられ、おばあちゃんとカメラのレンズにおさまる。アライさんによると、彼女はわずかの時間に20回以上同じことを話したそうだ。痴呆（当時は認知症の名称がなかった）の症状なのだが、言葉がわからない私達には、全くそんなことは感じられない楽しげな会話に思えた。個室に続く食堂は、アイランド型キッチンの和やかな造り。入居者も炊事に参加できるようになっている。その横には一床だけベッドがあり、重症の女性が臥している。人生の末期を、スタッフの目が届くところで過ごすのだと教えてもらった。

〈一番美味しいデンマーク料理〉

身体や精神において重症の人も含めたお年寄りの入居者を中心に、センターのまわりには２００戸の一般アパートもあり、地域との交流がさかんだ。デイケアも行っていて、給食センターでは、他へ配食もしている。デイケアは8~3時の間、送迎バスでお年寄りが通ってきて、作業、昼食、入浴、治療などのメニューがある。手芸や木工の作業室、身体訓練室は、入居者と共有のようで、みなゆったりと思い思いに時を過ごしている。「自分で自分のことをする」素晴らしさを分かちあうかのようだ。次の日にパーティがあるとのことで、手芸室では真っ赤なろうそくとナプキンがいっぱい用意されていた。

2階のひろびろとした食堂で昼食をとる。グランドピアノもある大きな空間で、ピンクのユニフォームの職員達や、バッグを肩にかけた近所の女性達があちこちのテーブルを囲み、談笑している。私達もお皿をとってバーへ行き、コック姿のお兄さんに料理を好きなだけよそってもらう。歯や飲み込みの悪い人用にきざんだのもある。この日のメニューはスープとポーク料理とデザート。緑色のスープはセロリのじくとコーベルという葉やさいのきざみ入りで、思いのほかくせも無く美味しい。全員ぺろりと平らげた。ポークは1度塩漬けしてから加熱してあるとのことで、あっさりと美味しい。マスタードと黒パンがそえてある。スナップスというデンマークのお酒もちいさな高坏にいれて付けてもらえる。食べ終えると別のお皿を持ってデザートをもらいに行く。幾つかのコーンに生クリームを盛り、ブラックベリーソースが添えられる。デンマークでの一番美味しい昼食の満ち足りた時間がながれる。このような献立をはじめ、職員の休暇のとりかたなど、あらゆることが入居者と相談して決められるという。主役の老人の要望が常に生かされているのだ。

〈通訳のアライさんの話〉

「3皿で40クローネとは安いですね」と、アライさんが言う。おどろいたことには、彼女はここで食事をとるのは初めてなのだ。ツアーのお客さん達はみなかけ足で見学をして、有名レストランで食事をして、午後はどこへ、というような日程を組むらしい。日本から来る視察団のメンバーは特に多忙で質問もそこそこに立ち去るようだ。老人施設で働いているような現場の人達のツアーでもやはり忙しい日程で、熱心に質問などをされるが、ゆっくり会話をする暇などは無いそうだ。それで、逆に日本の老人対策の実情を知りたがるアライさんのために、わかり易い新書版の本（『体験ルポ日本の高齢者福祉』岩波書店、山井和則、斉藤弥生著）を送ってあげる約束をする。また、デンマークでは今はこのようなプロイエム（老人施設）は新しく建設されていなくて、在宅介護サービスに力を入れているとのこと。次回来るときは、補助器具センターや、ホームヘルパーさんの詰め所なども見学したいものだと思う。

「あなたがたのように個人で旅行するのは大賛成だわ。でも、障害がある人がふつうの団体ツアーに参加して、他の人を待たせたり迷惑をかけるのに出くわしたことがあるけれど、何にでも権利を主張するのはどうかと思う。」とも、彼女は言う。障害者のためのツアーがもっと企画されるべきだとも思うし、ヨーロッパなどでは空港はもちろんのこと、街を歩くのも障害者にとって快適なので、個人でどんどん旅をするべし、と思ってしまう。私達だって足の悪いおばあちゃんのおかげで、ほんのカタコトの英語でどこでも親切にしてもらえて、その上安全なのだ。まさに、車イスのおばあちゃんは、素敵な水先案内人！

帰りは、お国事情を聞かせてもらいながら、ビール会社のしゃれた建物の下をタクシーでくぐり抜けたり、移民が多い地域を通り過ぎたりして、ホテルへ戻ったのだった。

〈リサイクル・センターへ〉

3日目は女医先生との約束通り、リサイクル・センターの見学ができることになった。前日の朝食時に待ち合わせの確認ができたのだが、異国の旅先のホテルのレストランで電話の呼び出しを受けるなんて、それだけでも素敵な出来事に思えたものだった。

リサイクル・センターに着くと、ダークグリーンのコンテナがずらっと並んでいて、それぞれに分別ゴミのマークがついている。アルファベットをデザイン化したそのマークがとてもきれいな色使いでおしゃれなのに、まず目を見張ってしまった。その上、年配の作業員のおじさまの真っ赤なつなぎが、とても似合っている。彼のロッカールーム兼シャワー室も、コンパクトだけれど清潔で心地好さそう。

そこでは、ビン類、紙類などはもちろんのこと、庭ゴミもリサイクルされている。庭ゴミは各家庭でコンポストを用いて土に返すことが奨励されているが、それができない分は集中方式でセンターで土に戻され、ほしい人がそれをもらっていくシステムだそうだ。また、どうしても残るリサイクルしきれない薬品その他の不燃ゴミは、埋めたて地に分別して埋められるのだそうだ。そして近い将来技術が進んで、それぞれの分解方法が解明されたら、掘り出してリサイクルされる予定なのだという。このような徹底したリサイクルを行うには、徹底したゴミの分別が必要で、市民の協力が確立されて初めてできることだと痛感させられた。各家庭のゴミ収集は有料で、分別の度合いによって料金がちがうなどの工夫もされているようだが、やはり、人々の意識と努力に負うところが大きいと思われる。いろいろと考えさせられながらセンターを後にして、コペンハーゲン名物ともいうべき歩行者天国の商店街まで送ってもらい、一行とお別れをした。

〈なごりおしいコペンハーゲン〉

歩行者天国のストロイエは、とても楽しい。幾つかのゆったりした通りが歩行者天国になっていて、いろんな商店や飲食店が軒をつらねている。朝から夕方まで、ショッピングやそぞろ歩きを楽しむ人達でいっぱい。石畳のストリートは、初めはちょっと車イスを押しにくい気もしたが、慣れると足に心地よい。何より、交差点にも段差が無いのが有難い。途中に公園風のスペースもあって、人々が思い思いに過ごしていた。

コペンハーゲンのタクシーの運転手さんはみんな英語が話せて、とても親切。ストロイエのはずれでタクシーを拾い、アメリエンボー宮殿を通って人魚姫の像へ行き、引き続きホテルへ戻ってほしいと、日本語解説付きの観光マップをさしながら、英語の単語を並べて頼む。ドライバー氏はＯＫ、と走らせながら、人魚姫の像はリトゥル・マーメイドだと教えてくれる。アメリエンボー宮殿ではゆっくり運転でロータリーをまわってもらえたので、車窓から兵隊さんの写真を撮る。そして彼は人魚姫の像のそばでは、さりげなくおばあちゃんの手を引いてくれた。帰り道でも、マップの解説の番号と照らし合わせて日本語を読むように言いながら、ローゼンボー宮殿や植物園などを説明してもらえた。

あっという間に、コペンハーゲンを発つ日はやってくる。そんな朝のレストランで１人の日本女性と会う。岡山県の看護系短大の先生で、次の日からオーデンセで行われる老人介護の研修会に参加するのだという。共通の話題があり話がはずみ、時間はすぐたつ。なごりをおしみ、先輩ぶって観光のアドバイスをしたりする。異国での出会いは楽しい。

いよいよタクシーで空港へ。カウンターでチェックイン時に、日本語対応の電話器を手渡される。「ご自分の車イスのままで搭乗口までお進みください。」とのことだった。

〈ボンジュール・パリ〉

コペンハーゲン→パリ間のフライトは、パスポート審査も無く、国内線なみ。EC、ヨーロッパはひとつ、ということが、実感として伝わってくる。時間がたっぷりあるので、空港内の散歩や食事を楽しむ。免税店の片隅に電気自動車をみつけたので、「到着したときは、この車でこのあたりをビューンと走ったんだよね！」と言いながら記念写真を撮る。そして、レストランでデンマーク風オープンサンドをゆったりと食べ終えたころ、電光版に搭乗ゲートの番号が表示されたので、案内にしたがって車イスを押す。

14時20分発SK559便は、通路をはさんで2列と3列の5人のシート幅の機体で結構空席もある。日本人団体客が0なのを見て、深々と息を吸い込む。離陸すると機内食がサービスされる。ハムなどのサラダ、パン、ケーキ、ドリンク類。昼食をすませたばかりなのにと思いつつ、有難くいただく。おばあちゃんもしっかり食べられた。

16時5分にパリ、シャルル・ド・ゴール空港着。機内を一歩出たところで、空港の車イスを手にしたパリジャンの係員に出向かえられる。おばあちゃんを乗せた車イスを押して案内してくれる彼に、「メルシー。」とお礼を言うと、「パリは初めてか？」とか「誰か迎えに来ているのか？」とか話しかけられる。しぐさや笑顔が「はにかみやさん」といった形容がぴったりの、素敵なお兄さん。パリではパスポートの提示は求められたが、ここでもスタンプの押印は無くて、ちょっと寂しい気もする。そして、荷物の受け取り。スーツケースを見つけた娘に、いつに間にかお兄さんがカートを差し出して、姿を消したと思ったら、我が車イスを押して戻って来る。はにかみやのお兄さん、やることはテキパキしているんだ。あっという間に別れのあいさつとなる、どうもありがとう！

〈ホテルの位置が旅行社の地図とちがう！〉

タクシー乗り場は雑音などがいっぱいで、パリ市内のメトロを思いおこさせる。タクシーの運転手さんは、コペンハーゲンのゆったりした感じとちがって、ハイテンポな雰囲気。気さくで、親切そうなところは同じなのに、お国がらを感じさせられる。

ホテルの住所を書いたメモを渡して、「シィルヴプレ（お願い）。」と頼むと、「ウィダカード（ＯＫ）。」と、走り出す。娘に、「ホテルの地図を見せたら？」と言われるが、「パリの運転手さんは、通りの名前と番地だけでわかるそうだから。」と、答える。道はすいていて、スムーズに車はパリ市内へ。旅行社でもらった地図によるとホテルの場所は治安のいい16区にあり、凱旋門の近くなようで楽しみ、と思っているうちにタクシーは庶民的な狭い通りに入り、緑色でアレクサンドル・ホテルとかかれた建物の前に止まる。予想していたのと街の感じがちがうが、とにかく降りなくちゃ。料金は１６９フラン。

ホテルのちいさなロビーは、ちょっと南国風のインテリア。フロントの陽気なお兄さんにホテルバウチャーを見せると、ＯＫ、と、ルームキーを渡してくれる。どうやら、このホテルで間違いないようだ。キーの他にパリの地図とホテルの図入りのルームカードを渡され、朝ごはんはそこ、とホール横のレストランを教えてくれる。大きい鏡がある螺旋階段もあるが、エレベーターで2階へ。部屋に荷物を置いて、車イスを押して散歩に出る。どちらへゆけば凱旋門かな、と通りを眺めるが、どう見ても街並みは下町風。街角で談笑している気さくなおじさん達にパリマップを見せて印をつけてもらうと、何と、オペラ座から東へ徒歩10分、といったところで凱旋門とは方向ちがい。こうなったら、この旅行社の間違いのハプニングを楽しむしかないと、サンドイッチなどを買ってホテルへ戻る。

〈パリのホテルの朝ごはんもたっぷりで美味しい〉

下町のホテルは面白い。窓は中庭に面していて、向かいのアパートの窓々が、手に取るように見え、見上げると、建物に囲まれた四角い空が目にはいる。パリの裏窓、何か映画に出てきそう。部屋はゆっくりしたバス付きのトリプルで、快適なベッドで目覚めると、パリの朝。実はこの日はサマータイムが始まった日で、8時と言ってもまだ暗い。ゆっくり身支度をして朝だけやっている階下のレストランへ。鏡がたくさんあるピンクの壁でトロピカルなインテリア。「ボンジュール。」と、陽気な黒人のメイドさんが迎えてくれる。エプロン姿が、映画「風と共に去りぬ」を思いださせる。東洋風の顔立ちのキュートなメイドさん1人は英語ができ、コーヒーか紅茶かを聞きながら、各テーブルをまわる。コンチネンタル・ブレックファーストとホテルバウチャーには書いてあったが、コペンハーゲンのホテルと同様に、メインテーブルにパンやヨーグルト、ハム、チーズなどが盛り上げてある。カフェオレは、ポットに入ったたっぷりのコーヒーと暖められたミルクが別にサービスされる。あちこちのテーブルから聞こえるかすかな食器の音と、客達の話声。フランス語のひびきは、小鳥のさえずりのよう。ピンクグレープフルーツジュースにムギのフレークスまで食べて、満腹のおなかをかかえて「メルシー。」と席を立つ。部屋に戻るエレベーターで、お盆を運ぶメイドさんと乗り合わせる。ルームサービスもできるんだ！

次の日の朝は、おばあちゃんも娘も9時をすぎても目が覚めない。朝食時間を気にする私をよそにぐっすりおやすみ。そうだ、と階下へ螺旋階段を降りる。フロントでルームサービスを頼むと、ＯＫ、とコーヒーか紅茶かを尋ねられる。後は、おまかせなのだ。待つうち、ノックの音。運んでくれた黒人のメイドさんといっしょに記念写真を撮った。

〈オペラ座でアンティークエレベーターに乗る〉

朝のラファイエット通りを、車イスを押してオペラ座まで歩く。オペラ座の前は、すでに観光バスでいっぱい。車窓からの見学客のために、何台も停車中なのだ。私達も建物の外の彫刻を丁寧に眺めてから、中へ入る。エントランスホールがまず、天井が高くて素敵。１人30フランの入場料を払う。中央の大理石の階段ホールが素晴らしいが、松葉杖のおばあちゃんは足元がすべりそうで、階上へは無理な気がする。どうしたものか、とあたりを見まわしたとき、目に入ったのは、時代がかった黒い鉄製アートのエレベーター。エレベーターって何と言えばいいのだろうと、旅のフランス語の本の和仏のページをめくると、あった、あった、「アサンスール」！　早速、係員のムッシュにあやしげなフランス語で「ピュイジュアサンスール？」と尋ねる。彼はうなずいて、エレベーターのドアをさわってみたが、手首をひねって鍵を開けるまねをして、両手を広げて首をすくめながら姿を消す。かわりに現れたのは、英語を話せる若いムッシュ。鍵を手にしているが、ちょっと待ってと言いつつ、階下へ降りて行ってしまう。しばらく待って不安になったころ、ガチャリと鍵が開く音が響き渡り、エレベーターのロープが動き出したのが鉄製アートの間から見えて、徐々に若いムッシュが乗ったリフトが下から現れる。感激！「すごい、すごい！」と顔を見合わせながら、おしゃれなエレベーターに乗る。

上の階で私達を降ろして、「見学が終わったら私を呼びに受付へきてください。」と言って、彼はそのままエレベーターで降りて行く。胸の高なりを押さえながら凝った衣裳のマネキンや調度品をひとつずつ眺めるうちに、細長い広間へ出る。ちょっとベルサイユ宮殿の鏡の間に似ていた。

〈日曜日の広場はとても楽しい〉

オペラ座を出てタクシーに乗り、コンコルド広場からシャンゼリゼ通り、凱旋門を通ってもらってマルモッタン美術館へ行く。日曜日とあって、美術館の前の公園には、子馬が並んでいた。子供達が乗せてもらうのだ。貴族の屋敷を改造したちいさなマルモッタン美術館は、2度目。地下の円形の展示室には、モネの大きな睡蓮の絵画が数点あり、中央のソファーにすわってその世界にひたる。屋敷の調度品も凝っていて、動物をかたどったテーブルの足などを見ているうちに、あっという間に時間がたつ。帰り道のサロンドテで遅めの昼食、本日の魚定食をたのんだら、イカとピラフが出てきてびっくりした。

その後、エッフェル塔が見えるシャイヨー宮広場へ立ち寄ると、日曜を楽しむ市民があふれている。

休日はたいていの商店も休みだけれど、大道商人や芸術家は大忙しで、人々が熱心に見入ったりひやかしたりしていた。のんびりとジュースを飲んだりしゃべったりして、時がゆっくりと流れて行く。私達も、いろいろなだしものを楽しむ。リンボーダンス、ピエロ風の演芸、ライブバンド、ローラースケートでする棒高跳びなどまである。中でもリンボーダンスは火が燃え盛るバーを少しずつ下げていき、その下を軽快な音楽に合わせて上体をそってくぐり抜けていくのだ。最後には考えられないくらい低いバーをクリアしたその人に、観衆はこぞって拍手喝采をする。そして、拍手に合わせて何度もおじぎをする彼の足もとの缶の中に、多くの人々がコインを投げ入れたのだった。お礼のジェスチャーをしてまわる彼の手づくりらしい衣裳には、近くで見ると焼け焦げの後が幾つかあった。つい夢中になって、おばあちゃんがどうしているのかを気にかけずにいたが、後ほど現像した写真を見ると、彼女も楽しんでいた様子がうかがわれて、安心する。

〈アベックモア（ルーブル美術館の入口で）〉

ねぼうをした日は、のんびり美術館を楽しもうと、タクシーに乗る。ルーブルのエントランスのガラスのピラミッドの前は、すでに長い行列ができていて、私達も並んで待つ。「やっぱり人が多いね。」と話しているとスタッフらしい大柄な男性がつかつかと歩み寄ってきて、私達に「アベックモア」と告げ、先導して歩き出す。うれしいことに、車イスの私達は長い列をゴボウ抜きにして、ピラミッドの中へ導かれるのだ。そこには丸い素敵なリフトがあり、またたくまに地下ホールへ着く。ラッキー！　でも、何故世界のルーブルで英語で「with me」といわずに「アベックモア」なのかと、フランス人のフランス語びいきは聞いてはいるけど、と、あきれながらもちょっとうれしい気もする。チケットを買い、3つの地域のうち、エレベーターの位置が近いというシュリーの入口からアプローチ。

入場の前に、「見学の手引き」を2つもらっておいた。1つは日本語版、もう1つはフランス語版。2つとも、見学したいところにアンダーラインを引いておく。これはちょっとした思いつきだが、とても便利だった。例えば、ミロのビィーナスの近くまで来ているはずなのに見つけられないというとき、フランス語版の該当個所をさしながら、係員に「ウエ？（どこ？）」と尋ねると、教えてもらえる。現在地がわからなくなったときは、館内図のこのあたりと思うところをペンでさしながら「イッシ？（ここ？）」、または「ウソムヌ？」と聞くと、そのペンで印をつけてもらえる。その上、車イスは、館内でも威力を発揮する。スタッフのパリジェンヌにルイ14世の絵画の場所を聞いたときなども、彼女が「ラバ」（そこ）と言いながら車イス用の階段昇降機につきそってくれて、リフトに乗り換えて、というふうにして、その絵のまん前まで案内してもらえた。

〈ルーブル内のカフェでは英語が通じる〉

サモトラケのニケの像のところは段差があり、すぐそばまでは行きにくい。すると、横にいた力自慢の男性客が、車イスごとおばあちゃんを運んでくれた。そして、何よりハッピーだったのは、モナリザの展示場所を素敵なおひげの男性スタッフに尋ねたとき。彼は車イスを押しながら、「ラジョコンダ（フランスではこう呼ばれている）エ、ジャパニーズ、モナリザ」とおどけてウインクをする。そして、中世の王室の宝飾品が並んでいる細長い展示室の奥まで進み、大きな鍵束を取り出して、ひとつのドアを開けてくれた。ふだんは締まっている彫刻がほどこされた見上げるほど大きなドア、それは、シュリーからドノンの地域へ行く近道だったらしい。そこをすぎるとモナリザは、すぐに現れたのだ。絵を鑑賞するというより人だかりを見物する、といった光景だったけれどとてもうれしくて、何度も彼にお礼を言った。

1日館内にいて、簡単に昼食を、と思ったので、モナリザの絵の近くの、カフェ・モリアンへ行く。サンドイッチ（25フランぐらい）や、パンつきサラダ（39フラン）などが食べられる。飲み物は、10〜25フラン。少し並んでから、席に着く。とても忙しい店で、サラダなどは、プラスチックのケース入りで運ばれてくる。狭いテーブルの間を、スタイルのいい黒人のお兄さんがすり抜けながら注文を聞いてまわる。「Too small table, too big salad.」と、せかせかとサラダや紅茶を運んで来つつも、彼は英語でおあいそを言う。

ルーブルの出口の公衆電話から、夫に電話をかけた。日本との時差はサマータイムで7時間、夜11時とのこと。おばあちゃんは、「絵が好きだからとても楽しかった。」などと話している。40フランのテレホンカードで結構話ができた。

〈カデ通りは、庶民的で素敵な商店街〉

宿泊中のアレクサンドル・ホテルのある rue Faubourg-Montmartre（モンマルトル通り）を曲がった rue Cadet（カデ通り）は、とても活気にあふれて楽しい。

肉屋、そうざい屋、魚屋……、幾つかの果物屋は、表に屋台をはり出し、石だたみの道を狭くして、買う気をおこさせる。パリの(?)みかんは、小6個で7フランだった。日本のにちょっと似ていて甘い。そうざい屋のサンドイッチ（もちろんバゲットの）は、好みのものをはさんでもらって13フラン。ジャンボンエフロマージュ（ハムとチーズ）を2つ、とたのんでお金を払おうとすると、ドリンクかデザート付きなので、どれかを選べといわれ、りんごのタルトとチョコレートムースをつけてもらった。いつもそうなのかはちょっと確かめられなかったけど、とてもラッキー。

日本へのおみやげもこの通りで調達する。前回スーパーで買って美味しかった、チョコレートクッキー。「5箱」は「サンパケ」と言うのだと、店のおじさんに教えてもらう。

別の日の夕方、娘は地下鉄でショッピングに行ったので、おばあちゃんと2人で夕食の買い出しに行く。テイクアウトもできる中華屋では、ラーメン風、ヌードル風、ラビオリ、ピラフなど、どれも1人前28フラン。「マンジェイッシ（ここで食べれば）」と言われたが、「メ、マフィーユ（でも娘が、――部屋で待っている、などの言い方がわからないので省略）。」と言うと、スープとめん類を別々に熱くしてパックづめにしてくれた。「オヴァ、メダム」というあいさつを背に、店を出る。車イスに買い物袋の両手を広げてかけ、スープをこぼさないように気をつけてホテルへ戻る。ちなみに、ラビオリと教えてもらったのは、あっさりしたギョーザのスープがけだった。どれもとても美味しくて、満足。

〈車イスを持ってバスに乗る、ノートルダムへ〉

いつもタクシーばかりではと、ガイドブックでバスの路線を調べると、85番のバスがホテルの前を通っている。セーヌ川を渡った次のシテ島の停留所が、ノートルダム寺院のすぐ近くで、降り損ねることもなさそう。早速、行動を開始する。

バス停の近くまで来ると、ソバージュヘアの美人ドライバーの、85番バスが行き過ぎた。次のバスがすぐに来るだろう、それにしてもきれいな運転手さんだな、と見とれていると、彼女と目があってしまう。すると彼女は10mほど停留所を行き過ぎたのにものともせず、キュッとブレーキをかけて、ドアを開けてくれた。急いでおばあちゃんに車イスを降りてもらい、たたむ。彼女は更にサイドブレーキをかけて、娘が持ち上げようとする車イスを、あっという間に車内へ運び入れる。また、私が手を引くはずのおばあちゃんは、乗客の1人に、さっと導かれる。パリのバスの乗車口はゆったりして、ステップも低いのが数段あり、とても便利。切符は地下鉄のカルネ（回数券）と共通なので、娘が持っていたのをもらい、1人2枚ずつかを確かめようと「ノートルダム。」と言うと、「ノン！」と言いながらドライバー嬢は急停車する。ノートルダムは、方向が逆だと、乗客達も口を揃えて言う。一方通行のため、正しい停留所はあそこだと身振りで教えてくる客達に手伝ってもらってバスを降りる。みなさんの笑顔に感動し、バスに手を振る。

乗り直して、バスでセーヌを渡る。タクシーより車体が高いので景色がよく見えてうれしい。無事バスを降り、手を貸してくれたパリジャンにお礼を言って、シテ島の人となる。小鳥市場の横をすぎ、パリのおまわりさんにあいさつをしたりして車イスを押すうちに、ノートルダム寺院の前の人混みの中へと導かれた。

〈フランス料理とワインに酔う〉

ノートルダム寺院を楽しんでから、対岸のカルチェラタンへ向いて車イスを押し、セーヌの橋を渡る。河畔のカフェでお茶を飲み、トイレの場所を尋ねると、地下だと指さしながら2フランコインを手渡される。コインを入れるとドアが開く有料トイレで、店の客は無料で使用できるように、との配慮らしい。お勘定のとき2フランチップを渡し、メルシーと手を振って店を出る。そぞろ歩いて、娘の好きなスーパー形式の大きな文房具屋、ジベール・ジューヌで買い物をしたりする。カラフルな鉛筆削りやノートなど、10フラン程度のものをおみやげ用にたくさん買い込む。娘は、新学期用のノートがお目当て。

お昼は、ガイドブックでチェックしておいたレストラン・ル・Sへ行く。「トワペルソンヌ、シルヴプレー。」と言ってコートと車イスを預かってもらい、席へ案内してもらう。「レゼルヴァシアン（予約か）？」と尋ねられたら「ノン。」と答えようと練習していたが聞かれずにすむ。ちょっとあなぐら風の、居心地がよい店内。年配で小肥りのムッシュがメニューを持ってくる。昼だけの78フランのムニュ（定食）もあるが、120フランのムニュを指さして注文し、アントレドジュールとプラドジュールを選ぶ。プラドジュールは本日の料理という意味だと、1年前、別のレストランで出会った日本人のおじさまが教えてくれた。赤の上着のその彼は、長年パリで日本料理店をやっているという。肉料理だと聞いて私は赤のグラスワイン、他の2人は水を、と注文したところ、出てきたワインは陶器のつぼに500ccはありそう。おおいに食べ、かつ飲み、いつの間にかおばあちゃんも半分くらいワインを飲んでしまう。デザートの注文を取りに来られるころは、「何でもいいやん」と、酔っぱらったおばあちゃん。凝ったアイスクリームをぺろりとたいらげた。

〈パリのにぎりずし〉

ゆっくり時を過ごしたレストランを出た。実際、すいていた店が満員になり、またからっぽになるまで、そこにいたのだった。私達は、日本料理店をやっているというおじさまを思い出して、次の日の夕食の予約に行く。ちょうど、すぐ近くだったのだ。赤上着のおじさまいわく、「うちの店はパリの住人ばかりが相手。日本人も、パリ在住の人しか来ない。パリで一番美味しい日本料理店だけど、いっさい宣伝はしていないんだ。」とのこと。和食の店、おばあちゃん連れなら、ぜひ行ってみたいもの。

その店を見つけて入って行く。ちょうど昼食タイムの片付けらしく、かいがいしく働く色白のパリジャン達に、はっぴがよく似合っていた。「ボンジュール、ジュブドレレゼルヴェ。」と言いながら奥へ進むと、やはりはっぴを着た日本人の番頭さん、といった感じの人がいて、きちんと予約ができた。「アドマン！（また明日）」

次の夕方、ワンピースに着替えてタクシーに乗り、店でもらったアドレスカードを見せて行ってもらう。7時半では客は私達だけ、予約することも無かったかな、と思っているうちに、どんどんこんでくる。はっぴのパリジャンに日本語メニューを持ってきてもらったのはよいが、これが難解なしろもので、「すし」の項目はあるが、にぎりずしとか盛り合わせなどとは書いてなくて、「げんかい」「さくら」などの名前があるのみなのだ。結局、番頭さんのお出ましで、上にぎり盛り合わせのことだという「げんかい」を注文する。四角い大皿に14個ものってくるにぎりずしは、味ももちろん美味しい。飲み物は、私はビール、2人は煎茶。それに水。小倉アイスクリームのデザートの後、お勘定。全部で537フランだった。帰りのタクシーでは、ルーブルの夜景が見られ、幸せ気分に浸る。

〈あこがれのヘアカット〉

カデ通り13番地の美容室はAtelier 13-Coiffureという覚え易い名前。パリの美容室へ行ってみたいけど、高くてきどった店はイヤ、という人にぴったり。板ばりの床、素朴なインテリアで、経営者らしい男性と2人の若い女性が、かいがいしく働いている、心地よいちいさなサロンだ。「シャンプー、クープ（カット）、ブロー、シィルヴプレ（お願い）。」と頼む。おばあちゃんもいっしょなので「ドゥーペルソンヌ（2人）？」と聞かれた。「ウィ。」シャンプーは聞いていた通り、耳に水がザブザブ入ってくるが、がまんする。笑顔がとてもチャーミングなマドモワゼルがカットしてくれる。「クレ（短く）コムサ（このように）。」と耳に手をあてて頼むと、写真を持ってきて確認してくれる。「ウィ、コムサ。」コムサは便利な言葉だ。

おばあちゃんは、と見るともう1人のマドモアゼルが何やら困った様子。どうやら、おばあちゃんの座高が低すぎて、シャンプー台に頭が届かないようだ。どうしたらよいか思案していると、店のムッシュが英語で話しかけてくる。カットだけしておくので、戻ってから後でシャンプーしてもらえないか、とのことだった。もちろん承知して、おばあちゃんに説明する。おばあちゃんは私に「しょうがないな。」と言いながら、マドモアゼルに向いては堂々と日本語で「ここにすわればいいのね。」と、くつろいだ感じでカットしてもらい始める。髪の長さの注文も雰囲気で伝わるみたい。鏡の中で、にこにこしていた。

2人共、素敵な仕上がりで大満足。店の人達にせいいっぱいの笑顔でお礼を言って、支払いをする。店のドアには300フランとかいてあったが、シャンプー台のハプニングのせいか、うんと安くしてくれたようだ。おばあちゃんと2人で368フランだった。

〈デパートでお買い物、アラケスシィルヴプレ〉

初めてパリのデパートへ行く。今までは衣料品などもスーパー形式の店や小売店で買っていたけれど、おばあちゃんのお買い物となると、デパートの方がよさそう。1階の一角に高島屋が入っていて、私が入っている旅行クラブの特典があるというオープランタンへ行く。ちなみにパリには日本のデパートが幾つかあるのだ。オペラ座のすぐ近くなのでホテルから歩いて行く。オープランタンは広くて迷ってしまい、何度も「ウエ?」を繰り返して尋ねながら、高島屋のコーナーをやっと見つける。そこのスタッフはみんな日本語が上手。コーナーの品だけでなく、デパート内の買い物はみな後で持ってきてもらうとまとめて免税の書類の作成などをしてくれるとのこと。旅行クラブの特典について尋ねると、今はもうやっていないが、「デパートの案内所でディスカウントカードをもらえるかもしれない、だめもとですから。」と言われ、アタックしてみる。案内所のパリジャンに旅行クラブの会員証を見せて頼むと、だめもと氏が内線電話で呼ばれてやってきて、10%割引カードをもらえることになった。何故か不思議だけど、ラッキー!

ネクタイ、ブラウス、ブローチ、と買う度に「アラケス(お勘定はあちらで)シィルヴプレ。」といわれ、お勘定場で支払ってレシートをもらって売り場へ戻り、包装して待っている店員さんから品物を受け取るというシステム。まどろっこしいが、これこそデパートでの買い物なのだ、と楽しんで行ったり来たりする。おばあちゃんが自分用に選んだ素敵な時計は、セールで2割引の上に10%割引もしてもらえ、更に、私がプレゼントすると思われて、おしゃれな包装で手渡される。そして、買い物全部の免税の手続き。パスポートを確認して書類を作って封筒に入れ、空港での手続きを説明してくれた。

〈シャルル・ド・ゴール空港で〉

無情にもパリを後にする日はやってくる。美味しい朝ごはんも食べ納めかと、寂しい。慣れ親しんだ部屋で荷物の点検をする。ホテルのチェックアウト時の支払いは、冷蔵庫の飲み物が少しと、たくさんの電話代。なごりを惜しみながらタクシーに乗り込む。道がこんではいたが、何とかスムーズに空港へ着き、SKのカウンター近くで停車してくれた。

空港でのチェックイン。カウンターのマダムは車イスのおばあちゃんを見て、電話で日本の男の人を呼んでくれた。服装などからすると、航空会社の人じゃなさそうで不思議だが、とにかく有難い。ここでおばあちゃんの車イスを空港のものと交換するのだが、まだ時間がはやいので30分後にまた来てほしいと言われて、シャルル・ド・ゴールのロビーをぐるーっとひとまわりする。再度行くと日本の人はいなくて、カウンターのマダムとフランス語で話すはめになる。英語はできるかと聞かれて、一瞬つまったら、そうなってしまったのだ。どうやらラシェーズ（椅子）とケルキロが聞き取れて、車イスの重さを聞かれたらしい。私は反射的に両手を広げて首をすくめ、「ジュヌセパ！（知らない）」と答え、自分でもびっくりする。重さを計ってもらうつもりで、おばあちゃんにイスから降りてもらおうとすると、マダムがあわてて飛び出てきて制止する。わからないでもよいらしい。そのうちに、係員の若いムッシュが空港の車イスを手にしてやってきて、おばあちゃんはそれに乗り換える。我が車イスを預かったマダムはその預かり券を渡し、コペンハーゲン経由のフライトだが荷物は大阪まで、「プールオオサカ」と、文字を読み上げる。マダムにお礼を言って、車イスを押すムッシュと連れ立って歩き、円形の建物の中央空間を演出しているクロスエスカレーターへ。彼は車イスを上手にエスカレーターに乗せた。

〈パリの思い出に！〉

彼は私に旅行が好きか、と尋ねる。私は、好き、でも、多くない、などとフランス語の単語を並べる。上の階へ着くと、彼は私達のボーディングパスを持って、１分、と言って姿を消し、すぐ戻ってくる。そして次のパスポート審査も、彼といっしょだとスマイルでＯＫと、通り過ぎる。ところが、パスポートをしまうときに免税手続きの封筒を見つけて私は笑顔でいられなくなった。どうかしたのかと尋ねる彼に、娘が横から、「タックスフリー」と助け船を出す。彼は一瞬困った様子をしたが、すぐに、私と２人で受付ロビーへ戻って手続きしようと、走るまねをする。思いがけないアバンチュールの始まり。

彼と手に手を取って（実際は手を取っていないが、そんな気分で）、再びエスカレーターで下の階へ。彼は頭上の時計をさして、まだ時間があるからだいじょうぶというしぐさをする。免税の窓口では、苦虫を噛みつぶしたような赤ら顔の係員をなだめすかし、免税の品物は私のバッグの中だと指さしながら急いで書類にスタンプをもらい、封筒にいれてぺろっと封をして隣のポストへ投函してくれた。２度目の上りのエスカレーター上で、彼は顔をくしゃくしゃにして見せて、赤ら顔氏はこんな顔をしていたね、と笑った。そしてもとの場所へ戻りおばあちゃんおまちどうさま、と車イスを見ると、ネクタイなどの免税品が入った袋がかかっている。免税の品物はここだったと、彼に教えてまた笑った。

そして彼は、搭乗口の前までだけでなく、飛行機の中の座席までおばあちゃんの手を引いて送ってくれた。彼に気の利いたお礼の言葉をさがす私の手に、ポケットの中の使わなかった地下鉄のカルネ7、8枚が触れた。もしよかったら、とカルネを差し出した私に、彼は手を振って走り去りながら、言う言葉がふるっていた。「パリの思い出に！」

〈トランジット、北欧での福祉サービス〉

機内の座席は通路をはさんで2席（AB）と3席（CDE）。私達の席はA、B、Cで残りのDEは、空席である。おばあちゃんが、3席使って横になれるようにとの配慮らしい。チェックインカウンターのマダムが3枚のチケットを2つと1つにして台の上に並べて、親切に何か説明してくれたのはそのことだったのだと、後から合点がいった。12時25分発のフライトは離陸するとすぐに昼食がサービスされ、美味しく食べているとせっかくのゆとりの席も使用する暇は無かったが、ゆたかな気持ちになれた。

14時15分、コペンハーゲン着。ここでは、ひげのおじさま風スタッフが出迎えてくれた。飛行機は空港の建物のはずれに着いたらしく、他の客達とは別に、グラウンドを走るワゴン車に乗ることになる。グラウンドへ降りるのは、タラップ風の階段。車イスの用意は無く、ひげのおじさま氏は、おばあちゃんが階段を降りられるか気遣ってくれる。「Slowly, she can.」と私が言うと「Slowly, please.」とゆっくり降りるようにおじさまは言って、ワゴン車をとりに行く。自分でできることは自分でする、という考え方が思い出され、興味深く、そしてうれしい。北欧の国では、障害がある人へのサービスが成熟しているのだと感心させられる。ワゴン車を降りて建物へ入り、エレベーターで上へ。そこからは見覚えのある電気自動車で大阪行きのSK便の搭乗口前のロビーへと導かれた。

そこまで来るとドイツや他の国からのトランジットのあわただしい日本人団体客が大勢いて、現実に引き戻された気分になる。そして私達も初めはカフェでボーッと過ごすぜいたくな旅をするつもりだったのに、ついあちこちと忙しい旅行をしてしまったと、ちょっと反省する。15時30分、離陸。時差の7時間をマイナスすると到着の朝はすぐだ。

〈無事帰国、セイエ！（やったね！）〉

短い夜にはできるだけ上手に睡眠をとりたい。機内食がすむとすぐにおばあちゃんは錠剤、私はワインを睡眠薬にする。スチュワーデスさん達が免税品を売りにまわってくるので、ウィスキーとチョコレートセットを買う。貨幣は何でも通用するらしく、千円札で支払う。次に、別送品の申告書がいるか聞いてくれるので、1部もらって日本人スチュワーデスさんに書き方を聞く。ノートなどの買い物や使用済みの衣類などを宅急便で我が家へ送った荷物の分なのだ。パリには日本の宅急便の支所が幾つかあり、少し高くつくが私達には便利だ。そのうちワインの効き目か眠りに落ち、朝食の用意の音で目が覚めた。

9時30分、関西空港になめらかに着陸。日本の若い男性スタッフが出迎えてくれ、空港の車イスにおばあちゃんを乗せてエスコートしてくれた。パリのはにかみやのお兄さんとちがって、会話が無く、動作がぎごちないのがちょっと残念な気がした。荷物の受け取りロビーまで来て初めて彼は「お荷物が見つかったらお知らせ下さい、取ってまいりますので。」と、重い口を開く。私達の荷物はベルトコンベアに乗ってすでに私の目にはいっていて、もう1周してからでもいいかなと思っていたが、せっかくの申し出なので、「実はあの2つだけれど。」と言ってみると、とたんに我が日本の若い男性の目が輝いて、「わかりました。」と走り去り、すぐに私達の荷物と共に笑顔で戻ってきた。サンキュー。察するところ、彼はサービスしたい気持ちはいっぱいあるのだが、慣れていないのでうまくできるとうれしいといったところらしい。がんばれ、そんな若者達!

税関でカートにのせた荷物とウィスキーなどを指さしながら別送品の書類を渡す。そこを抜けると、夫がにこやかに手を振るのが見えた。無事、帰ってきたのだ。

3. もう1度おばあちゃんと旅に出たかった

〈おばあちゃんのこと〉

1998年もおしつまった12月29日の朝、おばあちゃん（夫の母、86歳）が他界した。冬休みで我が家へ来てもらっていたときに亡くなったことは悲しいことではあったけれど、いっぽうで私達家族と深いご縁があったのだと思うこともできた。

もともと足が悪い上に5年前に脳梗塞を患ってからは1人で暮らすのは無理になったので、ふだんは長岡京市の夫の弟家族と住んでいて、私の休みのときはうちへ来てもらったり旅行へ連れ出したりしていたものだった。

亡くなる前日は、夫と3人でビデオの「タイタニック」をみた。おばあちゃんも最初は面白そうにみていたが、船が沈み出すあたりからこわくなって居間のソファーベッドの自分用の布団にもぐりこんでしまった。本当はラスト近くの、101歳の女主人公が宝石を海へ投げるシーンを、いっしょにみたかった。老いたヒロインがいたずらっこのように船の甲板の手摺りに一段足をのせて海を眺めて、ペンダントを取り出してにっこり笑うところである。そのしぐさは、4年前の冬の沖縄旅行で本島最北端の辺戸岬へドライブした折の、茅打バンタという絶壁の手摺りから身を乗り出していたおばあちゃんとそっくりだと私には思えたのだ。それは、脳梗塞の後、2度目の旅でのことだった。その半年前の夏の信州では、足が悪いのでしゃがめないおばあちゃんのために洋式トイレをさがすのに苦労した。おばあちゃんは車イスも使っていたが松葉杖でゆっくりは歩けたので、必ずしも身障者用トイレでなくてもよかった。沖縄では洋式トイレがふつうなので、さがす必要は無くて楽だった。また沖縄の首里城では、最新式の車イス用の多種設備のお世話になったことも楽しい思い出となった。

葬儀の準備のとき、夫の弟の奥さんから、投函されずじまいとなったおばあちゃん用の年賀状を見せてもらった。いたずらっこのようにとびはねたうさぎの絵の下に、「70年前のおてんばスーちゃんは、今年も元気でがんばります。」という活字の文字と、おばあちゃんの署名の印刷があった。

出棺時の喪主のあいさつのとき、夫はこの年賀状を掲げて見せ、「共に暮らし、このような心暖まる年賀状を用意してくれた弟夫婦に感謝すると共に、高齢者介護に力を注いでくださっている長岡京市の皆様に御礼申し上げます。」と続けた。

〈車イスでのパリとコペンハーゲン〉

沖縄旅行の3か月後、夢がかなっておばあちゃんといっしょにパリとコペンハーゲンへ行ったことがつい昨日のようにまぶたに浮かんでくる。当時高校生だった娘と3人で行った旅だ。

おばあちゃんは昔から、旅が好きだった。できるだけ楽しい話を聞き出すことが痴呆症（当時は認知症の名称ができていなかった）の進行を防げてよいと主治医の女医さんから言われていたので、おばあちゃんが子供のころ行ったという愛宕山登山や、若狭での海水浴の様子などを聞き出すうちに、それはよりはっきりしてきたのだ。パスポートの写真を撮りに行ったときも、「ああパリーね。」と、いそいそとカメラの前に立った姿を思い出す。

パリではハプニングもあったが、オムレツやワインを平らげたり美容院では堂々として鏡の中で笑っていたおばあちゃんだった。

コペンハーゲンで老人ホームの見学へ行ったときも、おばあちゃんを中心に、親切にしてもらった。そのときの感激を記した、旅行直後の拙文を引用させていただく。

2日目は朝食をゆっくり楽しむと、約束の9時45分。通訳のアライさんがホテルへ迎えに来てくれた。4人でタクシーに乗り、老人施設のドローイング・アンヌマリー・センターへ。昼時にかかるので、センター内でみなさんと同じ食事ができるようにたのんでもらった。

責任者のヘンリック氏に談話室でジュースを飲みながら話を聞き、案内してもらう。日本から来た車イスのおばあちゃんを歓迎してくれているよう。

（中略）

「あなたがたのように個人で旅行するのは大賛成だわ。でも、障害がある人がふつうの団体ツアーに参加して、他の人を待たせたり迷惑をかけるのに出くわしたことがあるけれど、何にでも権利を主張するのはどうかと思う。」とも、彼女は言う。障害者のためのツアーがもっと企画されるべきだとも思うし、ヨーロッパなどでは空港はもちろんのこと街を歩くのも障害者にとって快適なので、個人でどんどん旅をするべし、と思ってしまう。私達だって足の悪いおばあちゃんのおかげで、ほんのカタコトの英語でどこでも親切にしてもらえて、その上安全なのだ。

（「車イスのおばあちゃんは素敵な水先案内人」を参照のこと）

〈私１人でオスロの老人施設へ〉

コペンハーゲンから帰ってから、老人ホームの見学を手配してもらった旅行社へお礼に行ったとき、「今まで北欧の見どころを中心にお客さんに紹介してきたが、今回の企画で個人の福祉施設見学のニーズに答えていくことも取り入れようと思った。手始めにノルウェー旅行の方にオスロの老人施設見学を手配したら喜んでもらえた。りこうな値段でした。」と言われて、うれしかったことを思い出す。

そして次の夏休みはそのオスロの老人施設見学を含む、初めての海外1人旅をした。そのときの旅もフィヨルド観光や障害者にやさしいつくりの路線バスがあたりまえのように走っていたストックホルムの街などの思い出がいっぱいなのだが、オスロの老人施設で考えさせられたことがあり、予約を入れて老人ホームの見学をしたりするのは今回で終わりにしようと思った。

そのオスロでは、庶民的な地域と高級住宅街の2つのホームに案内してもらった。どちらもインテリアなどが素敵で、スタッフの方も親切だった。デイサービスの仲間に入れてもらってカラフルな装いのおばあちゃん達と写真を撮ったりもできた。責任者の女性もお茶とお菓子を前にして、親切に質問に答えてくれた。そして、一番心に残っているのはホームヘルパーさんの人手は足りているかと質問したときの答えだ。「足りている、医者も看護婦もヘルパーもほんの少しずつしか収入がちがわないので、資格をとるための学習期間が短くてすむヘルパーさんのなり手が多いのです。」と言われた。そして私のことを尋ねられた。「あなたは日本の議員さんですか？」と。私は、「いいえ、ふつうに家庭を持ってフルタイムの仕事をしている者です。」とどきどきして答えながら、旅の楽しみのひとつとして見学している自分が恥ずかしくなった。忙しい時間をさいて案内してくださっているのだから、その好意に応えるために知ったことを何らかの形で役にたてなくては、とも思った。福祉を志している学生さんとかのはっきりした目的がある人達が個人で見学するのはいいけれど、私がこのような形で見学をするのは今回で終わりにしようと決めた。ちなみに議員さんと間違えられたことについては、北欧では議員さんが特別な人ではなくて会社員や学校の先生が二足のわらじでやっていることもよくあるそうで身近な存在らしく、私が特にえらそうに（？）見えたからとかではないとわかって少し安心した。

〈もう1度おばあちゃんと行きたい〉

その旅から帰って、おばあちゃんにオスロやストックホルムでの写真を見せた。羨ましそうな顔のおばあちゃんに、「今度いっしょに行けるといいですね、北欧のベニスと言われているストックホルムへ。」と声をかけた。「ストックホルムって聞いたことはある。でもベニスの方がよう知っている。」と行く気満々のおばあちゃんを前にして、もう1度いっしょにヨーロッパへ行きたいなという気持ちが沸き起こってきた。それにおばあちゃんといっしょの旅なら、気楽に旅行ばかりしていると思われないで大きな顔で行けるとばかりに、長岡京市の「高齢社会を考える会」に出席した折に会った主治医の女医さんに相談してみた。前回は荷物持ちや何かのときの連絡係といった意味合いで当時高校生だった娘を連れていたが、私1人でもおばあちゃんの車イスを押しての旅行が可能かどうか意見を聞きたかったのだ。女医さんの答えは「もちろん可能だし、そうあるべきです。1人の介護者だけで1人の障害者と行動できるのでなければ意味が無い。」というものだった。なるほどその通りだ、実行したいなと思ったものの私はいつになく不安になった。何故だろうと考えるうちに、その不安のうちのひとつは私の語学力の決定的な不足からくるのだと気が付いた。例えば、荷物なら予約したホテルへ送ることもできる。でも、何かの行きちがいで荷物が着かなかったとかいう事態でもおきたら、私の片言の英語ではたちまちお手上げだ。いろいろなことを考えると、まずは英会話を勉強してからだと、旅の計画は先送りとなった。

結論を先に書いてしまうと、もう1度おばあちゃんと海外へ出かけることはかなわなかった。もたもたしているうちに、おばあちゃんは私達の手の届かないところへ旅だってしまったのだ。

おばあちゃんの忌明法要を2月14日のバレンタインデーに行った後、気がゆるんだのか私は風邪をひいてしまい、仕事をするのが精いっぱいの日々を過ごしたが、春休みが近付くとまたそぞろ旅心がふくらんできた。そういえば昨年の春休みは我が家へ遊びに来てもらった最後の日に六甲山のホテルで一泊してから帰ってもらったのだと思い出す。六甲山のオルゴール館では、もっと以前ならもっと喜んだはずなのにとちょっと残念に思えたおばあちゃんだったが、六甲観光牧場の羊の前では笑顔がこぼれて、私達（夫と娘と私）もうれしかったのが昨日のように思える。でも今年の春休みはそのおばあちゃんに遊びに来てもらうことさえかなわないのだ。ましておばあちゃんともう1度パリへいっしょに行くことなど決してできないのだと思うと、パリやベニス（ヴェネツィア）への郷愁が今更のように私の胸の中に広がり、旅に出たい気持ちを押さえられなくなってしまった。おばあちゃんが我が家へ来ないとなると、その分だけ私に時間的な余裕はあり、1人で旅に出ることはできる。虫のいい話で申しわけないと思いながら、夫の了解を得た私はいそいそと旅支度を始めた。

〈追悼の1人旅を計画〉

出発日の直前だったが、エールフランスのパリ往復の格安航空券を購入することができた。イタリアまで足をのばしてもほぼ同料金なので、パリ→フィレンツェとヴェネツィア→パリの航空券もお願いした。フィレンツェからヴェネツィアへは、現地で鉄道の切符を買うことにすると、次は3ツ星程度のちいさなホテルを手持ちのガイドブックからピックアップする楽しみが待っていた。最近、家のファックスでホテルの予約をすることを覚えた私は今回もその作業にいそしみ、現地からのファックスの返事に一喜一憂して日曜を過ごしたりした。こうして、つい欲張ってパリ2泊、フィレンツェ2泊、ヴェネツィア2泊の忙しい日程となってしまったことを反省しながらできるだけのんびり行こうと自分に言い聞かせた。実はヴェネツィアは前年の夏に娘と行ったことがある。ベニスへ行きたいおばあちゃんといっしょでないのを心苦しく思いながら、でもそれゆえに思い付いた行き先だった。そして、魅せられてしまった水の都。ヴェネツィアに関する本を読んだりするうちにますます興味がわいてきたのだった。

〈パリへ〉

春休みの1日目、いつものように出勤途上の夫にJR湖西線の駅まで車で送ってもらい、いつもの通勤電車に乗った。ふだんとちがうのは旅行用のショルダーバッグを持っていたことだった。京都駅で関西空港行きのはるか号に乗り込むと、にわかに旅の気分が盛り上がってきた。身軽に動けるようにできるだけちいさくまとめた旅行カバンから、フランス語とイタリア語の2冊の旅の会話集を取り出し思いをめぐらすうち、空港に着いた。

エールフランス機は快適だった。隣の座席は大阪でアンティークショップをやっていて時々パリへ買いつけに行くという男性で、食事のときなどに会話を楽しんだ。方向音痴だと自称する彼は何度もパリのメトロで乗り間違えたといい、今やどこへ行くのもタクシーだと言って笑った。彼の常宿の３ツ星ホテルに関する愉快な話も聞いた。同じく常宿にしている日本の某有名女性ファッションデザイナーにポーターと間違えられて荷物持ちをし、チップまでもらいかけた、という話などだ。おしゃべりするうちに私が予約したホテルが近くなのがわかり、タクシーで送ろうと言ってくれたが、理由を説明して丁寧に断った。私は、ふだん仕事でくたびれたときはタクシー代を惜しまないけれど、旅行のときはできるだけタクシーを使わないでバスや電車に乗ることを楽しむ人なのだ。それに往きに空港バスに乗って降り場、つまり復路の乗り場を確かめておかないと困るのだ。おばあちゃんといっしょのときはもちろんタクシーだったし、その前にパリに行ったときはフリータイムのツアーなので空港とホテル間の送迎付きだったため、実を言うとパリで空港バスに乗るのは初めてだった。でも運よく予約したホテル・ファヴァールは空港バスの終点のオペラ座から歩いて5分のところだった。そのあたりの3ツ星ホテルでシングルルーム525フランなら安いと、アンティークショップの彼がほめてくれた。

パリ着は夕方。少し道に迷った後、ホテルに着いた。オペラコミック座というちいさな劇場を見下ろすことができる、落ち着いた色調のゆったりしたツインルームをあたえられた私は、ベッドの上で小躍りして喜んだ。

〈パリで〉

パリでは行きたいところが2つあった。ひとつは4年前におばあちゃんといっしょに行ったヘアーサロン。そのとき泊まったホテルの近くで、庶民的なカデ通りにあるのだ。魚屋や、果物屋のかまえも思い出されてすぐに行ってみたくなり、地図を確認してホテルを出て夕暮れのパリの街を歩きだした。パリを夜歩くのは初めてでちょっとこわかったが、住人をまねて姿勢を正して急ぎ足でカデ通りをめざした。15分もすると4年前に5泊した懐かしいホテルが見えた。そこを右に曲がると、カデ通り。ちいさなヘアーサロンはまだ灯が点っていて、週一回の遅くまで営業する日らしかった。翌朝ヘアカットをしてもらおうと開店時間を確かめて商店街を戻ろうとして、少しおなかがすいているのに気が付いたとき私はラーメン屋のような風情の店先にいた。テイクアウトの料理が並んでいるショーケースの奥のカウンターの中の、東洋人のおじさんの笑顔にひかれるようにドアを押して中に入った。おばあちゃんと来たことがある店だった。そのときはおかずを買ってホテルへ持ち帰って食べたのだが、おじさんには「店で食べていけば？」と言われたことが、昨日のように思い出された。カウンターに腰掛けてラビオリスープを作ってもらいながら、「前におばあちゃんと来たことがある。」と話した。「今、おばあちゃんは？」と問われるままに、「彼女は亡くなった。」と返事をした。そのときふいに胸があつくなって涙がこぼれそうになった。一見ちょっとおっかなくて入りづらいような店で、しかも日が暮れてから女1人でくつろいでいるのが信じられない気持ちだった。4年前は中華料理のテイクアウトをしたと思い込んでいたが、聞いてみるとおじさんはベトナム出身だという、つまりベトナム料理だったのだと気が付いた。

壁に大切にかけてある写真をさして「ベトナムの花ルテス。」とおじさんは遠くをみつめるように言った。蓮の花の写真だった。そして店のカードをくれた。店の名は、「ルテス・サイゴン」というのだった。デザートにベトナム茶といっしょに食べた黄色いあんのまんじゅうは甘く切ない味がした。

翌朝は美容院へ行き、午後はパリでもうひとつ行きたかった場所、凱旋門上の展望所へ上った。4年前シャンゼリゼの舗道に車イスをとめておばあちゃんと凱旋門を眺めたとき、私の言った言葉でおばあちゃんをすねさせてしまったいわくつきのところなのだ。私は上れることが面白くて見上げながら「ほら、凱旋門の上を見て、人が上ってる！」とはしゃいで言ったのだが、おばあちゃんの返事は、「あんたら上りたいんやろ、私をほっといて上ってきたらええやん！」というものだった。しまった、気を付けていたつもりなのにひがませてしまったと、「私はまた今度上りますからいいんですよ。」と言ったものの、ごきげんは直らなかった。その凱旋門に上って、今はお浄土にいるおばあちゃんに報告したいのだ、というと聞こえはいいが、単に上りたかっただけなのかもしれなかった。ともあれ、上からのパリの景色は素晴らしく、凱旋門を中心に四方八方に道路がのびていっていることが手に取るようにわかったし、何より美しかった。

〈フィレンツェへ〉

忙しいが、翌日はフィレンツェへ。昼すぎの空港バスでシャルル・ド・ゴールのターミナル2Fをめざした。バスを降りてからたどり着くのに苦労したが空間の造形がみごとなターミナル。フィレンツェ行きのゲートは階段を降りたスペースだったが、待ち合いの椅子には誰もいない。はやすぎたかなとポスターなどを眺めていると「誰もいないわね。」と英語の声がした。声の主はボーイッシュなスタイルの長身で年配のイギリス女性で、ジルと名乗った。ロンドンを朝出発して乗り継ぐところだという。「フィレンツェはイタリアで一番美しく、大好きな街。6日間の休暇なの。」とジル。私は、「パリに2晩いて今からフィレンツェへ。フィレンツェも2晩だけで後ヴェネツィアへ2晩。」ととまどいながら言うと、案の定ジルは何と忙しい旅なんだろう、という顔をした。そのうちフィレンツェ行きの乗客がふえてきて、復活祭の休暇を過ごすためにパリを脱出する家族連れやグループ客のざわめきがあたり一面にただよった。少し遅れた飛行機は夕方、ローカルさがただようフィレンツェ空港へ着いた。ちいさな空港ビルの片隅の使われなくなったパスポート審査の窓口の横を抜けるともう外のタクシー乗り場だった。バスの本数が少ないのでジルと私ともう1人居合わせたイギリス人の女性とでタクシーの相乗りをした。10分ほどで夕暮れのフィレンツェ国鉄駅へ着いた。

ジルと互いのホテルを教えあって別れてから、1人でたそがれの街をドゥーモの方角へ歩いた。花の聖母教会とよばれるドゥーモのすぐ横の建物の中の、その名もホテルドゥーモという3ツ星ホテルが予約した宿なのだ。駅前広場を背に、パン屋やちいさなホテルなどが並ぶ人通りの多い路をほんの少し歩くうちにあたりは急に暗くなってきた。路は少し先でななめに折れているらしく、見通しがきかない。期待と心細さが入り混ざった気持ちで先を急いだとき、忽然と花の聖母教会ドゥーモが目の前に現れた。日が落ちきる直前の薄暗がりの中に、微妙な色合いの大理石の壁面の圧倒的な存在感がせまってきた。私は形容しがたい思いで道端に立ちつくした。

〈ジルと〉

朝のフィレンツェ。アルノ川沿いをジルと歩く。川の向こうは朝もやで少しけぶって見える。「アィルフォローユー（あなたについて行くわ）。」とジルは言う。フィレンツェがイタリアで一番好きな街、というジルだったから、案内してもらえるのかな、と思っていたのでちょっと勘が狂う。よく聞いてみるとジルが15歳のとき両親といっしょに来てきれいな街だなあと感動して以来ずっと心に残っていたものの、具体的な行きたい場所などは特に無いという。私はというと、ローマ在住の作家の塩野七生氏が長年フィレンツェに住んでいたので、何となく来てみたかっただけなのだ。何故塩野氏かというと、前年の夏にふと行ったヴェネツィアが素敵で、帰ってからヴェネツィアに関する随筆などを読む内に、以前は名前を知っているだけだった塩野氏が身近に感じられてきたからだった。でも氏の著作であるヴェネツィアの歴史書『海の都の物語』さえ上巻だけしかまだ読めていないし、そんな理由は自分でも何だか恥ずかしかった。その上に２日しかいないので、まず街を見渡して、後は歩きたいのだと私はジルに説明したというか、とにかく片言の英単語を並べて言った。「アィルフォローユー。」とジルは再び言った。大柄な年上のジルに少女のように微笑まれて、私はガイドブックでみたミケランジェロ広場へ向けてまたアルノ川沿いを歩き出した。途中で橋の両側が商店街になっているポンテヴェッキオ橋を渡った。

〈フィレンツェを歩く〉

ミケランジェロ広場は丘の上にあり、街を一望できる明るい公園といったところだ。観光客や市民でいっぱいだったが、ひろびろとして風が通り、素晴らしい景色だった。歩くのが趣味だというジルだが、すわってお茶するのも好きらしく、一段広場から降りたオープンカフェにさそわれた。ドゥーモをはじめとして家々の屋根の色はもちろんイタリアのオレンジがかった赤。朝もやはすでに晴れ、青空が広がっていた。コーヒーを飲みながらジルとお互いの話しをした。「私は春休みで1人旅です。私の夫はエンジニアで、いつも仕事、仕事。リタイアしたら、私といっしょに旅をすると言っている。彼は今57歳だから、リタイアはもうすぐ。」と私が言うと、ジルは「あら、私と同じ年齢。」と、はずんだ声で言った。そして「あるボスのもとで秘書をしている。昔は子供達を教えていたこともあったが、病気をしてから今の仕事にかわった。今の仕事はボスがいい人なので満足している。」と続けた。ゆっくり私の片言の英語につきあってくれるのは子供達を教えたことがあるから上手なのだと合点がいった。

フィレンツェの街を歩きながら、ジルといろいろな話しをした。天皇は日本の人々からどう思われているのか、などと尋ねられて答えに困ったこともあった。電子辞書の助けをかりて何とか答えてから逆にダイアナさんをどう思うかと尋ねると、「私はダイアナを好きじゃない。」ときっぱりジルは言う。何かいろいろ思うところがあるらしいが、私の英語力ではお手上げだった。でも、もう1度おばあちゃんと旅に出るためには英語が必要なはずだったなと考えながら歩いた。

ウフィッツィ美術館の前はものすごい行列ができていた。「すいていたら美術館に入ろうと思っていた、でも短い滞在だから、フィレンツェの街を散歩するだけでいい、今日は日曜だから午後は多分どこも開いていない、そして明日は月曜でほとんどの美術館はお休み、でもOK、歩くだけでいい。」と私は、はずんだ気持ちで言いながらシニョリーア広場にある予想していたより大きい彫刻群を見てまわった。どこも復活祭の休暇を楽しむ人々でいっぱいだったが、その中にまじって空気を吸っているだけで心が踊った。広場をすぎドゥーモの横を通りながら、「ここは明日の朝入るわ。」と私が言うと、「明日はフィエーゾレという丘へ行って、あさっては美術館、ドゥーモはしあさってにするわ。」とジルは答えた。

メディチ家礼拝堂前まで足をのばしてから鉄道駅裏のサンタ・マリア・ノベッラ教会前の広場に出た。そこは開いている時間がまちまちでいつ行っても入場できなかったという記述を、『ブレンナー峠を越えて』（音楽の友社、小塩節著）という本で読んだことがある教会で、ちょっとのぞいてみたくなった。そんな私の気配をさっしたジルは教会前の案内板を見て、「午後5時25分から開くようだから、そのときまた来ましょう！」と言う。時計を見るとまだ昼すぎで、時間はたっぷりある。ジルはまる1日私とつきあうつもりらしいが、こちらも異存は無かった。

とにかく昼食にするつもりで、私はガイドブックのレストランのページを物色し始めた。私の薄い手製の表紙の2冊のガイドブックをジルが興味深げにのぞき込む。2種類のイタリアのガイドブックのフィレンツェのページだけを切り取って、自分で表紙をつけたものなのだ。私の住む町の図書館で古くなった本をリサイクルのため安い値段で売っていたので手に入れ、惜しげなくカットして持ち歩いているのだと説明した。ジルが手にしている分厚いガイドブックはボスから借りたものなので切るわけにはいかない、そして実はカメラも自分のものがこわれたので友達から借りてきたのだと話して彼女は笑った。

日曜だったが、アルノ川を越えたところにあるアンジェリーノという安くて美味しい店が開いていた。茶色系でまとめられたインテリアも素敵で、イタリア語が少しできるというジルは、隣の席の地元客にお勧めの料理や定休日を聞いたりして楽しそうだった。注文は、２人共セコンド（メイン）の煮込み肉のレモンソースの一皿と赤ワイン。私１人でレストランへ行くときはちょっと気を遣って前菜やデザートをたのんだりするのだが、ジルは当然のように一皿だけですました。美味しいパンがたくさんついてくるのでお皿のソースもぬぐっておなかいっぱい食べた。２人で２４７００リラ、１人１０００円程度だ。雰囲気もよかったし、ジルもフィレンツェ滞在中にまた来ると言ってごきげんだった。

昼食後はジルの提案でピッティ宮殿の裏のボーボリ庭園で時間を過ごした。その後再びサンタ・マリア・ノベッラ教会の前へ行ったとき、時計の針は5時すぎをさしていた。広場はまだまだ昼の感覚で、教会の入口前には10人あまりの観光客がたむろしていた。みんなで5時25分がやってくるのを待つ。ゆっくり時間がたつ。5時25分になった。みんなで入口を見つめる。何事もおこらない。またゆっくりと時間がたつ。観光客達がイタリアの時間なんてこんなものさ、といったしぐさを残して入場をあきらめて立ち去っていったとき、１人の神父さんが歩いてくるのが見えた。ジルがその神父さんに聞いてくれた話によると、サンタ・マリア・ノベッラ教会は今修理中で10月ごろから再開されるということらしい。それを聞いた私は、何かがっかりするというより、口笛でもふきたい気分になった。そう簡単にサンタ・マリア・ノベッラ教会へ入場できるのでは面白くないのだ。

〈教会のミサ〉

そのとき、いつの間にか私達のそばにいた革ジャンパーの人のよさそうな男性がイタリア語で声をかけてきた。どうやら教会に行きたいのなら、自分が今から近くの教会へ行くところなのでいっしょに行こうということらしい。「親切な人だね。」とジルといっしょについて行くと、2度ほど小路を曲がって5分ほど歩いたところにその教会はあった。ほどよい大きさの、親しみ易い感じのこぎれいな教会だった。正面の両側に左右対称の入口があり、案内の男性に促されて右側の入口から入場した。入ってすぐのところに大きなテーブルがあり、初めて見る白っぽい緑色の葉がついた木の枝がたくさんのっていた。彼は枝のひとつを手に取り、私達にも取るようにすすめてから、じゃあといった感じで奥へ消えた。ジルが、「パームツリー」の枝だと教えてくれた。ミサの後持ち帰るものらしく、ジルはロンドンの家まで持って帰ると言った。私も一枝手に持ってジルの後について少し緊張しながら奥へと進み、空いた席に着いた。一息ついてあたりをそっと見まわすと、ほとんどの席は信者の方らしい人々でうまっていた。すぐにミサが始まった。白装束のよく通る声の神父さんの、歌うようなお説教が続いた。まわりの人々に合わせてひざまずいたりすわったりしながら、私は6年前に亡くなった夫の妹（といっても私より6つ年上で姉のような存在だったが）のお葬式を思い出していた。カトリックの信者だった彼女は、死の病と知っていても、神様のもとに召されるのだと言って笑顔を絶やさなかった。ごくふつうの主婦として母親として生きぬいた彼女の堂々とした死に様が、そしていっぱいの花で飾られた美しいカトリックのお葬式が、つい今しがたのようにまぶたに甦った。神父さんの声は、ますます歌うように響く。ジルがちいさな声で囁いてくる。「あなたには長すぎるわね、出ましょうか？」「私はＯＫ。」というと、じゃあ、とジルは聖体拝受に行くらしい人々の列に加わり、しばらくして戻ってきた。神父さんは両手を広げて本当に歌い出した。私達も歌ったり祈ったりするうち、一時間ほどでミサは終わった。

教会を出て石畳の細い路をジルと並んで歩いた。ジルが「あなたは退屈だったでしょう?」と心配してくれたので、「私もよい時を過ごせてよかった、夫の妹のカトリックのお葬式を思い出していた、花に囲まれてとてもきれいだったのよ。」と言った。するとジルは、日本にカトリック信者がいることにおどろいたようだった。そして問われるままに、私は夫の母が教会にあこがれて娘をミッションスクールに入れたのがきっかけで彼女がカトリック信者になったことや、その母が3か月前に亡くなって仏式のお葬式をしたけれど、カトリックのそれを真似て祭壇をきれいな色の花でいっぱいにアレンジしたことなどを話した。ジルは立ち止まって、「あなたは彼女（夫の母、つまりおばあちゃんのこと）をとても好きだったのね。」と、ゆっくり言った。とつぜん、ジルのその言葉が私の胸をいっぱいにした。おばあちゃんのことを好きとか嫌いとか、そういえば特に考えたことは無かったなという思いだった。私はジルに、ゆっくりとそしてはっきり「イエス。」と答えた。

〈復活祭、そして〉

「私は夕ごはんにパスタを食べたいわ。」とパームツリーの小枝を手で掲げながらジルが言った。お昼はちゃんとしたレストランで食べたから夕食は簡単にという彼女の金銭感覚に共感しながら、私は国鉄駅構内のセルフサービスレストランに行くことにした。その日の朝ジルと会う前に、翌日のお昼すぎのヴェネツィア行きの列車の切符を買いに駅へ行ったとき、見かけたレストランだった。

「ここの食事はイギリスの駅のものよりずっと美味しいわ。」と広いテーブルで食事をしながらジルが言った。日が暮れてきた気配を感じながら話すうちに、夜の散歩もいっしょにすることになった。前夜ホテルの近くに1人で食事に出た私は、復活祭の休暇を楽しむ人々で道や広場があふれていて、夜でもちっともこわくないのを知っていた。

「復活祭といえば、中心の行事は来週の日曜にあって、私はロンドン郊外の兄の家へ行くの、兄の子供達が家中をきれいに飾るのよ。」とジルが言った。私は「来週の日曜はおばあちゃんのお骨納めで、仏教のお寺とお墓へ行く、丸山公園というところを通る、多分そのころは桜の花がいっぱい咲いていてとてもきれいなはず。」と話した。話が日本のお花見のことなどになるとジルは食事の手を休めて顔を上げ、「日本へは値段が高いからとても行けない、でもあなたがイギリスへ来るときは必ず連絡してね。」と言った。

食後、駅横のバスターミナルで翌日のジルのフィエーゾレ行きのバス乗り場と時刻を確かめたとき、ジルは「あなたのガイドブックはとても役に立つわね。」とほめてくれた。

私もバスに乗ってどこかへ行ってみたくなったが、それは次回のお楽しみにしよう、とまだ旅が終わっていないのにもう次を考えている自分にあきれながらも、おばあちゃんとの旅がまだ続いているような気がしていた。

そして、4年前の旅をきっかけに、単なる旅行好きであった私の旅にひとつの方向性をあたえてくれた今は亡きおばあちゃんへの感謝が、異国の空の下で、今更のように私の胸にゆっくりと広がった。

4. ショパンから始まった旅

――3旅両親とヨーロッパへ――

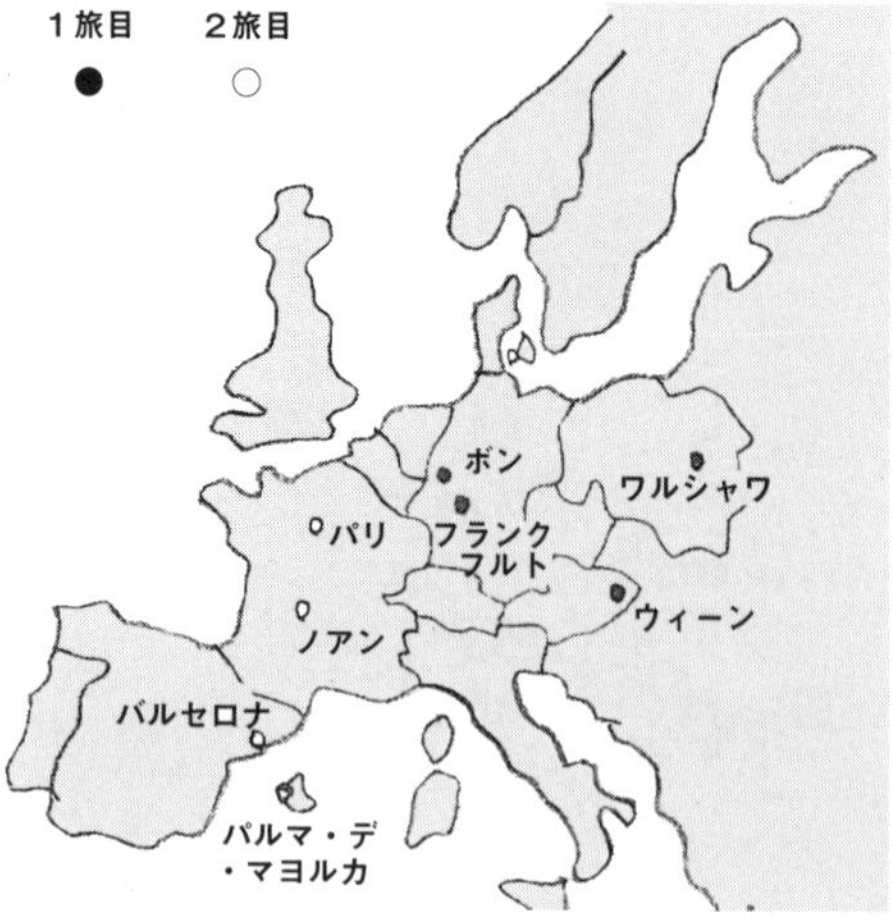

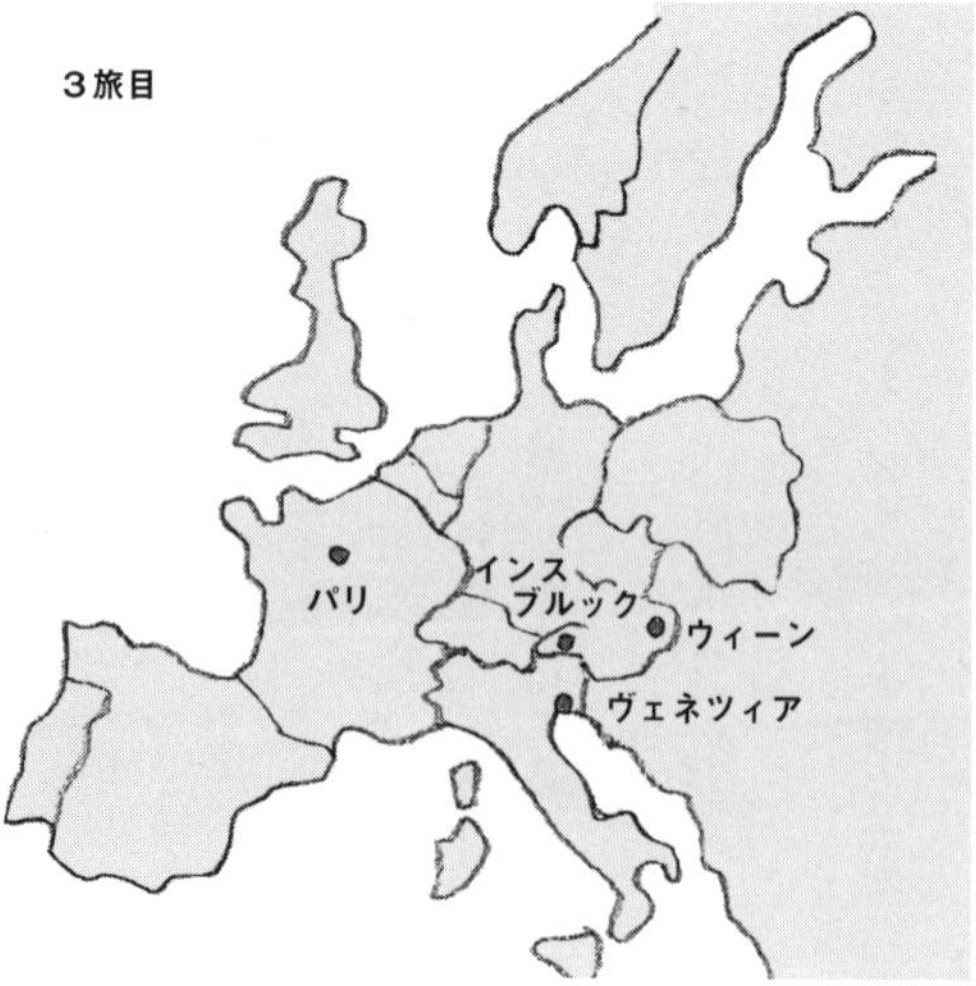

私は子供のころから旅行が好きだった。でもそんなにあちこち行けるわけでもないし、国鉄の時刻表を眺めているだけでもよかった。海外旅行もあこがれたけど、実現したときは40代になっていた。夫の父を介護していた1993年の春、息抜きの旅を勧めてもらって、娘とパリ・ロンドンへ行ったのが初めてだった。その2年後には、当時松葉杖や車イスを使用していた夫の母とパリへ行くことができた。その父も母も故人となり、夫は、次は私の実家の母をヨーロッパへ連れ出してあげたらいいと考えてくれていた。

それで、クラシック音楽が好きな母のための旅の計画を始めた。私はそれまで、母が最も好きな音楽家はベートーベンだと思っていた。しかし旅を計画するために母に確かめたところ、一番はショパンなのだという。そしてショパンゆかりのポーランドはビザがいるはずだったが、ある旅行雑誌でその年(1999年)からビザがいらなくなったという記事を見つけた。その雑誌によると、その年はショパン没後150周年にあたり、様々な企画があるという。ワルシャワ市内のショパン博物館やショパンの心臓がおさめられている教会、郊外のジェラゾバボーラという村のショパンの生家などの記事や写真にも興味がわいて、ぜひ行かなくっちゃ、といそいそとショパンゆかりの地を計画に加えました。母の配偶者である義父も同行してくれて、不安と期待でいっぱいの3人旅が実現したのだ。

無事、ボン(ベートーベンの生地)、ワルシャワ(ショパンの生地)、ウィーン(音楽の都)の旅から帰ってほっこりしていると、母は、「次はショパンとジョルジュ・サンドが愛の逃避行をしたマジョルカ島

（マヨルカ島）へ行きたいわ。」と言い出した。そして翌２０００年に、ショパンゆかりのパリ、ノアン、マヨルカの旅をしたのだ。ノアンはいろいろ調べる内にわかったのだが、ショパンが何度も夏に長期滞在をして多くの作曲をした場所であるジョルジュ・サンドの館があるちいさな村だ。

１年おいて２００２年の夏、もう1度ヨーロッパへ行きましょうと私がさそうと、ウィーンへはもう1度行きたいという2人。それから、前回行きそびれたパリのノートルダム寺院。他はおまかせということで、ウィーンから列車でザルツブルク、インスブルック、ヴェネツィアとめぐる旅を楽しんだ。

〔1旅目　ボン1泊、ライン河畔1泊、ワルシャワ2泊、ウィーン4泊　1999年夏〕

〈ライン川を車窓に、母の歌〉　1999年夏、8月4日関西空港出発

出発の関西空港で航空券紛失のトラブルなどもあったが、何とか無事フランクフルト空港へ着き、航空券のことも解決できて列車に乗った。ボンまで2時間弱のドイツ鉄道の旅である。２等の自由席だったが、すいていてシートもゆったりとしていた。向かい合った4人掛け席に落ち着くと、３人共心からほっこりして旅の気分が盛り上がってきた。車内販売のカートがまわってきて、アイスクリームを買って食べたりもした。そのうち右手にライン川が見えてきた。ラインに沿って列車は快適に走った。そして車窓に幾つかの古城が過ぎたころ、とつぜん母は大きな声で歌いだした。「なじーかは知ーらねーど」という、言わずと知れたローレライの歌。ちょうどそのとき、ライン川の対岸にローレライの大きな岩が見えてきた。山のような岩の上にドイツの旗ともうひとつ旗がたっていた。

〈ボン、ベートーベンの生家〉　1999年夏

ボンは以前西ドイツの首都だったということが不思議な気がする、ライン河畔のちいさな町だ。その町中の、商店なども並んでいる通りに、ベートーベンの生家があった。楽譜その他の資料などが展示してある。かわいい裏庭もあった。

〈ライン河畔シュロス・ラインフェルスのテラスレストラン〉　1999年夏

ベートーベンの生家の後昼食をすませ、ボンから列車でライン川沿いにザンクト・ゴアールの駅まで戻り、近くの古城ホテル、シュロス・ラインフェルスで一夜を過ごした。山上のホテルのレストランのテラス席からは、ライン川が眼下に見渡せて素晴らしい眺めだった。暮れなずむ景色の中で、エビや肉、サラダなどを堪能した。

〈ラインの川上りの船内放送ではローレライの曲が流れた〉　1999年夏

翌8月6日にはフランクフルト16時すぎ発の飛行機でワルシャワへ向かったのだが時間に余裕があったので、ザンクト・ゴアールからオーバーベーゼルまでの1駅間だけライン川を上る船に乗ることにした。30分程度のこの船旅はちょうどローレライの岩の横を通る区間であり、おりしも船内放送でローレライの曲が流れてきた。そんなふうにラインの川風をいっぱい吸い込んでから列車で空港へ行き、

ワルシャワへと飛んだ。

〈ワルシャワ、ホテル40階のラウンジでピアノを弾く〉　1999年夏

ワルシャワは本当に美しい街で、恥じらいと共に実直な感じの人々も親切で、魅力的なところだった。そして旅行社で割安なトリプル料金でとってもらった5ツ星のマリオットホテルで、夜食をとりに40階のラウンジへ行ったときのこと。サンドイッチをつまみながら夜景と楽隊の生演奏にうっとりしているうちに、母は自分もピアノを弾きたいと言い出した。ちょうど生演奏がひとくぎりついたところで支配人に頼んでみるとお許しが出た。母はゆっくり背筋をのばして、ショパンのバラードNo.1を弾き始めた。

〈ワルシャワ郊外、ジェラゾヴバボーラ村のショパンの生家〉　1999年夏

夕方ワルシャワに着いて、翌日は土曜日。ジェラゾヴバボーラ村のショパンの生家では日曜ごとに庭でピアノコンサートがあるのだが、宿泊のマリオットホテルのコンシェルジュに尋ねると「今年は土曜も行われている」という。路線バスや観光バスもあったが、英語を話すドライバーのタクシーをたのんだ。アンドレという名の誠実でやさしい運転手さんによる快適な田園風景の中の1時間ほどのドライブで、ジェラゾヴバボーラに着いた。入口でチケットを買い、庭を歩いて行くと、木立の中にショパンの像などがあり、かわいい感じのショパンの生家が現れた。中にはショパンや家族の肖像画、ピアノ、楽譜、書類などが展示されていた。そして、木立の中、青空の下のコンサート。生家の中に置かれたピアノを可

憐な女性ピアニストが弾き、私達観客は庭に並べられた木のベンチにすわって鑑賞した。その後、生家から10㎞ほどのブロフフ村にあるショパンが洗礼を受けた教会にも立ち寄ってもらった。余談だが、アンドレに連れて行ってもらった、教会の近くのキオスクで買ったジュースやコーラは、おどろくほど安かった。アンドレはポーランド語を2つ教えてくれた。ジンドブレ、こんにちは。ジェンクエ、ありがとう。

〈ワルシャワ市内、ショパン博物館〉 1999年夏

ジェラゾバボーラへ行った翌日は、まず朝タクシーで世界遺産のワルシャワ旧市街広場へ行った。あまり歩きまわれない母と私は、義父が旧市街内部の写真を撮りに行くあいだ、広場のベンチで待っていた。その後タクシーでショパンの心臓が祭られているという聖十字架教会のファサードを車窓から眺めて通り過ぎ、ショパン博物館へと向かった。博物館の建物は元宮殿で、どっしりとした造り。その1、2階が博物館になっていた。楽譜や手紙、ショパンが弾いたというプレイエル製のピアノなどの他に、ショパンとジョルジュ・サンドが1枚におさまっているドラクロワによる肖像画の復元が興味深かった。もともと1枚の絵画が、何かの理由で2枚にカットされてショパンの絵はルーブル美術館に、ジョルジュ・サンドの方はコペンハーゲンの美術館にあるとのことだった。帰る前に来館者ノートを見つけたが、日本語の記述はあまり無かったので、母に書くようにすすめた。その後博物館を出ようとすると、雨がふっていた。スタッフの方が何とか（英語が通じなかったので）タクシーを呼んでくれた。電話でこちらの名前を尋ねられたらしいのだが、私の言う言葉が通じない。そこで彼は自分の名前でタクシー

を呼んでくれたようだ。親切な彼は、母の様子を気遣って出入り口から10段程度下る階段を、傘をさしかけながらエスコートして、タクシーに乗せてくれた。ジェンクエ、ありがとう。

なごりおしかったが、ショパン博物館の後、昼すぎの便でウィーンへと向かった。

〈ウィーン、シェーンブルン宮殿〉　1999年夏

ウィーンでは着いたすぐから街歩きに繰り出し、母のご所望で観光用馬車にも乗った。翌日は月曜。真っ先に行きたかったハイリゲンシュタットのベートーベン記念館（遺書の家）が休館日なので、その日はシェーンブルン宮殿へ行くことにした。「ここはマリーアントワネットが子供のころモーツァルトと遊んだという話がある宮殿で、音楽の旅にふさわしいところなの」と言って、母を案内した。華麗な部屋めぐりの後、宮殿から程近いところにちいさな停留所を見つけて何だろうと思っているとミニトレインがやってきた。30分ほどで庭園内を一周するらしい。童心にかえって乗ってみるととても楽しく、シェーンブルン宮殿内から庭園のはるか遠くに見えた丘の上の東屋風のグロリエッテへも、楽々と行くことができた。

〈ウィーン、ケルントナー通りの大道音楽家達〉　1999年夏

ウィーンにかぎらず、できるだけ旧市街の便利な宿をとることにしている。両親とウィーンで泊まった宿は、シュテファン寺院からすぐの、ノイアーマルクト広場に面した建物の5、6階だったかを使用したペンションョン・ノイアーマルクトだった。建物全体の鍵と、部屋の鍵を持たせてもらって外出するので、

グラーベンやケルントナー通りかいわいに住んでいる気分を味わえる。何より素晴らしいのは、ウィーンは音楽家達の宝庫なので、道端で奏でられる大道音楽家達の調べが抜群なのだ。ヴァイオリン、チェロ、フルート、クラリネット、数え上げるときりがない。朝は、ペンションの窓辺まで聴こえるソプラノの歌声で目覚めたりする。夜は遅くまでクラシック音楽が、あちこちで味わえる。おまけにマジシャンなどの大道芸もさかんで、眠くなる目をこすりながらも夜更かしをする毎日だった（毎日とはいえこの年の1度目は4泊、2002年の2度目は2泊だったが）。

ウィーン、シュテファン寺院前。母と義父

〈ウィーン、ハイリゲンシュタットのベートーベンの散歩道と遺書の家〉 1999年夏

ウィーン郊外、トラムの終点あたりから程近いところにハイリゲンシュタット、ベートーベンの散歩道がある。交響曲「田園」の構想が練られたといわれている有名なところ。ベートーベンのころは本当に田舎だったらしく、夏を過ごした家からの田園の散歩道だったという。今は小川に沿った散歩道で、右側には落ち着いたたたずまいの民家が立ち並んでいて、田舎、というより閑静な住宅地といった風情だ。奥まったところに木立に囲まれたベートーベンの胸像がある。木漏れ日がきれいだった。

ベートーベンの散歩道の近くに、ベートーベン遺書の家があり、一般公開されている。道からいったんちいさな中庭へ入り、そこから階段で2階へ上がったところに入口がある。中は木としっくい壁の素朴な広間のような空間で、まんなかにグランドピアノ、壁際にベートーベンの石膏の胸像が置いてある。1997年夏に私が1人で訪れたとき、ヨーロッパ人らしい1人の若い男性が、受付の人に頼んでグランドピアノを弾き始めた光景に出くわした。そのピアノはそれほど歴史的なものではないのか、たのめば弾かせてもらえるものらしいとわかって、母を伴って来るときは、ぜひ母が弾いてみられるようにトライしてみようと思ったものだった。果たして、1999年夏、両親とベートーベン遺書の家へやって来て、母はそのピアノを弾くことができた。受付の年配女性に、「She was a pianist. Can she play the piano?」と、必死の英語でたのんでみて、お許しがでたのだ。母はちょっとためらった後、ワルシャワのホテルのラウンジでの曲と同じショパンのバラードNo.1を弾いた。何故ベートーベンの曲じゃなくてショパンなの、と一瞬思ったが、楽譜を持っているわけでもないし、そのとき暗譜で自信を持って弾ける大好きな曲だったのだろう。たまたま居合わせたウィーン在住だという日本女性が、盛大に拍手をして、「ショパン素敵、お上手ですね。」と言ってくれた。

〈ウィーン、モーツァルトの家、フィガロハウス〉　1999年夏

シュテファン寺院からすぐのところに、モーツァルトの家、フィガロハス（フィガロハウス）がある。ショパンとベートーベンゆかりの旅とはいえ、足をのばして見学した。古い建物のアパルトマンで、楽譜や絵などが展示してあった。この手のたいていの施設と同様に、ヘッドホンで曲を聴けるようになっていた。

〈ウィーン、夏のオペレッタ、バレエ付きコンサート〉　１９９９年夏

この旅行は私の都合に合わせて夏に行ったため、オペラや本格的な音楽会は夏休みだ。現地へ行ってから余裕があれば夏の観光客用のコンサートへ行ってもいいと思っていた。母はクラシック音楽だけでなくバレエも大好きなので、バレエつきコンサートのチケットを泊まっていたペンションで購入した。行きのタクシーで大まわりされてちょっと気分が悪かったが、コンサートが始まると、とたんに楽しくなった。観光客用とはいえ、さすがウィーンという感じ。オーケストラと同じフロアで踊るバレエも美しく、楽しかった。帰りはまた近い距離のタクシーでいやな思いをしても何だしと、母が元気だったので宿まで歩いた。「楽しいと、私、ちっともくたびれないの。」と、軽い足取りで母は言った。

〈ドナウ川での日蝕と母の歌〉　１９９９年夏

ウィーン最後の日は更に欲張って、ドナウ川下りのバスツアー（英語ツアー）にも参加した。ツアーが始まってからわかったのだが、その日は今世紀最後というキャッチフレーズの日蝕の日で、旅の最終日にドナウ川の船上でそんなビッグイベントに出合えたのは本当にラッキーだった。日蝕を見るための黒いフィルターガラスなど持っていない私達のために、甲板にいたイタリアからのグループが、そのガラス板を貸してくれた。片言のイタリア語でお礼を言ったりしながら、「オーソレミオは太陽の歌だっけ?」と日本語で独り言を言った私に彼らは、イタリア語で「Si.（そうだよ）」と返事をしてきた。太陽が隠れてできた暗闇が少しずつ明るくなっていくドナウの風の中に、母の歌うオーソレミオがゆっくりと響き渡った。

〔2旅目　パリ5泊、ノアン1泊、マヨルカ島3泊、バルセロナ1泊　2000年夏〕

〈パリ9区の韓国料理屋と日本料理屋〉　2000年夏

母達との2度目のヨーロッパ旅行は、パリでのショパンの足跡を訪ねることから始まった。ヨーロッパで10泊となると宿泊費もかさむので高級ホテルに泊まるのはたまにして、始めのパリ4泊は、9区の2ツ星ホテルに旅装をといた。安い値段にかかわらず、そのホテルで1部屋だけのトリプルルームは、最上階で快適だった。

日本からパリに着いた日の夕食は、ホテルの近くの庶民的なイタリア料理。そのあたりは、どの店も庶民的なのだが。2晩目は、やはり近くの韓国料理店へ行ってみた。オーナーの親戚らしい韓国からのお客さん達もやってきて、狭い店はにぎやかだった。私達は、表に写真が出ていた石焼ビビンバを注文した。飲み物はどうしようかと迷っていると、「日本人にはビールね！」とオーナーが片言の日本語で言いながら、注いでくれた。ビビンバはそれぞれおかずが入った幾つかの小鉢が並べられた。そんな本格的なビビンバを食べたのは初めてで、パリで初めてだというのが我ながら面白かった。味も大変よかった。

3晩目は、韓国料理店の1軒おいて隣の日本料理店。同じように、ちいさな庶民的な構えの店だ。表の案内の寿司の写真や言葉がなかなかで、たぶん日本人がオーナーなのだろうと考えながらドアを押した。ところが、日本語メニューどころか、英語のものも無い。尋ねてみると、くわしくは覚えていないが、とにかく中近東の国の夫婦がやっている店だった。彼らにとっても日本人の客は珍しいらしく、私達が食べているのをじっと見ているので、「セ・ボン！」と言ってあげると、安心したような反応だった。みそ汁など、化学調味料が多すぎる気はしたが、握りずしやサラダは美味しかった。びっくりしたのは、みそ汁がスープ扱いで最初に供されたこと。「この調子だと、漬物はチーズ扱いで最後に出てくるのかしら。」などと話していると、果たしてその通りだった。何かの本で、日本人がやっているのではない海外の日本料理店で料理の順番が現地のものに準じて供されることがあると書いてあったが、実際に体験するとは面白いことだった。楽しい思い出。

〈パリ、ドルレアン・スクエア〉 2000年夏

ワルシャワのショパンゆかりの地を訪ねた翌2000年の春、私は、パリのドルレアン・スクエア、モンソー公園、ノアンのジョルジュ・サンドの館などを訪れた。1人でぶらっと旅をしたついでに、夏に行く予定の母達との旅の下見がてら楽しんできたのだ。ドルレアン・スクエアは、ショパンがパリで住んだ幾つかの住居のうちのひとつで、スクエア（中庭）をはさんで、ショパンが住んだアパルトマンと、ジョルジュ・サンドが住んだアパルトマンが建っている。どちらも建物入口の上に、そのことを書いたプレートがかかっている。中庭は広くてまんなかに噴水があり、静かで落ち着いたたたずまいの場所だった。パリのゆったりしたアパルトマンに住む人々の生活の匂いを少し感じられ、気持ちがいいところだった。すれちがった住人に、「何かご用ですか。」みたいなことを話しかけられたが、「ショパンとサンドが好きなので。」と答えると、OK、という顔をしてくれた。その夏にはもちろん母達と再訪した。

ドルレアン・スクエアは、9区のノートルダム・ド・ロレット教会から2すじ西のTaitbout（タイプー）通りを北へ行き、郵便局を過ぎて東へ入ったところにある。

〈パリ、ロマン派美術館〉　2000年夏

その夏、母達と泊まったのは9区のホテル、Villa Fenelonだった。朝ホテルを出て、歩いてドルレアン・スクエアへ行き、引き続き歩いてロマン派美術館へと向かった。通りを入ったところにある、隠れ家のようなかわいらしい美術館で、アリ・シェフェールという画家の住まいとアトリエだったところ。ジョルジュ・サンドやショパンをはじめ、多くの芸術家達が集まったサロンになっていたらしく、それらの人々にゆかりの品などが展示してある。別館には当時の貴婦人達の肖像画もあり、衣装やアクセサリの表現が興味深かった。また、当時のサロンがしのばれる屋敷のたたずまいが素敵だった。中庭も花が咲き乱れて、気持ちがよかった。

〈パリ、モンソー公園の2人の像〉　2000年夏

ロマン派美術館を出て少し歩くと、ムーランルージュがあるクリシー大通りにでる。そこから30番のバスに乗って、モンソー公園まで行く。地下鉄は階段があるので母達には大変だが、バスは景色も見えていい。モンソー公園には、ショパンとジョルジュ・サンドの像がある。それ以外にもいろいろな像があるので、公園の中をさがして歩くのも楽しい。2人の像は、結構迫力がある。モンソー公園は、まわりの柵というか塀の意匠も美しい。

〈凱旋門近くのサル・プレイエル〉　２０００年夏

モンソー公園を出てまた30番のバスに乗り、凱旋門まで行く。凱旋門の近くに、ショパンが演奏会を行ったサル・プレイエルの建物があるのだ。といっても昔あった場所から移されたところらしく、中へ入ることもできなかったが。外から見ただけで、ちょうど昼時だったので近くのカフェでプラ・ド・ジュール（日替わりメニュー）のランチにした。あひると魚の料理で、美味しかった。

〈ヴァンドーム広場、ショパン終焉の地〉　２０００年夏

ヴァンドーム広場の一角に宝石店ショーメがある。その建物で、ショパンは亡くなったのだ。建物の壁に、そのことを記したプレートがある。ジョルジュ・サンドと別れて仕事もうまくいかず、起死回生をはかってのイギリス演奏旅行も不成功に終わり、傷心のショパンの死の床の場所が、パリでもとりわけ素晴らしいヴァンドーム広場であったのを確認して、何か少し気分が晴れる思いがした。広場を隔てて斜め向かいには、ココ・シャネルをはじめ、多くの文化人が好んだというホテル・リッツがある。

〈パリ、プランタンデパートの屋上からの眺め〉　２０００年夏

ショパン三昧のパリの1日を過ごした翌日は、ルーブル美術館を堪能した。そのまた翌日はどこへ行こうかと迷いながら、パリへ来たらノートルダム寺院ははずせないと行ってみたのだが、その日に限ってノートルダム寺院の入口に長蛇の列！　並ぼうとしたら雨が降ってきたので、タクシーに乗ってショッ

ピングへ行くことにした。高島屋が入っているプランタンデパートでのんびりと母のブラウスその他の買い物をして、屋上の食堂でランチ。屋上からは、エッフェル塔やサクレクール寺院などが見渡せて気持ちよかった。

〈ノアン、ジョルジュ・サンドの館〉２０００年夏

パリ9区のホテルをチェックアウトして、タクシーでオーステルリッツ駅へ行く。途中、少し遠まわりしてサンマルタン運河へも寄ってもらった。オーステルリッツ駅から列車でシャトルーまで。シャトルーから Montlucon 行きのバスで Nohant-Vic 下車。バス停から5分ほど歩くと1軒だけのホテルやちいさな教会、ジョルジュ・サンドの館がかたまっているノアンの中心部へ着く。その1軒だけのホテル・プティファデットで旅装をとき、ノアンの散歩へ出る。ジョルジュ・サンドの館をのぞいてみると、ちょうどガイドツアーが出るというので、お金を払って入場した。素敵なテーブル・ウェアがセットされた食卓がある食堂や、ひろびろとして使い易そうな道具類でいっぱいのキッチン、泊り客達の部屋、人形劇の舞台……、興味深いものでいっぱいだった。庭がまた素晴らしく、ショパンが曲の構想をねりながら木陰から歩いて出てくるように感じられた。実際、ショパンは多くの名曲をノアンで書き上げたという。庭の片隅にはジョルジュ・サンドのお墓もあり、お参りをしてホテルへ戻った。夕食はホテル併設のおしゃれなレストランで、美味しくてボリュームたっぷりのコース料理を楽しんだ。父はワインを気に入ってコルク栓を土産に持ち帰った。パリから離れたちいさな村のせいか、食事もワインも安くてうれしかった。

翌日はお昼すぎまでノアンの散策をしたりホテルのテラスで昼食をとったり、ゆっくり過ごした。前日にジョルジュ・サンドの館の見学がすんでいたので、のんびりできたのだ。案内所などで尋ねると、ジョルジュ・サンドという作家は、フランスの母、という感じで尊敬されているようだった。

〈マヨルカ島、ショパンとジョルジュ・サンドが滞在したバルデモサの修道院〉2000年夏

ノアンからバスと列車でパリへ戻り、サンジェルマンデプレのカフェ・ド・フロールを見下ろせるホテル（ブラッセリー・リップの隣だった）で1泊した。そして翌朝シャルル・ド・ゴール空港からバルセロナ乗り継ぎでパルマ・デ・マヨルカへと飛んだ。

パルマ・デ・マヨルカでは市内中心部のホテル・ボルンに宿泊し、翌日、タクシーでバルデモサの修道院へ向かった。修道院の前の道には土産物屋や食堂が並んでいる。そのなかの適当な1軒の食堂で昼食をとった。パエリアやオムレツが美味しかった。

修道院の中にはショパンとジョルジュ・サンドが隠れ住んでいた部屋が再現してあり、ピアノなども置いてあった。その部屋で、「雨だれ」の曲が作られたのだという。部屋の外のテラスから庭へ出ると、村の家々が森の中に点在している様子が見渡せた。修道院は高台にあるらしく、それらの景色は大変美しかった。その後、向かいの屋敷へと向かう。そこはちいさな宮殿で、修道院と共通入場券で見学できるのだが、ピアノのミニコンサートも行われていて、コンサートも鑑賞することができた。屋敷内の調度品は、泊まっているホテル・ボルンが2ツ星ながら美しい宮殿ホテルなので、「ホテルと比べると、似たようなものだね。」などと言いながら見学した。帰りは、ちいさな列車がパルマ・デ・マヨルカま

で繋いでいるので、列車に乗って帰った。列車内で、はるばる日本から遠い島までやってきて、ショパンゆかりの地を訪ねることができた満足感が沸き起こってきた。

〈マヨルカ島3度の夕食、最終日はレストラン・ショパン〉 2000年夏

マヨルカ島（パルマ・デ・マヨルカ）に3泊したが、元宮殿だったというホテル・ボルンの中庭で食べる朝食をはじめ、どの食事も美味しかった。

1晩目の夕食は、ホテルで教えてもらった近くのレストラン。お店のカードをたよりにさがしあてたが、何と、英語メニューが無いばかりか、片言の英語も通じない。しかたがないのでガイドブックのスペイン語のページと首っ引きで、メニューと格闘した。1皿目は盛り合わせサラダらしいものを選んで1人前、2皿目は、アロスというのが米料理らしく、その中でセッピアというのがイカ墨だと思って、それを2人前たのんだ。3人で計3つの料理を注文するとヨーロッパでは量的にもちょうどよく、店も受け入れてくれるので、だいたいそうしていた。これが正解で、イカ墨パエリアも海の幸のサラダも大変美味しく、量も我々3人にちょうどだった。後、安いワインとデザート。予算的にもOKだった。

2晩目は、海岸沿いまで歩いて、ガイドブックに載っていた魚料理のレストランへ行った。小海老、いわし、イカ、のフリットを1人前ずつと、サラダを1人前注文。それぞれ山盛りで出てきたが、美味しくて、分け合って完食した。テラス席で海風が心地よかった。

3晩目は、歩いていて偶然見つけた市内のちいさなショパン広場（マヨルカにもショパン広場があった！）にあるウィーン料理のレストラン・ショパン。マヨルカ島での最後の晩餐を「ショパン」で取る

べく、予約をした。マヨルカ島は海辺の避暑地なので、たいていのレストランはラフな服装でよかったが、ちょっと気取ったウィーン料理のレストランなので、少しだけおしゃれをして、遅めの夕方に出かけた。ウエイターさん達は襟付きのポロシャツだった。上品な店内でショパンの曲が流れる中、ウィンナーシュニユッツェルやサラダ、デザートなどをおなかいっぱい食べた。前日の夜の、美味しいシーフードのからあげなどを食べた店よりは少し割高な値段だった。帰りはパルマの街を、ゆっくりと石畳を踏みしめながらホテルへと戻った。治安がよいマヨルカ島では、夜歩きもOKだった。

マヨルカ島からの帰りには1泊だけバルセロナに立ち寄ったが、治安を考えて、母にはバッグ無しの手ぶらで歩いてもらった。それでもガウディの聖家族教会やグエル公園など、タクシーで効率よくまわれたし、スペインらしい空気も吸うことができてよかった。

〔3旅目　パリ1泊、ウィーン2泊、ザルツブルク3泊、インスブルック1泊、ヴェネツィア3泊　2002年夏〕

〈パリ、ノートルダム寺院とセーヌ川を眺めながらのランチ〉　2002年夏

前回のパリでノートルダム寺院へ行き損ねたので、3回目のヨーロッパ旅行はノートルダム行きから始めることにして、パリに着いた翌朝、タクシーでノートルダムへ出かけた。内部はやはり壮大で華麗。バラ窓のステンドグラスなどにうっとりした。ノートルダムを出てからはセーヌ河畔のブキニスト（古本屋）を眺めながら散歩をして、近くのサマリテーヌデパートの5階のトゥー・パリというレストラン

でランチにした。予約していなかったが、席があってよかった。（このレストランは、手ごろな値段でセーヌを間近に眺めながら食事ができてお気に入りだったのだが、その後デパート共々閉店してしまって残念！）ランチを楽しんだ後、タクシーでホテルへ戻り、ウィーンへと空路移動した。

〈パリのホテル・ショパン〉　2002年夏

パリ9区のレトロなパッサージュ Jouffroy の奥に、2ツ星のホテル・ショパンがある。そこから程近い大通りに、「ショパンがパリで初めて住んだ家」というプレートが掲げられた建物があるが、このホテルとショパンの関係は、その程度らしい。でもホテルのレトロなたたずまいとショパンという名前に魅力があるのか、観光客が次々にやって来て、写真を撮って行く、そんなホテルだ。以前私が1人旅で泊まったときは共同トイレの最上階のシングルルームだったが、この旅では両親とトリプルの部屋に宿泊した。3人部屋はゆったりめでバストイレ付きだった。ホテルの入口のすぐのところに縦型ピアノがあったが、長年弾いたことが無いようなもので、弾きたそうにしていた母にスタッフのOKはでたものの、まともな音はせず、演奏は無理だった。ちなみに、シングルルームでもトイレ、シャワー付きの部屋もある。私が泊まったときは少し節約したい気分もあったけれど、最上階の共同トイレの部屋にちょっと興味があったのでした。

〈ウィーン、夏の市庁舎前広場での過去のオペラのビデオ上映〉　2002年夏

母達との2度目のウィーン。空港からペンションへの車中、ドライバーさんが、ぜひとも行くといい、

と教えてくれたのが、夏の市庁舎前広場での過去のオペラのビデオ上映。その晩、早速行ってみると、屋台店なども出て夏祭りのような楽しそうな雰囲気。プロジェクターで映された大きなスクリーンで、毎夜、過去の評判のオペラをやっていた。スクリーンの前にはイスも並べられていて、しっかり見たい人々が陣取っていた。夏の散歩がてらムードを楽しんでいる人も多かった。市民が無料でオペラを身近に感じられるイベントで毎夏行われているらしく、プログラムなどの案内のパンフレットももらえた。

ちなみに空港から宿への車は、Euro Service Vienna という会社の送迎を利用したもの。空港で割安のタクシーチケットを購入できるらしいとの情報をもとに、1回目のウィーンのとき利用し、このときは予約していた。

〈ウィーン、オペラ座日本語ガイドツアー〉 2002年夏

母達との2度目のウィーンは、やはり夏なのでオペラなどはやっていない。でも場内を見学できるオペラ座日本語ガイドツアーがあるのに気付いて、集合時刻の少し前に入口へ行った。日本語ガイドツアーというのでガイドさんは日本人だと思っていたが、流暢な日本語を話す若い現地人のチャーミングなお嬢さん。東京で勉強をしたことがあるそうで、日本人客の扱いも上手だった。案内してもらうと、まず階段ホールや待合室などの部屋の調度が素晴らしい。そして、舞台の横に舞台と同じ大きさのスペースがあり、セットなどを本舞台さながらスタンバイできる場所らしい。日本では、琵琶湖ホールなど、わずかの施設しか、そういう設備は無いとの説明もあった。なかなか見ごたえがあるツアーだった。

〈ウィーン、音楽の家〉2002年夏

音楽関係の広範囲の資料館、といった「音楽の家」がオープンしたというので、行ってみた。最新式、ハイテク設備がいろいろ揃っていた。オーケストラの模擬指揮ができるコーナーもあったが、あまりうまく体験できなかった。

〈ウィーン、ホイリゲでのダンスと音楽の夕べ〉　2002年夏

郊外の酒場へはツアーも便利かなと思って、夕方からの定期観光バス（英語案内）を利用してみた。このツアーは、とても楽しい。まず、プラター遊園地の大観覧車へ案内してくれる。日本のふつうの観覧車より大型で乗りごたえがあり、ドナウ川を見渡せて気持ちがいい。乗車前に待ち時間用の配慮か、観覧車関連の展示場を通って乗り場へと導かれた。

観覧車の後、グリンツィングのホイリゲという酒場というかレストランへバスで移動。木のテーブルとベンチの食事スペースに、バスを降りた客達が案内され、ぎっしりと席に着く。食事のメニューは決まっていて、ウィンナー・シュニッツェルと盛り合わせサラダ、結構美味しかった。飲み物は、白ワイン1杯は観光バス料金に含まれていて、追加は別料金だった。フロアのまんなかへ楽隊達が出てきて、いよいよ音楽とダンスが始まる。観光用のプログラムなのだが、アーティスト達の質が高いのは、ウィーンならでは。本当に楽しかった。帰りはバスで送ってもらえるし、後はペンションで寝るだけ！

〈ザルツブルク、ウィーンフィルのコンサート〉　2002年夏

ウィーン西駅から列車で移動し、ザルツブルクで3泊した。宿泊した旧市街のホテル・アムドムは2ツ星ながら居心地はよく、何より立地が最高だった。ホテルからすぐのところに観光案内所とチケットオフィスがあり、部屋で旅装をとくやいなや、何かのコンサートのチケットが手に入らないかを聞きに行った。すると翌日の祝祭劇場でのウィーンフィルのキャンセル分が、もう少したてば用意できるという。大喜びでそれを予約して、そのあたりの古い街並みを散歩してから、チケットオフィスを再訪し、3人分購入した。さて、翌日の昼間はホーエンザルツブルク城などを見学してからホテルで一休み。夕方になって雨が降ってきたが、足取りも軽くホテルから歩いて祝祭劇場へ出かけた。ホールへ入場し、あたえられた席を確認すると、何とロイヤルボックスとでもいうべきか、個室風に仕切られたすごいスペースだった。8人分ぐらいの席が設えてあるのだが、さて、どんな人達が相席かと心待ちにしたが、最後まで誰も現れずじまいだった。もちろん、ウィーンフィルのコンサートは素晴らしかった。義父がしきりに「ウィーンフィルはさすがに素晴らしい、おまけに好きな曲で最高だ！」と言っていたのを思い出して、曲目を覚えているかメールで尋ねてみた。すると、届いた返信メールにいわく、「ブラームス作曲交響曲第1番です。ふだん僕の好きな第2楽章を繰り返し口ずさんでいました。何の予告もなくとつぜん好きなメロディーが聴こえてきて……これだ！……とうれしくなったのを覚えています。ザルツブルクの音楽祭に参加できただけでも幸運なのに、更にこの曲が聴けるなんて！と喜んだ次第でした。」とのこと。7年余りの歳月を経てなお記憶は鮮明なようだ。

〈ザルツブルク、モーツァルトのオペラの人形劇〉　２００２年夏

ここのマリオネット劇は、なかなか質が高く、見ていて楽しい。チケットは、ウィーンフィルのコンサートのものといっしょにザルツブルグへ着いた日に購入し、その晩出かけた。演目はモーツァルトの「魔笛」で、パパゲーノの人形が印象的だった。

〈ザルツブルク、「サウンドオブミュージック」のバスツアー〉　２００２年夏

ザルツブルグは映画「サウンドオブミュージック」の舞台としても有名なところ。ザルツブルク郊外の湖水地方にも撮影の場所が点在している。それらを訪ねるバスツアーに参加してみた。午前はワゴン車で近くのヘルブルン宮殿（映画で印象深いガラスの東屋？があった）などをまわり、午後は大型バスに乗り換えて湖水地方へ出かけた。日本語ツアーで楽だと思っていたが、ガイドさんがサービス精神旺盛すぎるというか、喋り過ぎる日本人男性で、３人共何だかくたびれてしまった。３年前のドナウ川の英語ツアーの方が気楽だった気がした。面白いものですね。ともあれ、湖水地方はとっても素敵でした。ヴォルフガング湖だったと思うけど、船に乗っていると、アルプスの峰峯に抱かれるような気分で、湖畔のメルヘンのような民家や教会を眺めることができた。

〈インスブルックの旧市街で夏の市民参加の音楽の夕べに出会った〉　２００２年夏

ザルツブルグの後、ヴェネツィアへ母達を案内する計画をたて、一気に列車で行くとくたびれると思い、インスブルックで１泊した。ホテルは旧市街のモーツァルトが宿泊したこともあるゴールドナーア

ドラー。ホテルで夕食の後、散歩に出ると、すぐそばの黄金の小屋根の前の広場に、何やら舞台が設えられて、人々が集まっている。近寄ってみると、市民の音楽と踊りの夕べ、といったイベントだった。民族衣装に身を包んだ様々なグループが入れ替わりステージに上がり、アコーディオンや他の楽器を奏でたり踊ったりしていた。舞台の上の人も、私達を含めて観客も、みんなが楽しんでいた。

〈ヴェネツィア、タヴェルナ・サン・トロヴァーゾで生ハムメロン〉　２００２年夏

ヴェネツィアは、水に浮かぶ夢のような街。終着駅へ列車で降り立つと、すぐに大運河で、水上バスやゴンドラが行き交っている。私達も水上バスでアカデミア橋まで行き、近くのちいさなホテルに3泊した。1日目の夕食は、サン・マルコ広場の裏あたりのちいさな食堂で食べた。いわしのマリネが絶品だった。2日目はピザでも食べたいということで、気軽なメニューがありそうだったホテル近くの間口のちいさなレストラン、タヴェルナ・サン・トロヴァーゾへ行ってみた。垣間見た店内は思いのほか広く、賑わっていたが、満員だと断られて翌日の予約をした。そして翌日、予定通りピザを注文しようとメニューを見ると、前菜のところに生ハムメロンがあったので、2人前注文した。もちろん、ピザも。それからデザートとコーヒー。どれも本当に美味しかった。気軽で楽しい雰囲気もよかった。ちなみに、母達は生ハムメロンが初めてで、大変お気に召した様子だった。

〈ヴェネツィアのカフェ・フローリアンとゴンドラ・セレナーデ〉　２００２年夏

サン・マルコ寺院、ドカーレ宮殿など見学の後は、カフェで一休み。有名なサン・マルコ広場のカフェ・

フローリアンは音楽も素敵で楽しかった。ちいさく仕切られた室内は歴史を感じさせる貫禄があるしつらえだった。演奏家達の近くの席でお茶を楽しんだら、妥当な金額のミュージック料金も勘定書きに加わっていてなるほどと思った。

観光用ゴンドラには乗ったことが無いが、ゴンドラ・セレナーデを聴くのは大好きで、多くのゴンドラが行き交う小運河のたもとにたたずんで恩恵に預かる。アコーディオンやヴァイオリン、歌、といろいろ通り過ぎて行く。「モーツァルトが泊まった家」という建物も小運河沿いにあり、気の利いたゴンドラこぎは、その表示板をさして客に話しかけていた。

〈ヴェネツィア、ブラーノ島のレストラン〉　２００２年夏

ブラーノ島は、ヴェネツィア本島から船で40～50分ほどのかわいい島で、カラフルな漁師の家々が並んでいる。漁師の島だから、どのレストランでも魚料理が美味しいので、母達とも出かけたのだ。私にとっては4度目のブラーノ島。初めての店にしようかとも思ったが、母は、以前娘と私が行ったことがある、テレビの「ウルルン滞在記」で島一番だと紹介されたレストラン・ロマーノのインテリアや雰囲気が気に入るだろうと考えて、ロマーノを再訪した。やっぱり海の幸のから揚げやリゾットなどが美味しくて満足した。

〈ヴェネツィアから帰国、空港へは船でアクセス〉　２００２年夏

ヴェネツィアとお別れの日がやってきた。ホテルの近くのザッテレの岸から空港行きの定期船ができ

たので利用することにした。鉄道駅付近のバスターミナルから空港へ行くより、海を渡って帰るのはよい気持ちだった。途中サン・マルコ広場付近からも乗客を乗せ、お墓の島やガラス工芸の島を眺めながら、杭で示された海中の道を船は空港をめざした。

第3章 旅にまつわる話

1. 特効薬は旅の想い出とアイスクリーム
――母・妙子の四十九日によせて――

〈信頼できる主治医に出会った幸せと、葬儀を頼むお寺が決まっている幸せ〉

2010年6月11日早朝、実家の母・妙子が他界しました。86歳でした。

血液の病気で初めて入院したのは14年と8か月前のこと。そのときにも主治医のA先生から、「この病気は治癒ということが無く、長生きするのも難しい。」と言われましたが、何とか退院して通院しながら、ヨーロッパ旅行なども行くことができました。

ここ2、3年は体力の衰えが感じられながらも、25年来の事実婚の夫であるYさんと2人で楽しく暮らしておりましたが、検査の結果がおもわしくなく、昨秋入院致しました。その後2月7日に退院してしばらく自宅で生活しましたが、6月3日に再入院してから、亡くなるまで1週間ほどの間でした。最期は孫達も枕元にかけつけ、孫のTくんの歌声を聴きながら息をひきとりました。A先生は、「Yさんに連絡しないでいいですかね？」と気にかけてくれましたが、6月7日より別の病院に入院中のため、「昼ならともかく、夜中に他の病院から外出するわけにもいかないし、仕方が無いですね。」と答えました。

通院の度に、主治医のA先生から、「検査の数値からすると大変しんどいはずなのに、いつもにこやかでお元気ですね、余程ストレスが無いのでしょうね。」と言われ続けていました。常に熱心な先生で、いつも丁寧に病状の説明をしてくださいました。

研究のための解剖（9時開始）に同意して、病院の霊安室で朝になるのを待ち、実家の菩提寺の女性のご住職へ葬儀のお願いの電話を入れました。たまたま昨秋の母の入院直後に日ごろのご無沙汰のおわびと共に母の容態を電話でお話してあったせいか、おだやかに受けてくださり、とりあえず12日の通夜、13日の告別式を決めました。母の夫であるYさんには（別の病院に入院中だが、携帯メールで連絡は取り合っていた）寺へ連絡する直前に訃報をメールしたが、しばらく返事はありませんでした。

母の衣服をとりにいったん実家へ行き、12時ごろ病院へ戻ると、ちょうど解剖が終わったところでした。A先生から解剖結果の説明を受けてから、看護士さんに案内してもらうと、母は看護士さん達の手によってきれいに丁寧に着付けとお化粧がほどこされていました。そして、担架に乗せられた母と共に、私も葬儀社の寝台車に乗り込みました。A先生、婦長さん、看護士さん3人が深々と頭を下げて見送ってくれました。

その寝台車で母の自宅へ向かう道すがら、携帯電話は本当に便利だと思ったことですが、ご住職と連絡をとり、枕経は3時ごろと決めました。葬儀社の方に、「お葬儀をお願いするお寺が決まっているのは、有難いです。」という話をすると、「本当にそうですね、最近はお寺が決まらなくて困る方が多勢おられます。」と言われるのを聞き、生前の母をよく知っているご住職が受けてくださるのは本当に有難いと涙が出ました。

思い起こせば、昨秋ご住職に母とYさんが入院した旨を報告したとき、「あらまあ、ついこの間お2人のお元気な姿をお見かけしたところですのに。」と言われました。10月にYさんのお孫さんがお仲間とヴァイオリンのコンサートをされたときに、私達もアルティホールへ行ったのですが、母とYさんは都合で開演少し前のギリギリに到着したのです。Yさんは酸素ボンベを携えての入場のため、私達も到着がよくわかったのですが、ご住職はコンサートの企画担当者側として、舞台のそでから２人を見かけたらしいのです。ご住職が音楽関係の会社に勤めておられるのは聞いていましたが、まさかそんなご縁で繋がっていたとは思いもよりませんでした。

〈ご縁は、まだまだ続く〉

母の菩提寺は真宗大谷派なのですが、たまたま私の婚家の宗派も同じです。また、母は夫のYさんと籍を入れていないので、Yさんのお寺はどうなのかと以前ちょっと気になったことがあるのですが、彼のお寺も偶然真宗大谷派でした。２、３年前に母とYさんの体力が衰え始めたころから私と姉が実家へ時々通い始めたのですが、母には簡単な日記を書いてもらったり、ピアノの演奏を聴かせてもらったりするようにしていました。字もふだん書かないと衰えるのですが、例え週に1度1行でもいいから書き続けてもらうと、上手な字になっていたように思います。ある日、「この間、Yさんのお寺へクラシックのコンサートを聴きに行った。」と母が言うので、「それ、日記に書いて！」と言って、書いてもらいました。わりに近くのお寺で、タクシーですぐだったとのこと。Yさんに宗派を尋ねると真宗大谷派という答えが返ってきて、ご縁を感じたことでした。クラシックが好きな母のお寺の住職が音楽関係の仕事をしておられることや、Yさんのお寺でフルートや弦楽のコンサートが行われること、私の夫のお寺の住職も音楽が好きでいろいろなコンサートを檀家のみなさんに紹介したり寺の新年会に演奏家を招いたりしているのが思い起こされ、感慨深かったことでした。

ところで、Yさんは以前にも今と同じ病院に入院していて、そのお見舞いに行くとき、病院の近くに古い煎餅屋があるのを見つけた私は、美味しい煎餅だという予感がして店に入りました。そして少しの割れや半端ものの煎餅が徳用袋として売られていたのでYさん用と我が家用に買ってみたところこれがあたりで、何度か買いに行きました。その後、私が図書館で借りて読んだ『樋口可南子のものがたり』（集英社、清野恵里子著）という本で、京都好きな女優の樋口可南子さんご推薦の煎餅屋がその店だと知っておどろいたものでした。そしてこの6月8日（母が亡くなる3日前です）に再入院したYさんを病院へ訪ねるときにも、またその徳用袋を持って行ったのです。Yさんは、「有難う、この煎餅美味しいね。この病院の近くの店と聞いているけど、どこなの？」と尋ねます。「すぐそこの、公園の前ですよ。」と答えると、Yさんはびっくりして、「それなら、うちのお寺の隣じゃないか！」と言いました。それで私もびっくりして、「じゃあ、母とコンサートに行ったお寺というのが煎餅屋の隣ですか！　でもお寺なんてあったかなあ。」と言いますと、「塀がコンクリートで、ちょっとお寺らしくない外観だけど。」とYさんは答えました。その帰りに煎餅屋の前へもう1度行ってみると、果たせるかな、隣にちゃんと真宗大谷派のお寺がありました。

〈特効薬その1は旅の想い出〉

半年前ごろ、先の入院中ですが、母の容態がとても悪かったことがありました。それをYさんに伝えると返信メールがあり、いわく「(母に) 写真でも見せながら旅行やピアノやショパンなどの話題を話しかけては? 歩いて、立つことができれば退院も考えられます。」といった内容でした。それで、母とYさんを元気付けるために、ショパンの足跡などを訪ねたヨーロッパ旅行のまとめの冊子をつくることにしました。旅行記をまとめることは、たまたま私の趣味であり、材料は項目別にパソコンの中にあったのです。それらに少し手を加えて順番を考え、項目ごとに題名をつけると、短時間で完成しました。「ショパンから始まった旅・両親と3旅ヨーロッパへ」という表題をつけてプリントアウトして、ホッチキスで止めると冊子のでき上がりです。早速病院の母のもとへ持って行くと、なすすべも無くぼんやりとしていた様子の母が、少し読み進むうちに起き上がり、びっくりするほど熱心に読み始めました。結構なスピードでぱらぱらとめくっていくので、本当に読んでいるのかしらと怪しみましたが、「ここが一番よいね。」と母が言ったところを見ると、ウィーンのベートーベン遺書の家という記念館で、母がピアノを弾かせてもらったときの下りです。その場面は本当に冊子の中のハイライトとでもいうべき場面で、母がちゃんと読んでいるのがわかりました。その後しばらく時間をかけて一通り読み終わると、「本当にこれ面白いよ、ナーちゃん（私のこと）読んだ?」と言われてしまいました。「私が書いたのだから、読んだも何も無いでしょう。」と答えると、「ふーん。」と言っていました。帰り際、実家に届いていた郵便物としてちいさな月刊誌を見せ、いつものように「これは処分したらいいよね?」と言うと、「それも読むから置いていって。」と母は言って、本当に読み始めました。脳に刺激があたえられていろいろなことに興味が出てきたのだと、有難く思いました。それから母はホワイトクリスマスやビューティフルドリーマーなどの歌を口ずさむことが多くなりました。そしてある日私が病院へ行くと、ベッド脇のポータブルトイレではなしに廊下を歩いてトイレに行くと言って、歩きだしました。点滴中のため、母は点滴薬を吊り下げたポールを押しながら歌っていたのですが、ナースステーションの前に来るとひときわ大きな声になり、看護士さん達が廊下へ出てきて拍手してくれました。

母の家にはYさんが撮ったヨーロッパ旅行の写真がアルバムにぎっしりあるのですが、とりあえず私が持っていた旅の写真やショパンの生家のチケットなどを、病院の母のところへ持って行きました。すると母は旅の冊子と写真を枕元に置いて、しょっちゅう見ているようになりました。それは、2月7日に退院してからも、家のベッドで同じように続きました。

退院してからは2度ほど写真を撮る機会がありました。1度は家の近所の立命館大学の構内へ散歩に行ったときの写真です。Yさんのケアに来ていた訪問看護士さんも誘って咲き始めの立命の桜を見学に行った折、桜の下でお2人を撮影しました。携帯電話のカメラですが、結構きれいに写っていて、お気に入りの写真になりました。

もう1度は、4月の始めに、私の夫の運転で「お花見に行きましょう!」と誘い出したときのことです。ドライブの前には、すぐ近くの立命館大学の末川記念館のレストランへ行き、4人でランチを楽しみました。末川記念館は、母と散歩の度に通り抜けていたところです。母は散歩の度に、「近くに本当に素敵なところがある、いい所に住んでいるねー。」と言っていました。散歩はたいてい4時ごろで、3

時にクローズするそのレストランを吹き抜けの上から眺めてから末川博士ゆかりの展示物を見て、帰宅するのが常でした。「今度ここで何か食べようね。」と言いながら、のびのびになっていた約束を果たすことができました。吹き抜けの下のテーブルに着き、よい雰囲気の中、安くて美味しいランチでした。食後は夫に末川会館の出口に車をまわしてもらって花見へ出発。まず、私が友達と下見がてら行った京都府庁への花見です。重要文化財の府庁旧本館横の駐車場へ車を停め、何とかYさんの調子が酸素ボンベを携えて下車できるようだったので、本館中庭の桜見物ができました。まず中庭中央の桜を楽しんで眺めていると、隅に、「記念撮影」の案内板が立っているのに気が付きました。カメラマンは、府庁の職員とおぼしき若い女性です。「２００円」という値段は、実費程度らしく、お願いすることにしました。中庭の隅の枝垂れ桜の下で撮ってもらったその写真は、とてもよい記念になりました。母の生前最期の写真です。

母は、それら立命館大学と府庁で撮った写真を枕元のショパンの旅行記や写真の仲間に入れて、毎晩いっしょに休んでいました。

〈特効薬その2はアイスクリーム〉

人間、元気の源は、やはり美味しいものを食べることです。母は甘いものが大好きでしたが、治療のための薬などの影響で、糖尿病を併発していました。それで、スイーツ類を食べるときはいつも、「(主治医の) A先生におこられるから、少しだけ。」と言いながら、美味しそうに食べていました。

再入院する2週間程前の5月21日、調子が悪くて月~金と毎日点滴注射を受けに病院へ通ったのですが、その最後の金曜日のことです。その日の母は本当に調子が悪くてふらふらで、歩くのもおぼつかないようでした。A先生が、「入院は希望されないのでしたね。」とおっしゃるのに、「ええ、入院するとぼけますので、できるだけ自宅療養で。」と答えますと、「土、日が心配ですが、何かあればこちらの救急へかけつけてもらうということで、帰ってもらいましょうか。2日分の抗生物質をだしておきますので、薬局に寄ってください。」と言われました。病院の2階から1階の出口までは車イスを貸してもらいましたが、その後、横断歩道を渡って向かいの薬局まで歩くのですが、母の足がなかなか進みません。何とか支えて移動しましたが、薬局へ行かずに隣のパン屋のカフェへ直行することにしました。以前にも、薬局で待つ間、ケーキセットなどを食べたことがある店です。何とか母にカフェのテーブルに着いてもらい、アイスクリームを2人前注文しました。そして私1人で薬局へ処方箋を出しに行き、戻ってくるとアイスクリームがやってきました。母はアイスクリームを一口、口にすると、目を見開いて「美味しい！」と言いました。そしてあっという間にバニラ2つとチョコレート1つが盛られた1皿をなめるように食べ終えて、「こんなに美味しいと思わなかった！」とも言いました。それから私は薬を取りに行き、母といっしょにカフェを後にして、少し軽くなった足どりでタクシーに乗り、家へ帰りました。そして、その日の夕食の、好物の刺身などもしっかり食べることができました。アイスクリームと刺身で、土、日を乗り越えられたように感じました。

それから1週間と少したった月曜日、姉が付き添って母が通院した（ちなみに、付き添いが必要になってからの母の通院は、ほとんど姉が付き添ってくれました）日のこと。病院の帰りに、母の方から言い出して、向かいのカフェで姉と2人でアイスクリームを楽しんだということです。そして3日後の木曜日の通院のとき、具合が悪くなって急遽そのまま入院ということになったのでした。

〈お葬儀は自宅で家族葬、祭壇のかわりに花いっぱいで飾りました〉

お葬儀は自宅で家族葬をしました。葬儀社は葬儀ホールでの式を勧めましたが、Yさんの酸素の機械が自宅にはあって便利なことや、母の遺言で、母がピアノを弾いているコンサートのビデオを葬儀で見てほしいこと、それには自宅の方が大層な機材を借りなくてもよいことなどの理由で、自宅でということで相談にのってもらいました。

結果、祭壇がわりに花をたくさん飾ること、会葬者は靴を脱いで入場してもらう簡易な式場設営にすることなどが決まっていきました。お棺の出し入れができないようなら、冷蔵庫を動かす必要もあるとのことでしたが、おかげさまで冷蔵庫は動かさないですみました。

12日の12時半予定の納棺の時刻より少し余裕をもって、Yさんが入院先の病院から到着しました。納棺の前に、孫のTくんの音頭で母が好きだったホワイトクリスマスをみんなで歌いました。Yさんは、始め布団の上から、その後布団をめくって、しっかり母を抱きしめてお別れをしました。そして納棺。お棺のまわりには、担当の花屋さんが2人で、腕によりをかけて、といった感じで花の祭壇を設えてくれました。また、母の遺影は、以前Yさんが母の演奏姿を自宅で撮影し、額装してあったものをそのまま使うことになりました。その分、写真代が見積りの予算よりも浮くので、中陰（四十九日）飾りに後ろの棚をつけてもらうことになりました。

おかげさまで、12日夕6時からの通夜、13日10~11時の告別式、出棺後山へ行き、帰ってからの繰り上げ初七日と滞りなく行うことができました。通夜と繰り上げ初七日では母のビデオを流しました。また、7日ごとの仏事や四十九日の法要も無事に執り行うことができました。

思い起こせば11年前、母の初めてのヨーロッパ旅行でショパン生誕の地を訪ねてワルシャワ郊外のジェラゾヴァボーラ村へ行ったときは、ちょうどショパン没後150年のイベントなどがありました。そして今年はショパン生誕200年ということで、テレビでショパンの特集が放映されたりしています。ある雑誌の6月号も、歌手の松任谷由美さんがワルシャワを訪ねたり、ショパンが夏を過ごして多くの作曲をした地であるフランスのノアンの美しい風景が紹介されている特集が組まれていたので購入し、母の祭壇の前に供えました。

生前の母への皆様のご厚情に感謝しつつ、拙文を終わらせていただきます。　合掌

2010年7月25日の四十九日によせて　　故・妙子の二女、さなえ　記す

2. パリの路線バスは楽しい！

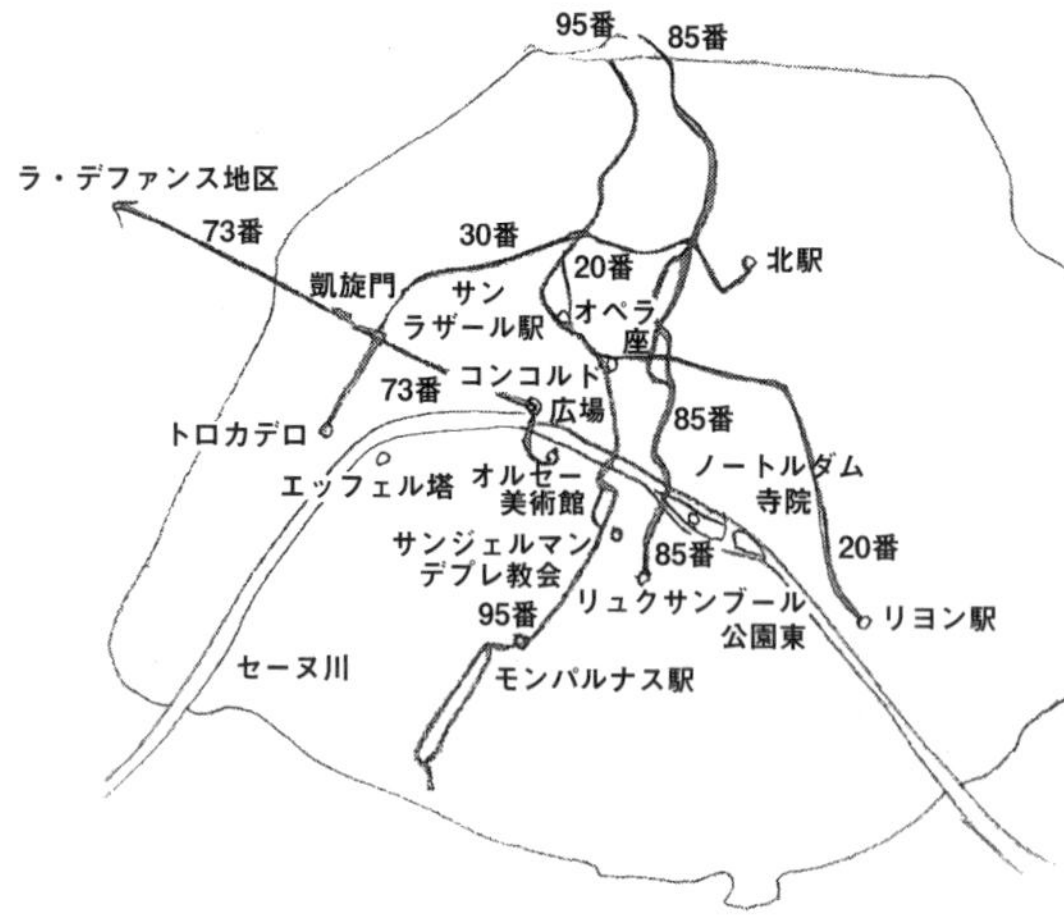

〈バスが大好きになった〉

１９９３年の春、初めての海外旅行、初めてのパリ。そのときからバスが大好きになった。きっかけは偶然。エアとホテルと送迎がついた大手旅行社のフリータイムのツアーに娘と参加して、あてがわれたホテルは、パリ郊外のラ・デファンス地区。しかも、メトロのラ・デファンス駅から更にホテルのシャトルバスに乗らねばならない立地。ちょっとがっかりしながらも、何とか楽しもうと、作戦を練った。そのひとつが、初めてでも乗りこなし易いメトロだけではなく、バスに乗ることも楽しもうということだった。景色も楽しめるしね。幸い、あるガイドブックにバスの路線図が載っていた。そして目をつけたのが、73番のバス。ラ・デファンスと、オルセー美術館を結んでいる上に、凱旋門やコンコルド広場を通る路線だ。パリのまんなかとラ・デファンスの往復に、できるだけこのバスを使いたいと考えた。そして、空港からホテルへ送ってくれた大手旅行社のパリ支社員に、オルセー美術館から戻るときの73番のバス乗り場を教えてほしいと頼んだ。しわくちゃのレインコートを着たヌーボーとした風貌の彼だったが、パリマップにしっかりと、バス停の印をつけてくれた。早速、ホテルに荷物を置いて、メトロで街へ繰り出した。シテ島のまんなかでメトロを降りて街歩きを始め、帰りはオルセー美術館近くのバス停から、その73番のバスに乗った。バスでセーヌ川を渡ると、コンコルド広場。日本とちがって車は右側通行なので、何とコンコルド広場を4分の3周して左折する、おかげで、ゆっくり広場のオベリスクや彫刻やマドレーヌ寺院のファサード、更にホテル・クリヨンなどを眺めることができた。そしてシャンゼリゼ大通りを進み、凱旋門のまわりを半周して終点のラ・デファンスへ向かうのだ。終点までくたびれてぼーっとしていてもOKだし、降り損ねる心配も無い。大感激でした。まあ、スリとかには注意を要するけれども。

味をしめて翌朝、メトロのラ・デファンス駅のバス乗り場を見つけて73番のバスを待った。ところが、待てど暮らせどバスはやって来ない。不安になったころ、ある若い女性が声をかけてくれた。フランス語なのでよくわからないなりに、どうやらその日は日曜日で、73番は、日曜は走っていないらしい。お礼を言って、メトロで出かけることにした。そしてサンジェルマンデプレあたりでバス停の時刻表を見ると、日曜も走っているバスもあるのがわかり、何とか乗ってみようと試み、63番というバスに乗ってリヨン駅へ。次は20番に乗ってサン・ラザール駅まで行こうと思い、リヨン駅でバス乗り場をさがした。誰かに尋ねた方がはやいと、ちょっとかじっていたフランス語で、「パルドン、ウエ、ニュメロ・ヴァン・

ビュス？（すみません、20番バスはどこですか？）」と通りがかりのご婦人に尋ねたら、指さして教えてもらえた。20番に乗って車窓を楽しむうちに、どうやら一方通行のために行きと帰りに道がちがうバスもあるらしいとわかり、ますます面白くなった。

その翌日は、もちろん73番でホテル近くのラ・デファンスからコンコルドへ。それから、いろいろ。慣れるまで、例えばトロカデロ行きに終点まで乗るとか、セーヌ川を渡ったところで降りるとか、降りる場所がわかり易い路線に乗る作戦をたてたものだ。渋滞することもあるが、時間に余裕を見てバスに乗るのが大好きな私だ。

その後、パリのバス停などの表示は、格段に進化して、わかり易くなってきた。なお、今は、とても便利なバス路線を調べられる、「フランス旅行情報のリューアベイユドットコム」というサイトがある。バスだけでなく、カフェその他、パリのいろいろな情報を提供してくれる。居ながらにして、パリのバス旅などを楽しむことができるサイトだ。

〈パリの、好きなバス路線〉

○ロワッシーバス

シャルル・ド・ゴール空港からオペラ座までの、市運営の空港バス。エールフランスバスと比べて安いし、パリのまんなかのオペラ座までだから、よく利用する。ちなみに、ＲＥＲ（国鉄の市内部分の路線の総称）は日本人が旅行カバンを持って乗るとねらわれ易いと聞くので、利用したことは無い。エールフランスバスの凱旋門行きは、ひょんなことから、一往復乗ったことがあるけれども。……この節の、最後を参考のこと。

○73番

前項の、〈バスが大好きになった〉を見てください。

○95番

オペラ座からルーブルのガラスのピラミッドを眺めてセーヌ川を渡り、サンジェルマンデプレへ行くのに楽しめる。日曜も、夜も走っていて便利。

２００1年はサンジェルマンデプレ近くのホテルに泊まったので、空港からロワッシーバスでオペラ座まで行き、そこから95番に乗ってホテルへ行った。セーヌを渡って２つ目のJacobで降りたところのホテル・ダニューブだった。２００3年も同じホテルに1泊したが、そのときは先にモンサンミッシェルに泊まって国鉄のＴＧＢでモンパルナス駅へ夕方着いたので、モンパルナス駅からサンジェルマンデプレ教会前まで乗った。一方通行のため、北行きはホテルの真横にはとまらないが、徒歩5分ぐらいだ。1泊して次の朝、また95番に乗ってサン・ラザール駅まで。サン・ラザールから列車でヴェルノンへ行って1泊。次の朝ヴェルノンから戻って、また95番バスでサン・ラザール駅バス停からモンマルトル墓地まで行って下車、モンマルトルのホテル・ユトリロまで歩いた。翌朝は映画「アメリ」のカフェやサクレクール寺院などを散歩してから、また95番のバスに乗ってオペラ座まで行き、空港バスに乗り換えてシャルル・ド・ゴール空港まで行ったのだった。

○30番

30番は、モンマルトルの丘から下って（またはロマン派美術館などから上って）、ピガールあたりから乗り、凱旋門の横を通って終点のトロカデロあたりまで行くのに便利。トロカデロからは、エッフェル塔がきれいに見える。途中、モンソー公園で降りるのも楽しい。

○85番

車イスを持って、おばあちゃんと娘と3人で利用した。9区のホテルを出て、シテ島まで乗ったのだ。バスがセーヌを渡ったら下車したらいいので、わかり易くてよかった。シテのバス停は一方通行ではないので、向かい合わせにある。そこから乗車して、モンマルトル方面やクリニャンクールの蚤の市へ行くのにも利用できる。

〈パリのクリスマス・イルミネーションを楽しんだバスプラン〉

２００８年12月8日、友人と3人でチェコの帰りにパリへ立ち寄った、そのときのプラン。1泊だけのホテルは、凱旋門のすぐ北のトロワイヨン。友人の1人が行きたかった、ルイ・ヴィトンの本店へも歩いて行けると、選んだ2ツ星ホテルだ。シャンゼリゼ通りはすぐ。

まずシャンゼリゼのクリスマス・イルミネーションを楽しんで、シャンゼリゼ通り南側からバス73番に乗り、コンコルド広場の手前のシャンゼリゼ・Clemenceau でバス42番に乗り換える。コンコルド広場やマドレーヌ寺院の夜景を車窓から眺めて、Chaussee d'Antin で下車。デパート・ギャラリーラファイエットへ。外と内部のクリスマス・イルミネーションを楽しむ。隣のデパート・プランタンもライトアップがきれい。

オペラ座の近くなので、そのあたりのレストランで夕食後、95番でサンジェルマンデプレへ行く。途中、ルーブル美術館のガラスのピラミッドが見える。サンジェルマンデプレからは、タクシーでホテルへ帰る。タクシーは、コンコルド広場とシャンゼリゼ大通りを通って、ライトアップされた凱旋門を正面に、ドライブしてくれた。

翌朝は、凱旋門からメトロ6号線に乗った。この路線は、地下鉄とはいえ、地上を一部走るのだ。その地上部分を走る、セーヌ川にかかるビル・アケム橋からエッフェル塔を眺めた。その後、ノートルダム寺院へ行って、地下鉄でシャンゼリゼへ行き、ランチの後、パリを後にした。

〈バトービュスも楽しんだプラン〉

２００８年６月には、友人４人でパリとブリュッセルへ行った。そのときのパリでのプラン。当時ブリュッセル在住だった友人も、ほめてくれた行程だ。

泊まったのは、サンジェルマンデプレのホテルダニューブ。バトービュスの、バトーは船、ビュスはバスのフランス語。つまり、セーヌ川の水上バスだ。

１人14ユーロの２日券を購入し、４人でバトービュスに乗り、ノートルダムへ。ノートルダム入場は無料。近くのステンドグラスが素晴らしいサント・シャペルへ、ミュージアム・パスで入場。サント・シャペルを出て近くの Cite のバス停から85番のバスに乗り、Muller で下車。モンマルトルへ。モンマルトルの丘へ東側からアクセスするので、正面の大階段から行くより、スリなどの危険が少なそうでよいかな。丘の上のサクレクール寺院からパリを見渡せる。どこかでランチ。Rochechouart 通りから30番のバスで凱旋門まで。73番のバスでコンコルド広場まで。オランジェリー美術館見学。ミュージアム・パスで入場。メトロまたはバスでホテルへ帰るか、アレクサンドル3世橋のたもとまで歩いてバトービュスに乗船、エッフェル塔で引き返すのでサンジェルマンで下船、ホテルまで歩いて帰る。

ホテルで一休みして夕食。付近のレストランまたはスーパーモノプリなどで買ったものをホテルで食べる。食後、夜のバトービュスに乗るのも素敵。実際に夜にも乗船したのだが、夏至近くの6月なので、9時をすぎてもエッフェル塔の夜景は見られず、眠くなったのでホテルへ帰ったのだった。

〈バスの不正乗車はしてはいけない！〉

2000年に、実家の母達とパリやノアン、マヨルカ島へ行ったときのパリでのこと。

パリなどヨーロッパでバスに乗ったら、チケットを機械に通して、刻印する必要がある。そうしないと、つかまったときに大金を払わされると聞いていたので、私は自然と、そうしていた。ところが、パリに着いたその日、ホテル近くからバスに乗った義父は、「こんなの、いくらでもただ乗りできるなあ。」と言って、刻印しないで、すまし顔でいた。私はびっくりして、「ダメですよ、そんなの、ひどい目にあっても知りませんから。」と言って、帰りのバスでは、しっかり刻印してもらった。そしてホテルの近くでバスを降りようとしたとき、それを遮るように、バタバタッと5、6人の、いかめしい制服の人達が前や後ろのバスの出入り口から乗り込んできた。不正乗車を取り締まる係員達だった。私達は、刻印したチケットを見せて事なきを得たが、とがめられて大金を払わされている人もいた。行きのバスだったらと思うと、ぞっとする。あぶないところだった。それからは義父も忘れずに刻印するようになったのは、言うまでもない。

ところで、私はもう1度不正乗車の取り締まりに出会ったことがある。２００３年に娘とパリへ行ったときで、それは列車でのことだった。パリのサン・ラザール駅からジヴェルニーのモネの庭の最寄り駅であるヴェルノン行きの列車に乗ろうとして、乗り間違えたときだ。間違えた列車内で検札に来た車掌さんに間違いを教えてもらい、サン・ラザール駅に引返して列車からホームへ降りたったときだった。ヨーロッパの駅の常で、この駅は柱頭駅といって行き止まりの構造で、ホームの端で、大勢の係員に取り囲まれたのだ。チケットを見せろと言われて、「乗り間違えたので、ヴェルノン行きのチケットだけど。」と、堂々として見せたのだが、罰金を払えと言われた。間違いでも、不正乗車は不正乗車だということらしい。私は引き下がらずに、英語で、「私はそこへ行きたくなかった！」を繰り返した。すると、根負けしたすらりとした女性係員は、恩をきせるような目つきで、「これはあなたへのプレゼントだ。」と英語で言って、そこを通してくれた。無事すんでみると、面白い経験だった。

〈ひょんなことから、エールフランスバスに乗る〉

パリで空港から市内へ出るのは、ロワッシーバスに乗るのが常の私だが、２０００年の春に1度だけ、エールフランスバスに乗ったことがある。その年の夏に母達とパリとノアンへ旅行する計画があったので、下見がてら、ふらっと旅に出た帰りのことだった。シャルル・ド・ゴール空港でチェックインしようとすると、エールフランスの日本人女性のスタッフに、声をかけられた。いわく、「ご搭乗予定の関空行きのエールフランス機はオーバーブッキングで困っているので、お急ぎでなかったら、明日の便に変更してもらえませんでしょうか。ホテルと食事はもちろん用意しますし、おわびにというか、少しのお小遣いと、エールフランスバスの往復チケットをお渡しいたしますので。」ということだった。それほどお急ぎでなかった私は、夫などに電話をかけて承諾を得て、もう1日、パリの休日を楽しんだのだった。

用意されたホテルは、空港近くの2ツ星ホテルで、部屋に荷物を置いて、レストランで昼食。今よくあるオーダーバイキングの形式で、魚のムニエルと、食べ放題のサラダやデザートを食べた。そしてエールフランスバスでパリの凱旋門近くの終点まで行く。パリではカフェ・ド・フロールでお茶したり、散歩したり、アニエス・ベーのブティックで、もらったお小遣いを使うべく買い物したりした。空港へ帰るエールフランスバスはガラガラで、運転手さんから、荷物も無しで、どこへ行くのかと尋ねられた。空港のホテルへ、と答えると、へえ、という顔をされた。

ホテルへ戻って、昼と同じレストランで、酢キャベツとソーセージを食べた。何組かの日本人達が食事をしていて、みんな、関空行きに乗れなかった人達だった。スペインからの乗り継ぎがギリギリできなかったという男子大学生のグループは、乗り継ぎが間に合わなかったから翌日まわしにされたかっこうで、私のようにお小遣いなどをもらっているわけではなさそうだった。でも最後の晩餐が、余分にできたと、楽しんでいた彼らだった。

3. ヨーロッパ見て歩き

〈アウグスブルグの老人用住宅フッゲライ〉

アウグスブルグへ初めて行ったのは、１９９７年の春。急に6日間仕事を休めることになり、あこがれていたローテンブルグへ１人旅をしたときだ。１泊目はフランクフルトで、ホテルは、日本人男性がいるとガイドブックに載っていたところへ電話予約した。２泊目のローテンブルグでは、１度してみたかった飛び込みでホテルをさがすことにして、何とか気に入った宿に泊まることができた。そして、アウグスブルグが3泊目。4泊目もアウグスブルグかミュンヘンでさがすことにした。これで、現地4泊、全6日の旅だ。アウグスブルグの宿は、ガイドブックに若奥さんが日本人だと紹介されていたホテルヤコバーホフに電話予約できた。このアウグスブルグのホテルのすぐ近くに、世界最初の社会福祉集合住宅だという「フッゲライ」があったのだ。16世紀に地元の名士のフッガー家が建てたもので、今も低家賃でお年寄り達が暮らしているそこは、私達日本人の目からみると蔦が絡まる素敵な建物群だった。そのうちの1軒が公開されていて、家具調度なども整えられており、暮らしの様子を想像することができた。フッゲライの人々用らしい素敵な教会もあり、人々がミサへ行くのも見受けられた。

〈ローテンブルグのホテルへ予約無しで泊まったときのこと〉

1997年の春、ローテンブルグにあこがれてドイツ1人旅をした。フランクフルトから、ヴュルツブルグ乗り換えの列車でローテンブルグのちいさな駅に着き、5分ほど歩くと、城壁の門が現れた。初めて予約無しでホテルへ泊まろうとするのが、このかわいらしい城壁内のホテルだと思うと、胸の高鳴りを覚えた。ガイドブックで目星をつけていたのは、門から続く道を少し行って、右手に曲がったところにあるちいさなホテル・シュピーツ。「部屋ありますか?」と英語で聞こうか、「ハーベン　ジー　アイン　ツィマー?」とドイツ語で尋ねようかと考えながら、軽い足取りで歩いた。見つけたホテル・シュピーツは、信州のかわいい木組みのペンション、といった雰囲気で気に入ったが、戸はしっかりと閉ざされていた。よく見るとちいさな張り紙があって、「このホテルに用がある人は、近くのホテル・マルクストラルムへ連絡するように。」といった案内だった。

そのホテル・マルクストラルムへ行ってみると、そこは広場の時計塔に接した建物で、ロマンティックホテルズのチェーンでもあり、高級ホテルのようだった。少し気おくれしながら、「シュピーツの張り紙を見て来たけれど、今晩泊まれるか？」と、英語で聞いてみた。「1泊180マルクのシングルの部屋が空いています。」と言われたので、「私には高すぎる、100マルク以下の部屋はありませんか？」と聞いてみた。「ホテル・シュピーツなら、90マルクで泊まれるけど。」という答え。戸締りしてあるホテル・シュピーツを開けてもらって泊まるのも気が引けるし、このホテル・マルクストラルムへ泊まって贅沢するのもよいかという気になって、「どちらでもよいけれど。」といったことを私が言うと、フロントにいた2人共が、「どちらでもよいとは何ということだ、安いのがよいと言ったのは、あなただし、決めるのも、あなただ。」と、きっぱりとした口調で言われた。私は、なるほど、と納得して、「シュピーツでお願いします。」と言うと、フロントのスタッフの男性が、我が意を得たり、といった顔つきで宿帳にサインをするように促した。そして鍵束を持って来て、私に、荷物を持ってついてくるようにと告げた。もと来た道を戻ってホテル・シュピーツの前まで来ると、男性スタッフは、扉の鍵を開けて中へ入り、階段を上がっていった。あてがわれた部屋は、屋根裏の、ウッデイでかわいい内装のゆったりしたツインルームだった。そして部屋の鍵と建物の鍵を渡された。スタッフは私に、自由に過ごすように、朝食はホテル・マルクストラルムへ来るようにと言って、立ち去った。

ドイツ、ローテンブルグ。泊まったホテルシュピーツの部屋

素敵な部屋で、窓からのローテンブルグの裏道の景色も気に

入ったし、バスルームもゆったりと清潔で、小躍りして喜んだ。でも、すぐに、不安が頭をよぎった。ちいさいホテルとはいえ、今晩この建物に泊まるのは、私1人なのではないか、と心細くなったのだ。しかし、決まってしまったものは、仕方がない。かわいい町に、つかの間の1人暮らし気分を謳歌しなくてはと、腹をくくった。

荷物を部屋に置いて鍵を2つかけて、散歩に出た。まずマルクト広場へ行ってから、年中クリスマス商品を売っている大きな店で品物を見たり、中世犯罪博物館へ行ったり、城壁の上を歩いて1周したりした。

いったん散策から戻り、ホテルの部屋でくつろいでから、夕食に出かけた。ガイドブックに載っていたレストランが開いていたので、ソーセージとポテトを美味しく食べた。暗くなった帰り道を、急ぎ足でホテルへ戻り、2つの鍵をしっかりと掛けて寝た。

翌朝のホテル・マルクストラルムでのブッフェの朝食は最高だった。種類は多いし、美味しいし。食後はロビーだけでなく、ツインの部屋もちゃっかりのぞかせてもらった。結果的には、2つのホテルを味わえた感じで、とても得した気分だった。

〈アウグスブルグの病院〉

1997年夏。その年の春はローテンブルグにあこがれてドイツを旅したのだが、夏にはアウグスブルグへまた行きたくて1人旅の計画をした。春のアウグスブルグで仲良くなった、泊まったホテルの日本人の若奥さんに会いたかったのだ。その他に、実家の母がクラシック音楽を好きなので、いっしょに行くときの下見がてらという目的もあり、ウィーンへも行くことにした。ウィーン単純往復の航空券を買ったので、ウィーンから周遊する計画をたてる。結果、ウィーンで1泊してから夜行列車でインスブルックへ行き、オーストリアとドイツの国境のロイッテという村（?）で1泊して、バスで国境を越えてドイツへ入り、ドイツのフュッセンからアウグスブルグへ列車で向かう、というプランをたてた。国境を路線バスで超える、というのもちょっとしたあこがれだった。

その行程中、ロイッテから、春に宿泊したアウグスブルグのホテルヤコバーホフへ予約の電話を入れた。日本人の若奥さんが電話に出てくれればいいがと思っていたら、ドイツ人の若主人が出て英語で、「彼女は赤ちゃんができて今病院にいる。」という返事。とにかくホテルの部屋はアウトバスなら空いているというので、フュッセン観光の後、アウグスブルグへ向かった。

ホテルヤコバーホフで1泊して次の日。外国の病院へ、社会見学でなく知人のお見舞いに行くという体験もドキドキものだったが、ついでに見学もできるのだ、と喜んだ。病気見舞いでなく、出産祝いなのだから楽しい。私はいそいそと商店街で花束と折り紙を買いこんだ。折り紙は、文房具屋で、ローマ字でオリガミという商品名で売っていた。

バスに乗って町外れの大きな総合病院へ行った。その病院の外観は日本のものとあまりかわらないが、道路からのエントランスは美しい花壇が続き、明るく楽しい第一印象だった。建物に入ると吹き抜けの明るいロビーで、受付で名前を言って病棟を教えてもらった。売店などが明るくて、しゃれているのが一番に目に入った。おしゃれなブティック、ミニスーパーマーケット、花屋、レストラン。レストランはカフェ風で、ショーケースには美味しそうなケーキ類がずらりと並んでいる。帰りぎわに、日替わりランチを美味しくいただいたが、満腹になったので、ケーキまで味見をすることはできなかったのが残念だ。

産婦人科は小児科といっしょになっていて、病棟のロビーはかわいらしいインテリア。若奥さんの病室は2人部屋だった。産まれたてのベビーは、キャスターつきのベッドに寝かされた状態で、彼女のところへやってきて母乳をもらう。ママの昼食の病院食は、暖かいものは暖かく、といった工夫がされていて、美味しそうだった。それでおなかがすいて私も病院のレストランで昼食をとったのだった。

〈ウィーンでイギリスの階層社会を垣間見た気がしたこと〉

1997年の夏、ウィーン発の英語ガイドの夕食付き観光バス・ツアー（ウィーンセレナーデという名前だったかな）でのこと。郊外のマイヤーリンクへのドライブや修道院見学などを楽しんでウィーンへ戻って夕食、その後クラシカルコスチュームのコンサートを聴きに楽友協会の劇場へ、という欲張りなツアーである。ホテルをチェックアウトしてもツアー終了までホテルで荷物を預かってもらえて、荷物をピックアップして夜行列車に乗る、という私のスケジュールの、夜までの時間の使い方にぴったりなツアーだった。ちなみにツアーの予約は、そのホテルでしてもらった。

さて、そのツアーの夕食時のこと。バスいっぱいのツアー客達は、郊外からウィーンに戻った時点でほとんどの人が終了らしく、夜の部まで申し込んでいたのは6人だけだった。郊外の散策とクラシックのコンサート、さてどういう服装で参加したものかと悩みながら、私はパンツスーツを着ていたのだが、ほとんどのツアー客がハイキングスタイルで参加していたのには、それで合点がいった。夜まで参加の6人は、私以外にこのスタイルなら夜の音楽会もOKかな、と目星をつけていたミドルエイジの白人の1組のカップルと、やはり白人のラフなスタイルの親子3人連れだった。

添乗員さんに案内されたのはウィーンのオペラ座近くのアウグスティナーケラーという、観光客にも地元客にも向きそうなにぎやかなレストランで、名物のウィンナー・シュニッツェルなどが供された。音楽の演奏などもあるレストランの片隅に、6人でひとつのテーブルを囲むことになり、ぎごちなくあいさつしあったところ、私以外の5人は全員ロンドンからの観光客だった。それにしてはあいさつしただけで、その2組は全く話をしない。私とカップル、私と親子連れ（親子連れといっても子供にあたる人は18歳ぐらいの男性だったが）という風な会話をしながら食事が進むのだ、何だか変な雰囲気。よく見るまでもなく、親子連れは大変ラフな格好で、そのレストランでは大丈夫だが、夜の劇場へ行くのには、明らかに場違いな感じだ。服装以外でも話題がちがうのか、同じロンドンに住んでいても、階層がちがうと全く話をしないというような感じだった。カップルが知識階級で、親子連れが労働者階級なのは、言うまでもない。

食事がすみ、添乗員さんが送迎に現れるのを待ったが、いっこうに現れない。私は添乗員さんがレストランへ私達を送り込んだとき、自分達で劇場へ行くように言われた気がしていたのだが、よく聞き取れなかったので、英語圏の人達である5人が待っているのだから、そうなのかな、と思っていた。でももう開演の時間だし、自分達で劇場へ行くように言われたのではないか、と5人に言って、歩いて劇場へ行くことにした。ウィーンの地図を持っていたのは私1人で、バス・ツアーはホテル送迎がふつうだと思っている他の人達は、地図など持っていなかった。「ジャパニーズが地図を持っていてよかった。」とカップルに喜ばれて、いろいろ話しかけられた。親子連れは、「すべてのナイトツアーはホテルまで送ってもらえるはずなのに。」と不満を言い合っていた。

何とか劇場にたどり着くと、音楽会はすでに始まっていて、ロビーにしつらえたテーブルの上に6枚のチケットが載せてあり、しかめ面をしている劇場のスタッフに迎えられた。5人はそれぞれのやりかたで言いわけをして、チケットを受け取った。私はと言うと、何と言ったらよいのか言葉が見つからないので、日本風に頭を下げただけだった。チケットは3人分ずつ並んだ席で、カップルと私は隣どうしだった。少し待って曲の合間に私達は座席に着いたのだが、少し離れた席にすでに、くだんの親子連れが着席しているのを見て、カップルは顔をしかめた。そして次の幕間には、親子連れが席を立って帰って行くのが見えた。クラシックのコンサートは、親子連れにはお気に召さないようだった。

演奏会のアンコールも終わってから劇場を出たカップルと私は、リンク通りまで出たところで、互いのホテルが歩いて帰れるのでよかったと言いあった。カップルは「あなたが地図を持っていて本当によかった、ありがとう。」と言って、手を振った。面白いツアーだった。この後、ホテルで荷物をピックアップしてから乗る、夜行列車も楽しみだった。

〈スウェーデン、レクサンドにて、高齢者用集合住宅〉

1996年夏、福祉政策が進んでいる北欧に魅せられて、娘と2人でフィンランドとスウェーデンへ旅した。スウェーデン人の心のふるさと、と言われているダーラナ地方のテルベリからの帰り、ストックホルム行きの列車の待ち時間がたっぷりあったので、レクサンドの町を散歩した。人に聞いて高齢者用集合住宅があるのがわかり、ぶらぶらと出かけた。緑がいっぱいの広い敷地の中央にメインの施設があり、横には夏至祭用のポールが立っている。アポイントメントをとっているわけではないので垣間見ただけだが、集会用らしいカラフルなインテリアで素敵な部屋が、ガラス張りの空間を通して目に入った。メイン施設のまわりには、個人用1戸建て住宅が点在していて、ミニ菜園の庭もあり、住み心地がよさそうだった。ある1軒の前庭の芝生の上には、家族多勢がピクニックをしていた。その家に住んでいるおばあちゃんを都会から家族が尋ねてきて、団らんのときらしかった。本当に楽しそうだったので、断って写真を撮らせてもらった。

4. 列車旅の提案

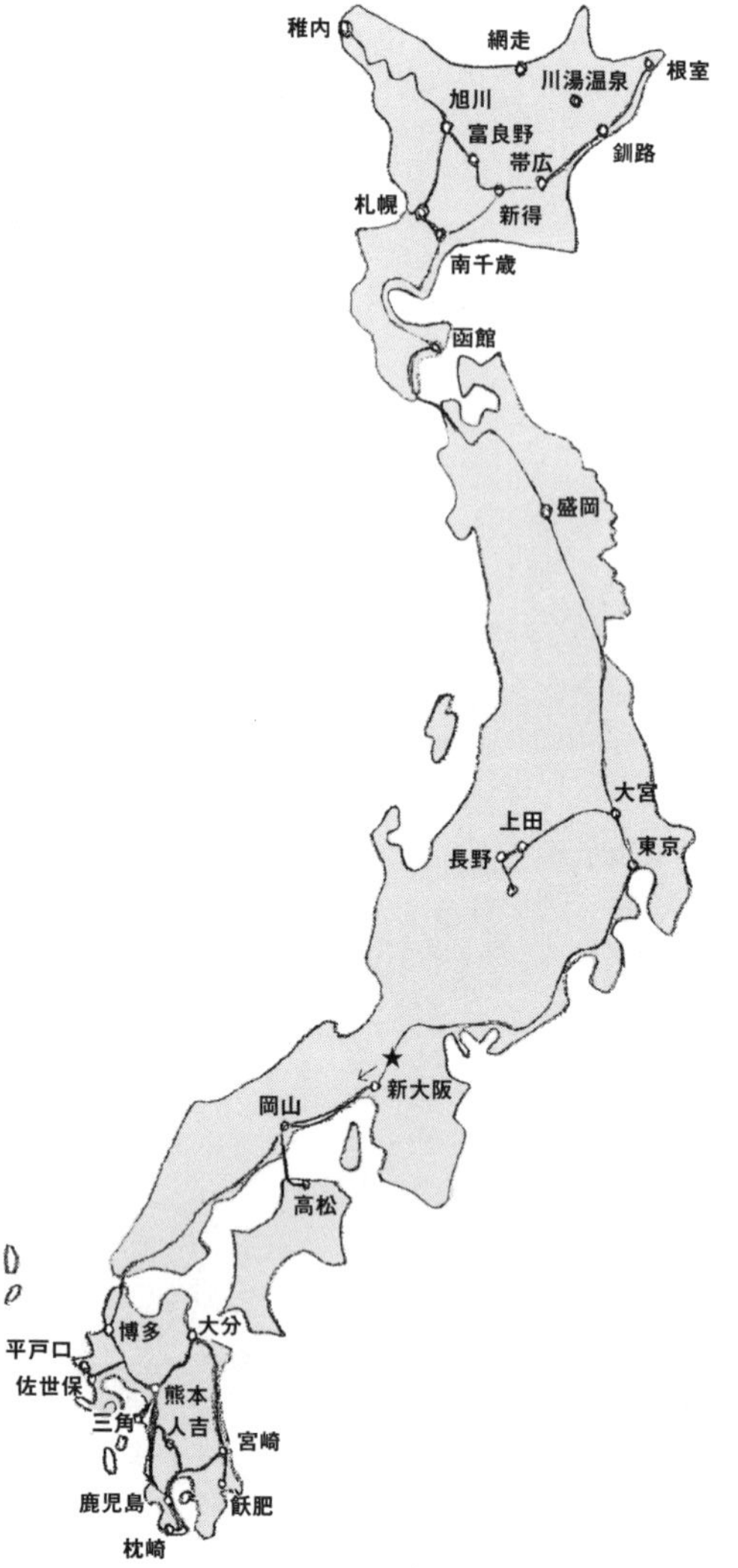
稚内
網走
根室
川湯温泉
旭川
富良野
釧路
帯広
札幌
新得
南千歳
函館
盛岡
大宮
上田
長野
東京
新大阪
岡山
高松
博多
大分
平戸口
佐世保
熊本
三角
人吉
宮崎
鹿児島
飫肥
枕崎

〈「フルムーン夫婦グリーンパス」、「ジパング倶楽部割引」などの列車旅の勧め〉

子供のころから、私は国鉄の時刻表を見るのが大好きだった。眺めるだけで、あちこちへ行った気分になったものだ。そして、たまに実際に乗る、というあんばいだった。それは、今も変わらない。国鉄時刻表がJR時刻表に変わり、時刻調べはネット検索が加わったぐらいの、ちがいはあるけれども。

JR利用の列車旅では、熟年者には、「フルムーン夫婦グリーンパス」と、「ジパング倶楽部割引」の利用がお勧めだ。使用者の年齢などに制約があるし、使い方も「新幹線のぞみ号」などは乗れないなどの条件はあるが、うまく使えばこんなに便利なものはない。私が実際に利用した「フルムーン夫婦グリーンパス」は、残念ながら2007年6月の12日間用パス使用の1回だけだが、いろいろなバージョンのフルムーングリーンパス利用の旅の計画をあたためてある。でも、あまり旅行好きでない夫が、次回いついっしょに行ってくれるのかは定かではない。そこで、この文章を目にした読者が、参考にして旅立ってくれることを願って、幾つかのプランを挙げてみることにした。また、若い人でも工夫すればお得なきっぷを利用できるプランも付け加えてみた。

チケットの手配であるが、宿泊といっしょに頼むと、大手の旅行社でお願いできる。宿はその旅行社が手配できるところに限定されるが、宿利用の特典がつくなどのお得なことも多い。なお、夜行列車ばかりを利用したり日帰り旅を繰り返すなどで、宿での宿泊を伴わないプランの場合は、自分で「みどりの窓口」へ行って切符を購入するしかないだろう。

なお、各プランの行程表中、「G」はグリーン車、アンダーラインは観光列車である。

〈最南端の終着駅「枕崎駅」から、最北端の「稚内駅」を一気にめざす旅〉

フルムーングリーンパス5日間用利用。

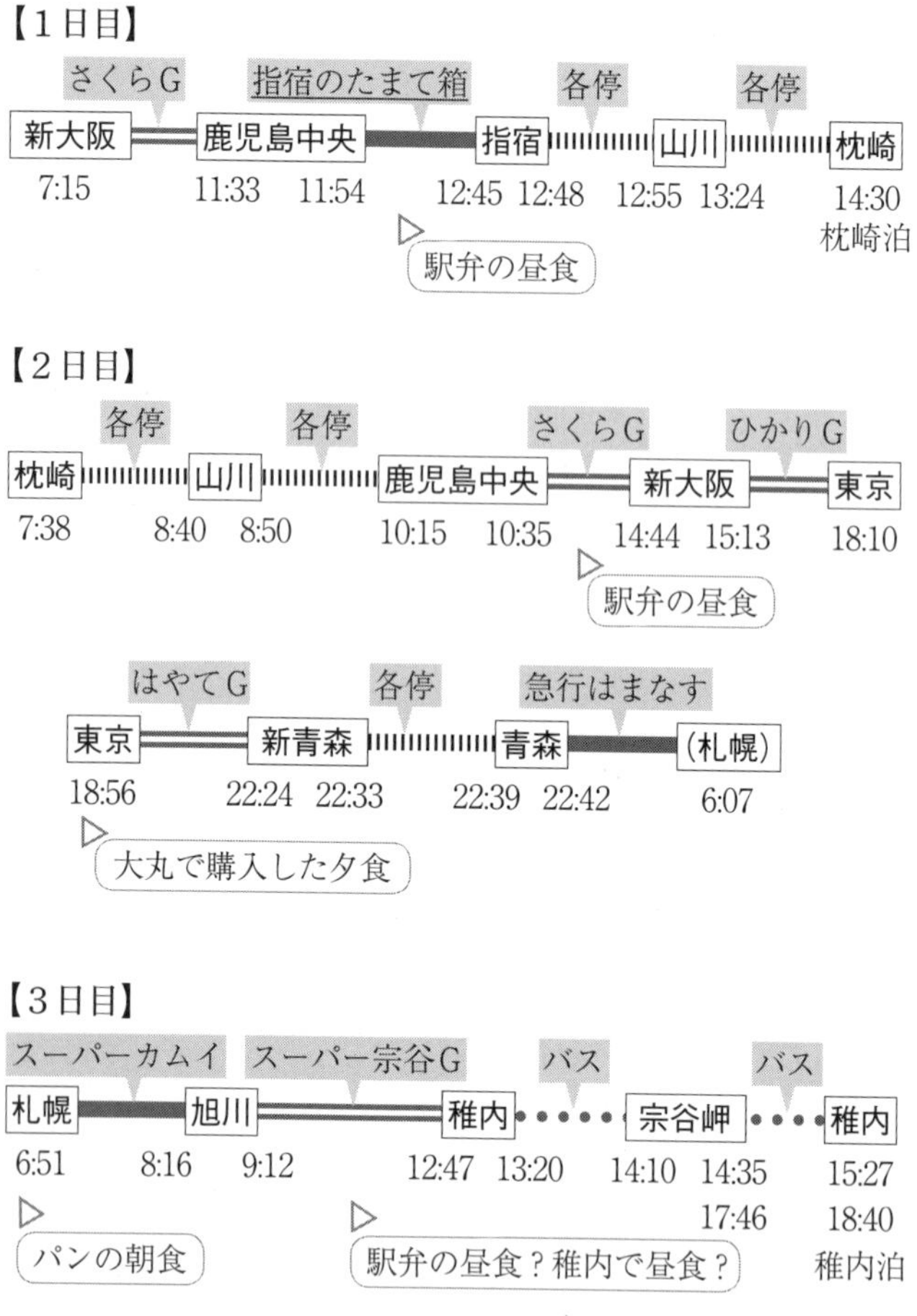

(※バス代　往復2430円)

【4日目】

稚内 7:10 ―スーパー宗谷G― 札幌 12:06 12:22 ―スーパー北斗G― 八雲 14:51 15:23 ・・・バス・・・ 落部 15:46

▷駅弁の昼食

銀婚湯泊

【5日目　A案】

落部 11:37 ―各停― 森 12:00 13:08 ―スーパー北斗G― 洞爺 14:10 ・・・タクシー・・・ 洞爺湖温泉

▷昼食（いかめし？）

洞爺湖温泉 ・・・タクシー・・・ 洞爺 16:33 ―トワイライトエクスプレス（主に火、木、土、日の運行）― （大阪） 12:53

トワイライト
エクスプレス
Ｂコンパート
車中泊

【5日目　B案】

落部 11:37 ―各停― 森 12:00 12:10 ―北斗G― 函館 12:51 13:56 ―スーパー白鳥G― 新青森 15:59

▷駅弁の昼食

新青森 16:15 ―はやぶさG― 東京 19:48 20:03 ―ひかりG― 京都 23:03

▷駅弁の夕食

まず1日目は、九州新幹線さくらのグリーン車で、鹿児島中央へ。そこから観光列車の〝指宿のたまて箱〟で指宿まで。指宿で待ち時間をとってから枕崎まで直行してもよいが、次の山川駅までの列車があるので、山川から枕崎行きに乗ることにする。山川駅には、日本最南端の有人駅の表示があるので、それを見に行くのだ。山川駅から普通列車に乗ると、ほどなく日本最南端のJR駅である「西大山駅」に停車する。ここでたいていの運転手さんは写真タイムのためにホームへ降りることを許してくれるようなので、甘えて、開聞岳のきれいな風景と共に、最南端の標識を撮影するのも楽しいだろう。終点枕崎に着くと、私なら、その先の坊津をタクシーでめざしたい。日本3津（3港）のひとつだという坊津にあこがれているのだ。鑑真和尚が上陸した地でもあるし、琉球との交易で栄えたこともあるらしい。風光明媚な坊津へ、荷物ごとタクシーに乗り込んで行き、帰りは枕崎のホテルへ送ってもらったら便利だろう。ただ、枕崎では「明治蔵」という焼酎工場の見学なども以前楽しかったので、行ったことが無い場合は、そちらを優先するのがよいかもしれない。

2日目は、旅のメインの目的の、枕崎から稚内への一気旅の始まりだ。フルムーングリーンパスは残念ながら〝のぞみ号〟が利用できないので、新大阪から東京へは〝ひかり号〟のグリーン車に乗ることになるが、やむをえない。食事だが、昼も夜も駅弁では、という向きには、東京駅からすぐの大丸デパートの地下食品売り場で、サラダなどを購入して夕食にするのもよさそうだ。また、青森駅での夜行列車への乗り換え時間が短いが、この列車は乗り継ぎ列車になっているらしく、遅れても待っていてくれそうだ。夜行急行〝はまなす〟は、B寝台がフルムーングリーンパスで利用できる。この列車は、北海道に新幹線がのびたら廃止されるといううわさがあるので、今のうちに乗っておきたい。

3日目は、早朝6時7分に札幌着だ。7時48分発の〝スーパー宗谷〟まで待ってもよいが、私は〝スーパーカムイ号〟にも乗ってみたいので、旭川までは〝スーパーカムイ号〟に乗ることにする。その車中で朝食だ。朝食用のパンなどは、前日に東京などで買っておく方がよいだろう。旭川で〝スーパー宗谷〟のグリーン車に乗り換える。このときに旭川駅で駅弁を買っておいて車内で食べてもよいし、稚内へ着いてからレストランなどで昼食を食べるのもよい。稚内駅では、日本最北端の駅の標識だけでなく、枕崎からのキロ数を書いた表示も、見ておきたい。稚内に着いたら、宗谷岬などを観光する。バス、タクシー、レンタカーのうち、好みにあったものを選びたい。また、稚内の宿は、温泉宿やシティホテルなどから選ぶことができる。

このプランだと、枕崎から稚内へは、丸1日と5時間ちょっとで到達する。

4日目は、早朝に稚内を発って、札幌乗り継ぎで好みの宿泊地へと向かう。私は銀婚湯という温泉宿にあこがれているので、札幌から銀婚湯の最寄りの落部《おとしべ》駅をめざすことになるが、この落部は各停しか停車せず、列車の本数も少ないので、なかなか行程を組むのが大変だ。いろいろ調べるうちに、八雲駅から落部駅まで、ころ合いの時刻に路線バスがあるとわかった。落部駅からは、宿の車で送迎してもらえる。なお、銀婚湯にこだわらない場合は、小樽か、洞爺あたりで宿をさがすとよいだろう。洞爺のウィンザーホテルなどでゆっくりすることにしたら、同行の方も喜ばれるかもしれない。

5日目は、洞爺駅または札幌駅から〝トワイライトエクスプレス〟で関西まで帰る。フルムーングリーンパスでは、Bコンパートが利用できる。なお、パスの使用期間は5日間用だが、夜行列車の場合は翌日下車するまで有効なので、5泊6日の旅となる。5日目のB案は、夜行の〝トワイライトエクスプレス〟

を利用しないで北海道から一気に帰るプランだ。トワイライトエクスプレスも廃止が予定されているので、そうなれば、この案が生きてくると言いたいが、その前に急行〝はまなす〟が廃止されるだろう。さて、どうしたものか。

〈稚内駅から枕崎駅を一気にめざす旅・夜行列車はサンライズを利用〉

夜行急行〝はまなす〟が廃止になった後でも対応できる案だ。

1日目は前夜に家を出て、日付が変わった0時34分大阪発の夜行列車〝サンライズ瀬戸・出雲〟で東京へ出て、東北新幹線〝はやぶさ〟で新青森まで。後乗り継いで札幌まで行き、札幌で泊まる。早起きをいとわないなら、早朝に家を出て、札幌に夜到着することも可能だ。

2日目は札幌を朝発って稚内へ行き、宗谷岬などを観光して稚内泊。

3日目は稚内から枕崎への一気旅の始まりだ。稚内から列車を乗り継いで東京へ行き、東京から夜行列車の〝サンライズ出雲・瀬戸〟に岡山まで乗る。

4日目は岡山から九州新幹線の〝さくら〟で鹿児島中央まで、そこからは観光列車の〝指宿のたまて箱〟で指宿へ行き、枕崎到着は14時30分。枕崎での過ごし方は、前項のように、坊津や明治蔵などがお勧めだ。枕崎なぎさ温泉入浴もよいだろう。

このプランだと、稚内から枕崎へは丸1日と7時間ちょっとで着くことになる。

5日目は、好みのプランで帰る。枕崎からの列車の本数が少ないが、鹿児島中央まで路線バスに乗

【1日目】

大阪 0:34 —サンライズ→ 東京 7:08

東京 8:20 —はやぶさG→ 新青森 11:19

新青森 11:34 —スーパー白鳥G→ 函館 13:44

函館 14:13 —スーパー北斗G→ 札幌 18:14

札幌泊

【2日目】

札幌 7:48 —スーパー宗谷G→ 稚内 12:47

宗谷岬などを観光

稚内泊

【3日目】

稚内 7:10 —スーパー宗谷G→ 札幌 12:06

札幌 12:22 —スーパー北斗G→ 函館 15:51

函館 15:55 —スーパー白鳥G→ 新青森 17:56

新青森 18:24 —はやぶさG→ 東京 21:23

東京 22:00 —サンライズ出雲→ (岡山) 6:27

サンライズ車中泊

【4日目】

岡山 7:16 —さくらG→ 鹿児島中央 10:42

鹿児島中央 11:54 —指宿のたまて箱→ 指宿 12:45

指宿 12:48 —各停→ 山川 12:55

山川 13:24 —各停→ 枕崎 14:30

枕崎泊

【5日目】

枕崎 13:18 —各停→ 山川 14:28

山川 14:48 —各停→ 指宿 14:53

指宿 15:07 —指宿のたまて箱→ 鹿児島中央 16:00

鹿児島中央 17:00 —さくらG→ 新大阪 21:21

ると、プランの幅が広がる。早起きの方なら、枕崎発6時10分の列車に乗ると、鹿児島中央発9時25分の特急〝はやとの風〟に間に合うので、肥薩線の旅も楽しんだ上で、夜帰宅することができる。4日目に枕崎滞在を短くして、指宿まで戻って温泉宿に泊まるのもよいだろう。その場合、指宿発8時の快速〝なのはな〟で、鹿児島へ9時5分に着く。

〈日本100名城のうち、北海道などにある城を訪ねる旅〉

フルムーングリーンパス5日間用利用案だがジパング倶楽部割引で1人旅もよい、またこの案は、往復とも一筆書きのプランなので乗車運賃は割安で、若い人にもお勧め。

2011年から日本100名城のスタンプラリーを始めた私は、北海道の3つの城などを訪ねる旅の計画をすることにした。まず1日目は北陸の高岡城と新潟直江津の春日山城を見てから、直江津より〝トワイライトエクスプレス〟に乗って北海道をめざすのだ。

2日目は、札幌の手前の南千歳で夜行列車から〝スーパーおおぞら〟に乗り換えて、釧路まで。釧路から各停で根室をめざす。フルムーングリーンパス利用の夫婦旅だと〝スーパーおおぞら〟のグリーン車が利用できて楽だが、ジパング倶楽部割引の1人旅などだと、普通車に乗る。根室駅前のバスターミナルに城のスタンプ（根室半島チャシ跡群）があるらしいので、スタンプを押してから、バス、タクシー、レンタカーなどで、根室半島チャシ跡群を見がてら納沙布岬へ行く。この日は根室で宿泊する。

3日目は、移動日。根室から函館まで、10時間ほどかかる。函館泊のプランだが、湯の川温泉に泊

【1日目】

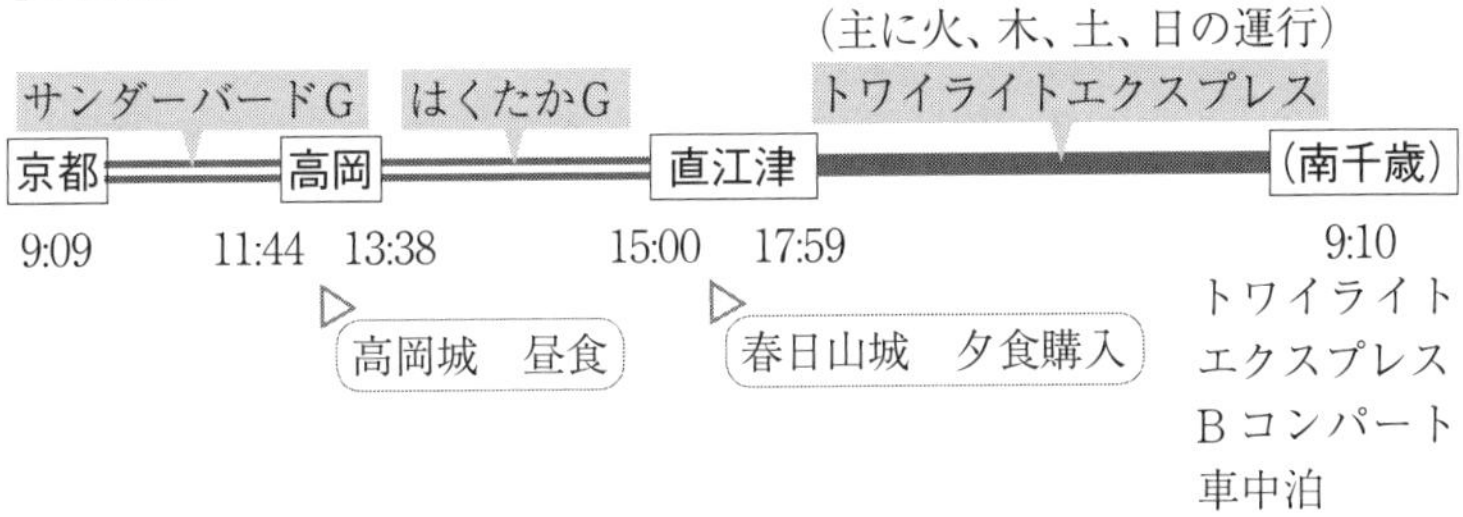
（主に火、木、土、日の運行）
サンダーバードG
はくたかG
トワイライトエクスプレス
京都
高岡
直江津
（南千歳）
9:09
11:44
13:38
15:00
17:59
9:10
トワイライトエクスプレスBコンパート車中泊
高岡城　昼食
春日山城　夕食購入

【2日目】

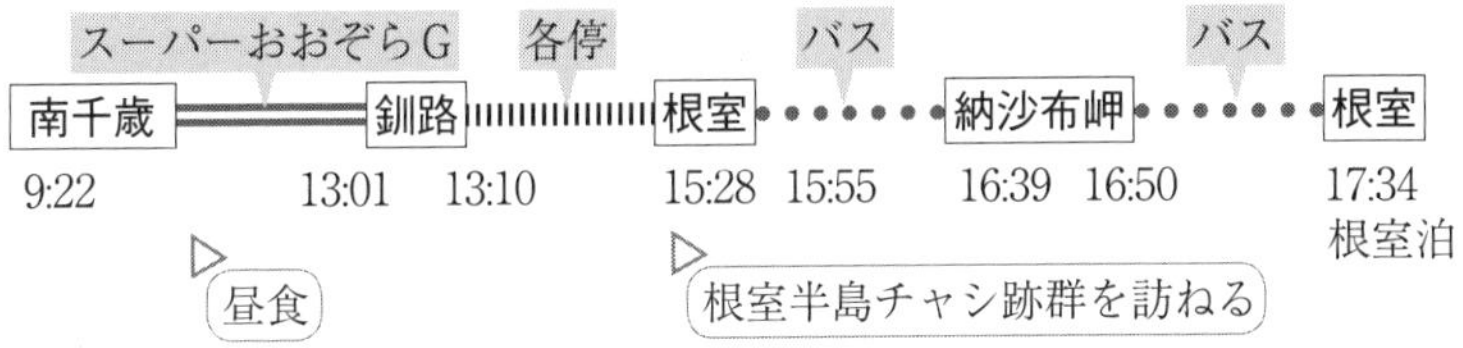
スーパーおおぞらG
各停
バス
バス
南千歳
釧路
根室
納沙布岬
根室
9:22
13:01
13:10
15:28
15:55
16:39
16:50
17:34
根室泊
昼食
根室半島チャシ跡群を訪ねる

【3日目】

各停
スーパーおおぞらG
北斗G
根室
釧路
南千歳
函館
8:22
10:39
11:20
15:03
15:07
18:15
函館泊
昼食

【4日目】

市電、バスなど
市電、バスなど
白鳥G
函館
五稜郭
函館
木古内
11:19
11:59

【4日目　続き】

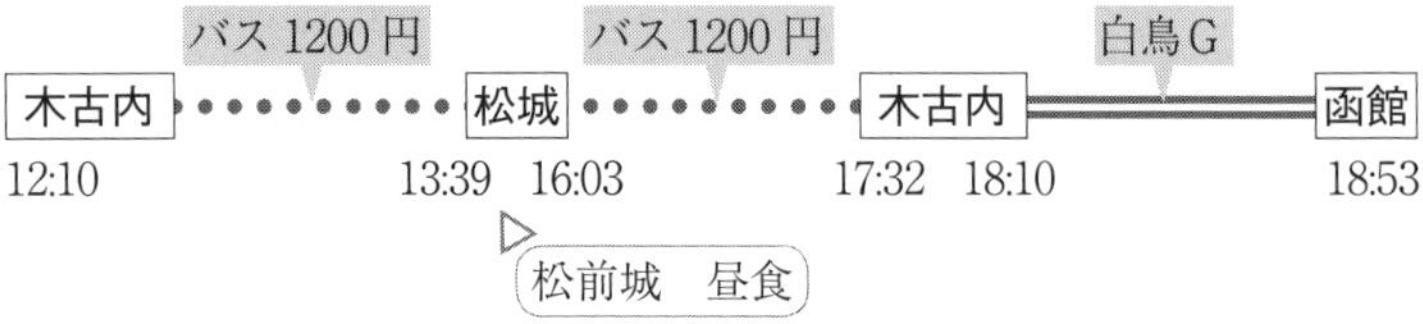

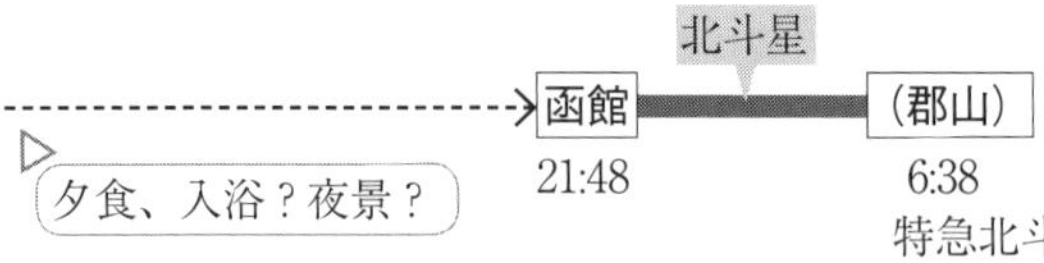

特急北斗星泊
デュエット車中泊
1人旅のときはB寝台

【5日目】

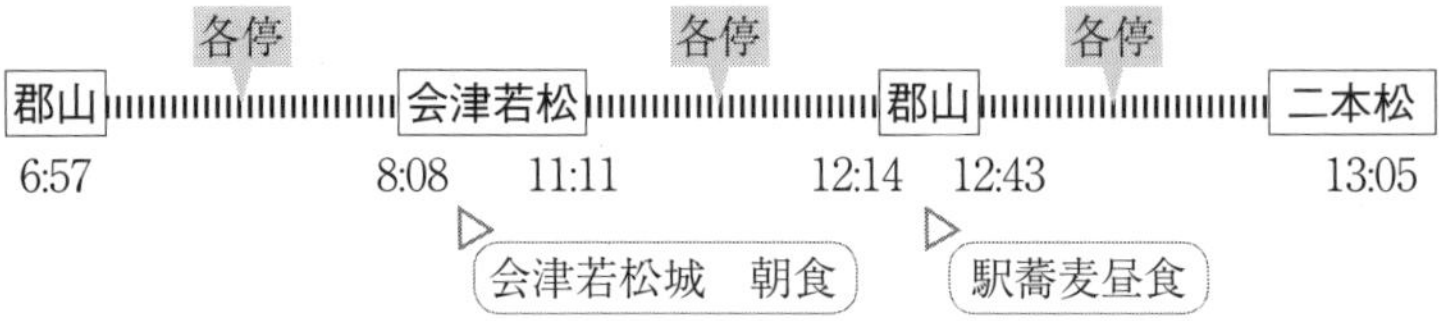

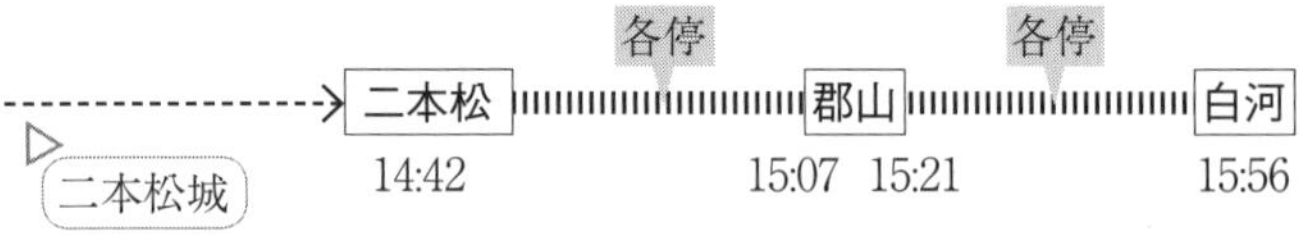

まるのもよい。

4日目はチェックアウト後も、ホテルに荷物を預かってもらおう。まず市電などで五稜郭へ行き、城のスタンプを押す。タワーから見下ろす五稜郭が素敵らしいので、眺めを楽しみたい。11時ごろ函館駅へ行き、列車で木古内駅まで。その後バスに乗って松前城へ行く。バスを降りた付近の食堂で昼食をとる。食後、松前城のスタンプを押して城の内外を散策。バスに乗って引き返し、函館へ戻る。函館で夕食。その後は夜景見物もよいし、谷地頭温泉で入浴もさっぱりしてよいだろう。荷物をピックアップして、21時48分発の夜行列車に乗る。特急〝北斗星〟のデュエットという2人用個室寝台がフルムーングリーンパスで使用できる。この個室は狭いけれど快適だ。この〝北斗星〟も、かっては一世を風靡した列車なのだが、青函トンネルの新幹線工事の都合とかで、2015年春には廃止になるらしい。今のうちに乗りたいものだ。

5日目は郡山に6時38分着。会津若松城は以前行ったことがあるが、城のスタンプを集める前だったので、行くことにする。朝食は、8時すぎに会津若松へ着いてからでもよいだろう。それから会津若松城、二本松城、白河小峰城とスタンプを押してまわる。昼食は、郡山駅のホームか改札外の蕎麦屋ででも簡単にすますと、行程がこなせる。夕食は、新白河からの新幹線〝なすの〟の車内で駅弁を食べ、東京からの〝ひかり〟の車内はコーヒーかパブタイムにして過ごしたい。これで一応5日間用のパスを使い切ったことになる。

ところで、まだ物足りない、という場合は、奥の手がある。それは、東京から夜行の〝サンライズ瀬戸〟に乗って、終着の高松までフルムーンパスでカバーするというプランだ。前述のように、夜行列車の場合は翌日下車するまで有効なのだ。高松では高松城へ、更に、追加料金で足をのばして徳島城へ行くこともできる。高松や徳島からは、高速バス(3000〜4000円位)で大阪や京都まで帰れる。なお、東京から〝サンライズ出雲〟に乗って、米子の月山富田城や松江の松江城へ行き、同様に高速バスで帰ることも可能だ。

この案のはじめに、「この案は、往復とも一筆書きのプランなので乗車運賃は割安」と書いたが、「一筆書きのプラン」について説明しておきたい。JRの乗車運賃は、長距離になるほど割得になるので、ぐるっとまわって帰ってくるような一筆書きプランにすると、安くつくのだ。例えば京都から東京へ行くのに、片道乗車運賃は7980円だが、京都〜東京〜越後湯沢〜金沢〜京都という、ぐるっと回るプランにすると乗車運賃は14080円となり、京都と東京の往復乗車運賃より安くなる。これを利用して越後湯沢や金沢などで観光して帰れば、安くて楽しい計画がたてられるのだ。これほど大まわりでなくても、京都〜名古屋〜東京〜松本〜名古屋〜京都などの発券をしてもらって、甲府や松本あたりで遊んで帰るのもお勧めだ。この場合は、名古屋で一筆書きが途絶えるのでチケットは2枚になる。

この案のプランは1周するような部分はないのだが、往きと帰りの、途切れない長い乗車券2枚分ということで、一筆書きのプランとさせてもらった。ただ、ジパング割引などが無いと、往きが1人約3万円強、帰りは4万円を越えそうな上に時間がかかるので、鉄道好きでなければ、少なくとも帰りは函館から「旅割45」などの安いフライトを利用して飛行機にする方がよいかもしれない。その場合、根室から札幌は夜行バス（トイレ付き3列シートで7200円)、札幌から函館までは昼行バス（トイレ付き3列シートで4680円）を利用できる。札幌まで戻ればLCCが利用できるが、戻る手間を考えると何とも言えない。

〈四国、中部、九州、東北、北海道へ、宿には泊まらない旅〉

宿に泊まらないので、フルムーングリーンパス5日間用と、食事代などだけでも可能な旅。

1日目は道後温泉、2日目は草津温泉、3日目は別府温泉、4日目は乳頭温泉、5日目は登別温泉などと、名だたる温泉の日帰り入浴三昧の旅も面白いのでは。

この旅は、宿に1泊もしないプランである。以前は日本でも多くの夜行列車が走っていたので、車中泊のプランがたて易いものだった。でも今は、本当に夜行列車が少なくなったので、計画するのも四苦八苦だ。しかも、その少ない列車達もいつ何時廃止になるかわからない。今のうちに、多くの人がプランを実行してくれることを願ってやまない。

夜行列車を利用するときのコツのひとつだが、乗車の前後にシティホテルを利用すると、あまりくたびれないで、くつろげる。例えば0時34分大阪発東京行きのサンライズに乗車の場合なら、大阪駅近くのホテルのラウンジなどで乗車前のひとときを過ごし、朝に下車後、東京駅付近のホテルで朝食をとるというあんばいだ。私は所用で東京へ行ったときに〝サンライズ出雲・瀬戸〟のノビノビ座席で到着して、ホテルメトロポリタン丸の内でブッフェ・ブレックファーストを食べたことがある。このホテルの朝食レストランは27階にあり、私は運がよかったので席から東北新幹線側のＪＲの線路が見渡せた。また、トイレの洗面台の前からは東海道新幹線側の線路が見下ろせる。このように両端をシティ

【1日目】

下記の高知城へ行く案の他に、道後温泉と松山城へ行くプランなどもお勧め。瀬戸大橋の車窓は昼と夜景両方楽しめる。

【2日目】

下記の案の他に、草津温泉でゆっくりする案や伊豆下田へ行く案（スーパービュー踊り子乗車）他、いろいろなプランが考えられる。

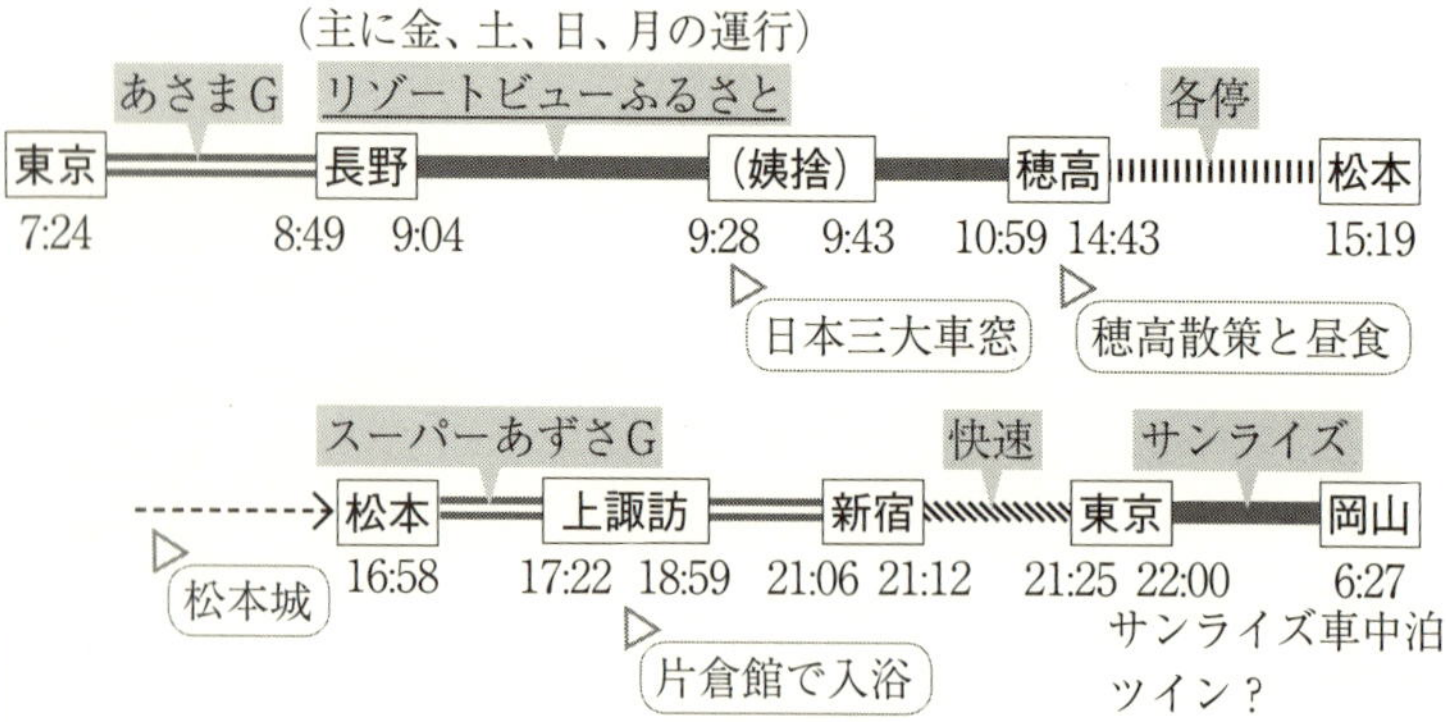

【3日目】

下記のA案、B案の他に、鹿児島や長崎など、いろいろな行先が考えられる。

・A案

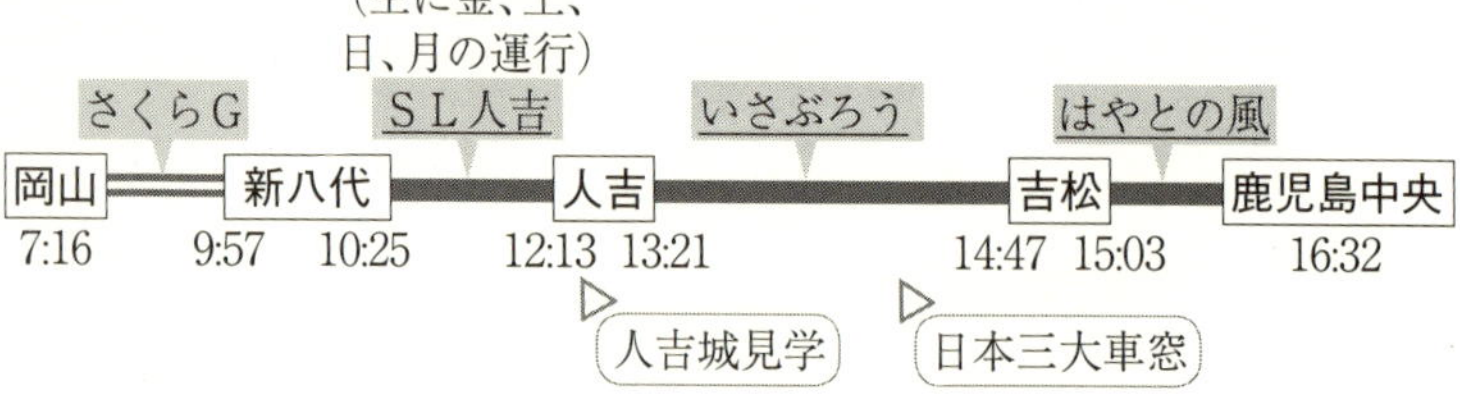

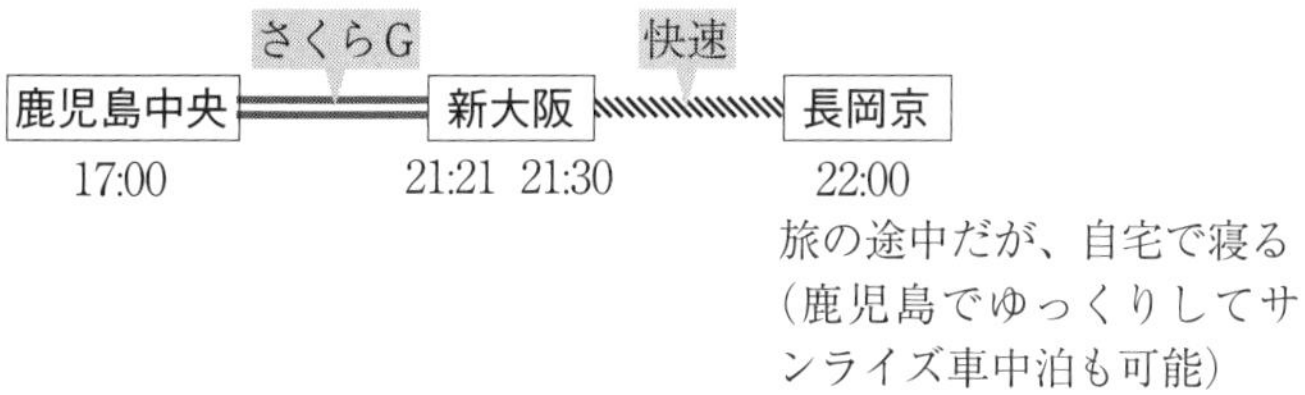

・B案

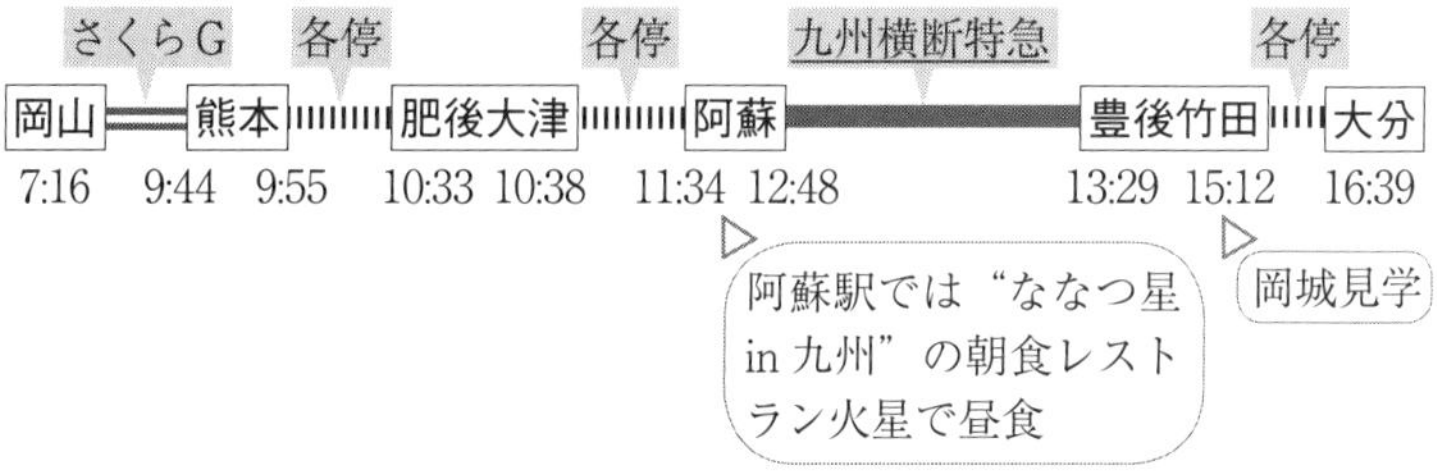

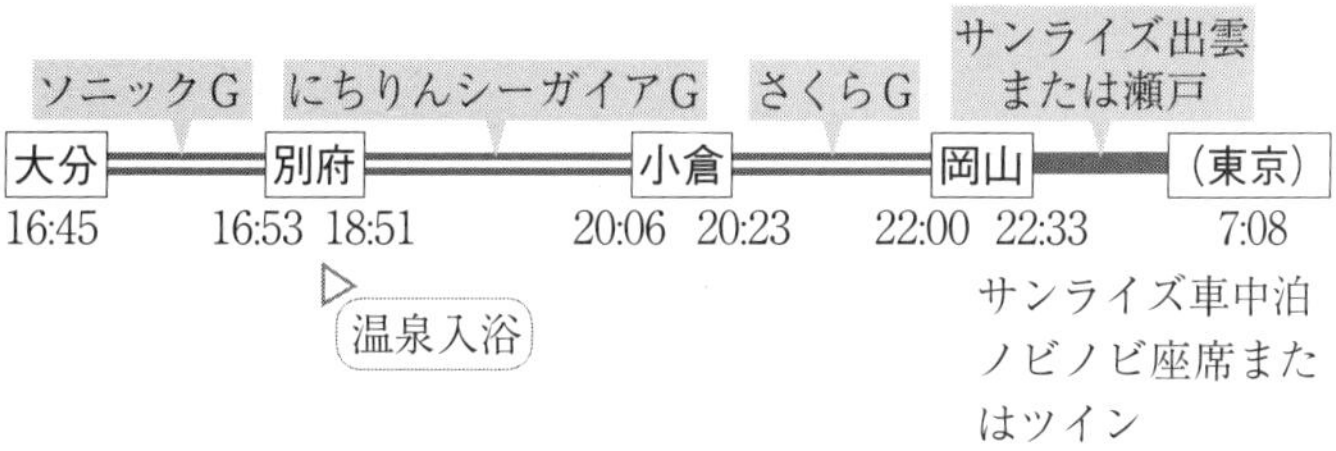

【4日目】

下記C案は3日目の夜を自宅で過ごす3日目A案のとき。3日目B案のときは、東京発7時すぎなので、D案以外にも、より多くのバリエーションが可能だ。

・C案（3日目がA案のときの例）

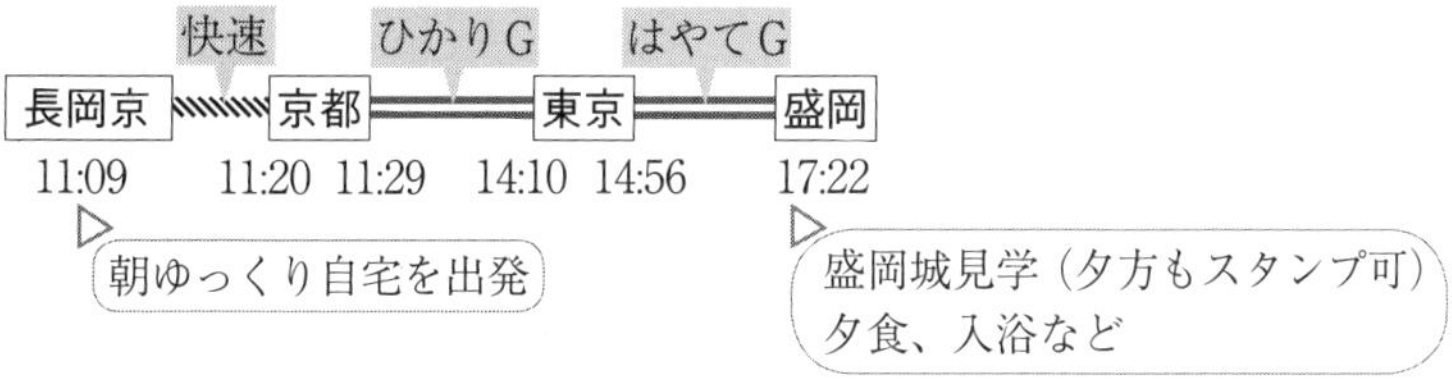

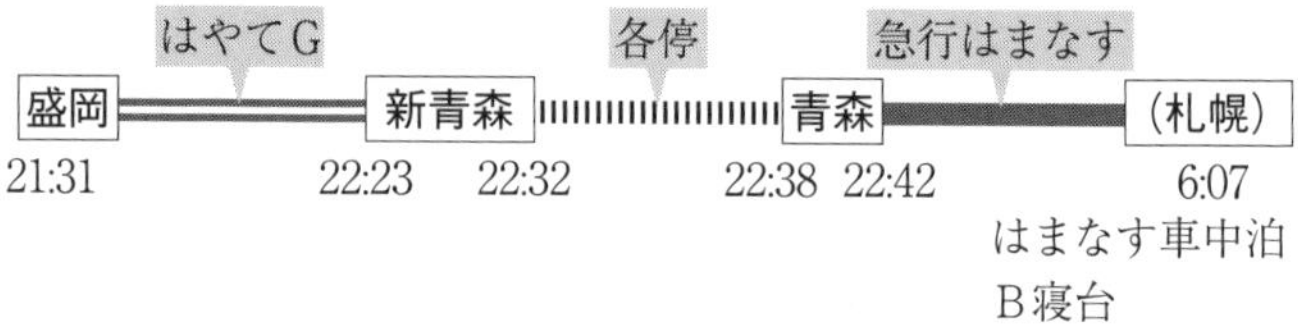
はやてG
各停
急行はまなす
盛岡
新青森
青森
（札幌）
21:31
22:23　22:32
22:38　22:42
6:07
はまなす車中泊
B寝台

・D案（3日目がB案のときの例）

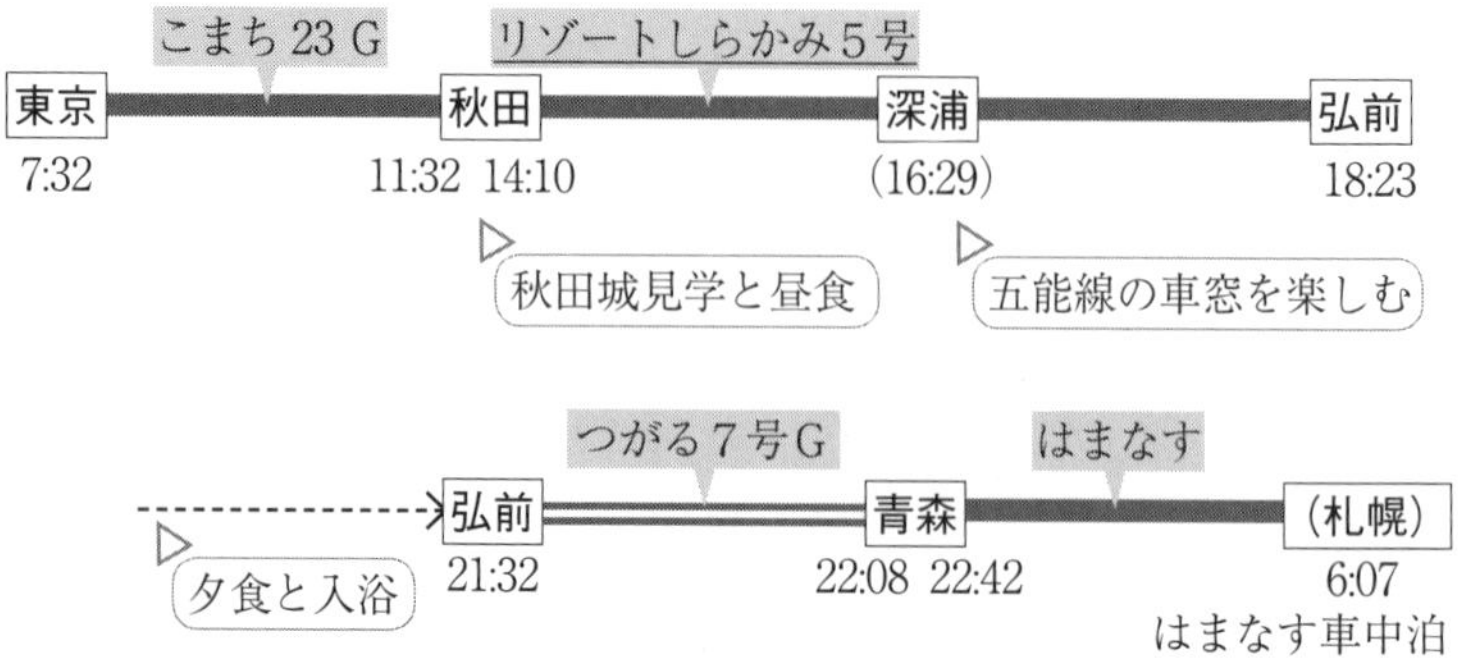
こまち23 G
リゾートしらかみ5号
東京
秋田
深浦
弘前
7:32
11:32　14:10
（16:29）
18:23
秋田城見学と昼食
五能線の車窓を楽しむ
つがる7号G
はまなす
弘前
青森
（札幌）
夕食と入浴
21:32
22:08　22:42
6:07
はまなす車中泊

【5日目】

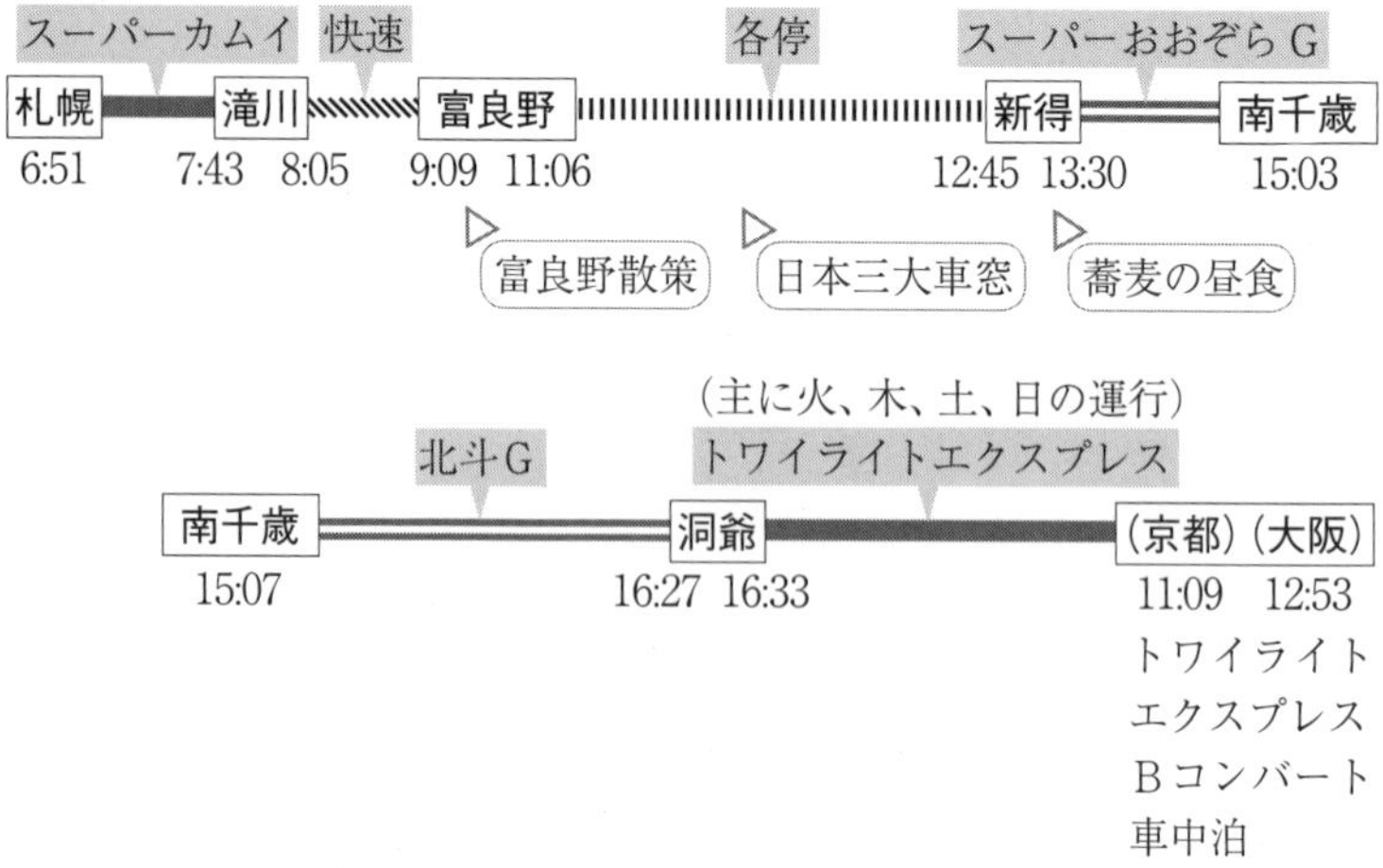
スーパーカムイ
快速
各停
スーパーおおぞらG
札幌
滝川
富良野
新得
南千歳
6:51
7:43　8:05
9:09　11:06
12:45　13:30
15:03
富良野散策
日本三大車窓
蕎麦の昼食
（主に火、木、土、日の運行）
北斗G
トワイライトエクスプレス
南千歳
洞爺
（京都）（大阪）
15:07
16:27　16:33
11:09　12:53
トワイライト
エクスプレス
Bコンバート
車中泊

ホテルで過ごすと、何となくリラックスできるものだ。

話はかわるが、〝サンライズ瀬戸・出雲〟には、B寝台が無い。ノビノビ座席という横になれる簡易仕切りつきのカーペットカーなら、フルムーングリーンパスで追加料金無しで乗れるが、シングルやツインの個室寝台を利用するには、寝台料金と特急料金を追加する必要がある。追加してでも乗りたい場合は、乗り比べてみるのもよいだろう。ちなみに〝サンライズ〟には1人用の個室のシングルとソロがあり、両方乗ったことがあるが、どちらもコンパクトなつくりで、あまりちがいは無かった。また、ノビノビ座席は在来線の特急料金だけで乗れるので、フルムーングリーンパス利用以外のときにはお得で便利だ。

ところで日本三大車窓というものがあり、このプランでは一応3つとも行けるように工夫してみた。ただ、運行日が限られている観光列車の〝リゾートビューふるさと〟と〝SL人吉〟や〝トワイライトエクスプレス〟のすべてに乗車すると、出発日は金曜に限られる。観光列車に乗車しない場合でも帰りは〝トワイライトエクスプレス〟を利用するプランなので、出発日は火、水、金、日となる。〝トワイライトエクスプレス〟でなくて〝はまなす〟や〝北斗星〟で帰るプランにするなら、何曜出発でもよいが、日程を1日減らすことになる。1日目の四国を割愛して、京都から名古屋経由で松本と三大車窓の姨捨へ行き、長野新幹線で東京へ出てサンライズに乗るとよいだろう。なお、三大車窓のうち、北海道の新得付近の根室線狩勝峠の車窓だが、新線ができてから、かつての雄大さがなくなったらしい。残念だ。ここをパスして、札幌や小樽で観光するプランもよいだろう。

このプランでは3日目に自宅で寝ることにしているが、極端なことを言えば、毎晩自宅で寝て、その間は日帰り旅、というものを5日連続ですることも可能だ。このプランのように1泊2日、2泊3日と組み合わせるのもよいだろう。夜行列車の廃止だけでなく、フルムーン夫婦グリーンパスも、いつ廃止になっても文句はいえない切符だ。何度も今のうちにと言っているが、ぜひこれらのプランを参考にして、旅立って楽しんでもらいたい。

〈よくばりフルムーングリーンパス12日間用のプラン〉

最南端、最西端、最北端、最東端の鉄道駅をすべて訪ねる・JR九州の観光列車に乗る・日本100名城をできるだけ訪ねる・日本三大車窓も楽しむというよくばり案もたてた。

本州、九州、北海道、更に四国もちょっとだけ、という本当によくばりなプランだ。

夜行列車の北斗星などが廃止になった後も実行できるし、北海道に新幹線がのびると時間短縮もできそうだ。長期休暇がとれる人は、ぜひ参考にして旅を楽しんでください。

1日目の出発時間がはやいのが難点だ。早起きが苦手な場合は、博多まで夜行バスを利用するのも1案。今、夜行バスも進化しているらしいので乗ってみるのもよいのでは。大阪または神戸から門司まで夜行のフェリーに乗る手もある。関東在住の人なら、前日に静岡まで高速バスかJR普通列車などで行って三保の松原や駿府城などを見学後、静岡駅から日付が変わった0時過ぎに夜行列車〝サンライズ〟に乗るとよいだろう。

総じて見ると、盛りだくさんすぎてゆとりが無い感はぬぐえない。まあ、グリーン車での移動をゆ

【1日目（金）】

土日などしか走っていない観光列車があるので、金曜出発となる。

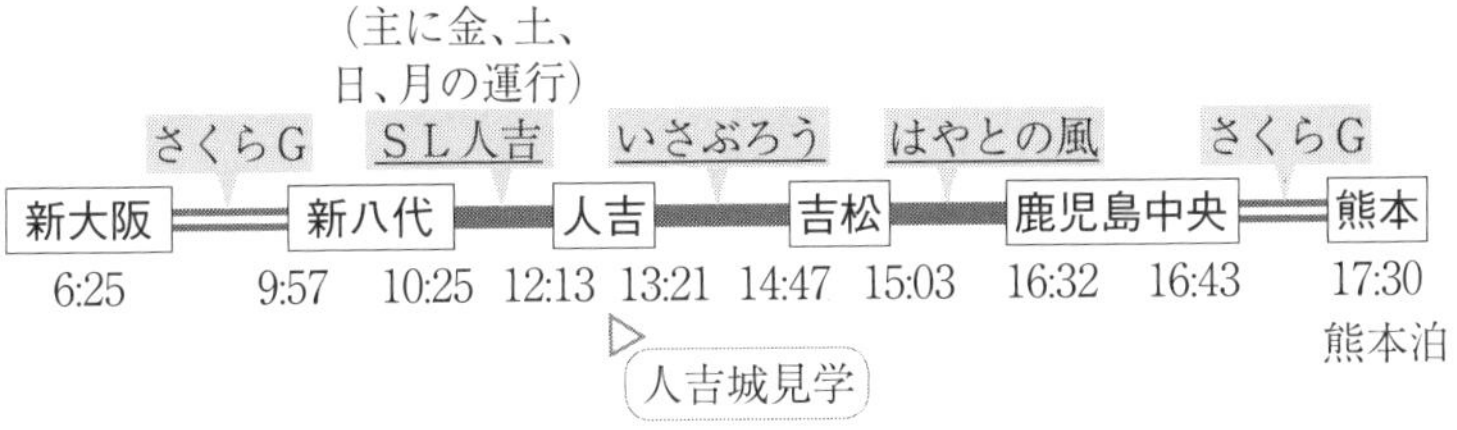

【2日目（土）】

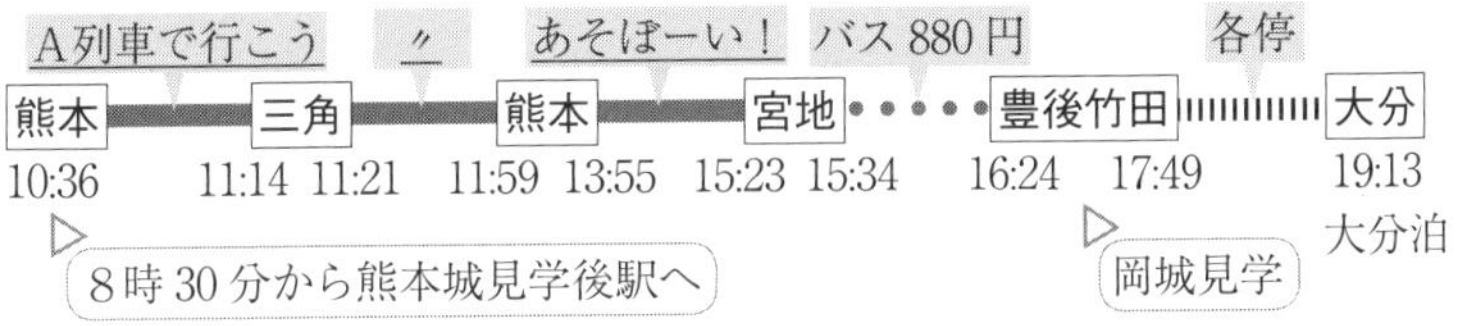

【3日目（日）】

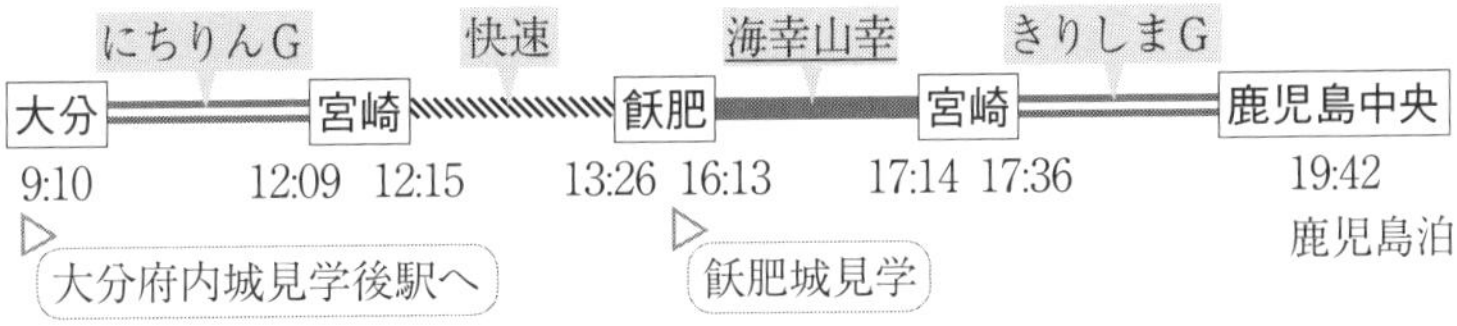

【4日目（月）】

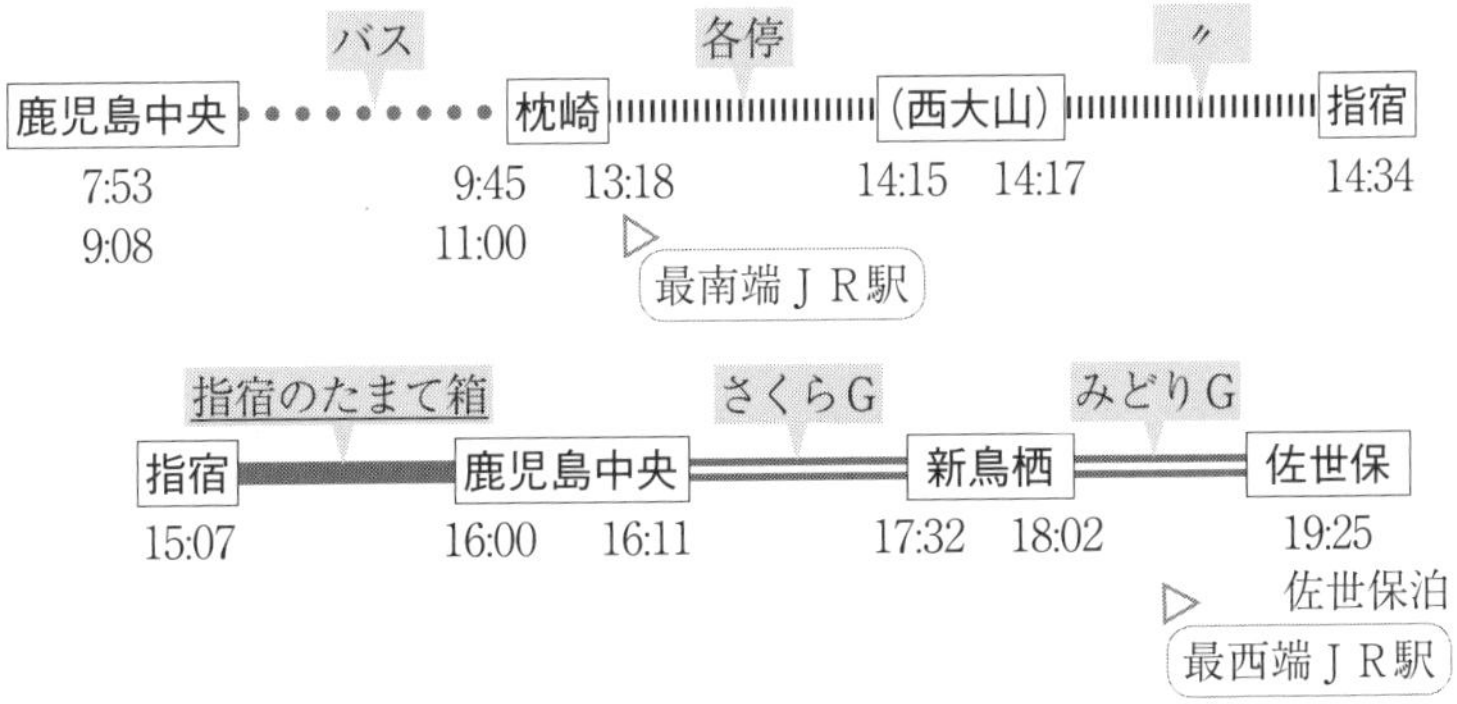

【5日目（火）】

佐世保 9:27 →［松浦鉄道 1190円］→ たびら平戸口 10:48 →［タクシー約1500円］所要約15分 → 平戸桟橋 15:00 →［バス 1300円］→ 佐世保 16:31 17:14 →［各停］→ 備前山口 18:23

▷最西端鉄道駅（佐世保）

▷平戸城など見学（平戸桟橋）

備前山口 18:26 →［かもめG］→ 鳥栖 18:51 18:54 →［ゆふいんの森］→ 博多 19:17 20:06 →［さくらG］→ 岡山 22:00 22:33 →［サンライズ］→（東京）7:08

サンライズ車中泊

【6日目（水）】

東京 7:24 →［あさまG］→ 長野 8:49 9:04 / 9:21 →［リゾートビューふるさと または各停］→ 姨捨 9:28 / 9:54 10:42 →［各停］→ 篠ノ井 10:56

▷日本三大車窓

篠ノ井 11:24 →［しなの鉄道 560円］→ 上田 11:54 14:39 →［あさまG］→ 大宮 15:46 16:30 →［スーパーこまちG］→ 盛岡 18:24

盛岡泊

▷上田城見学と昼食

▷盛岡城見学（夕方もスタンプ可）

【7日目（木）】

盛岡 8:46 →［はやぶさG］→ 新青森 9:47 10:16 →［スーパー白鳥G］→ 函館 12:22 12:30 →［スーパー北斗G］→ 札幌 15:58 16:30 →［スーパーカムイ］→ 旭川 17:59

旭川泊

【8日目（金）】

連泊なので身軽に稚内往復。

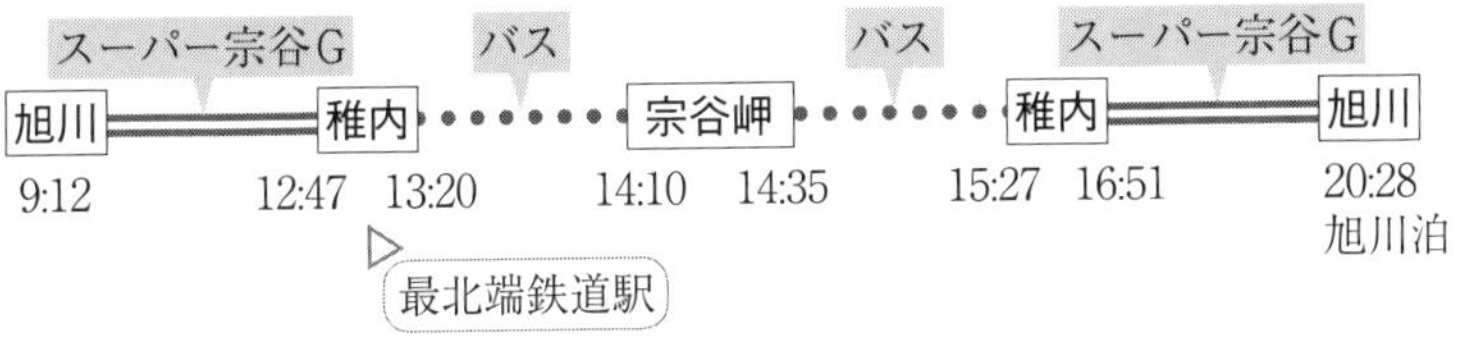

スーパー宗谷G
バス
バス
スーパー宗谷G
旭川
稚内
宗谷岬
稚内
旭川
9:12
12:47
13:20
14:10
14:35
15:27
16:51
20:28
旭川泊
最北端鉄道駅

【9日目（土）】

・A案

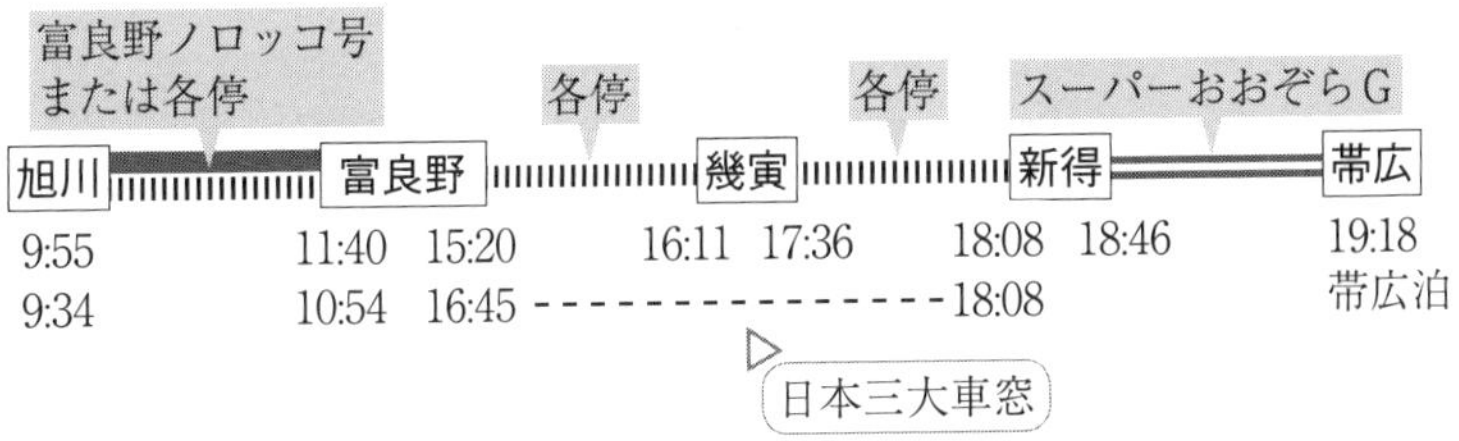

富良野ノロッコ号
または各停
各停
各停
スーパーおおぞらG
旭川
富良野
幾寅
新得
帯広
9:55
11:40
15:20
16:11
17:36
18:08
18:46
19:18
9:34
10:54
16:45
18:08
帯広泊
日本三大車窓

・B案

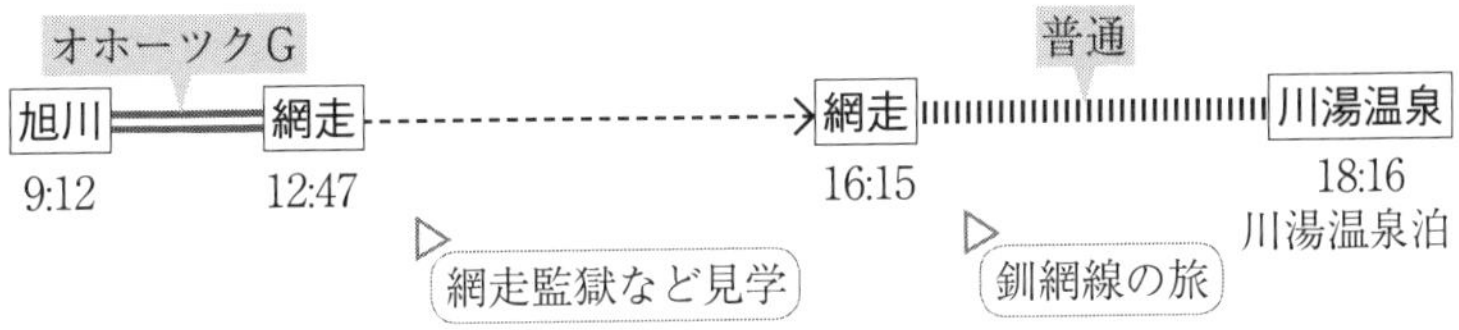

オホーツクG
普通
旭川
網走
網走
川湯温泉
9:12
12:47
16:15
18:16
川湯温泉泊
網走監獄など見学
釧網線の旅

【10日目（日）】

・C案

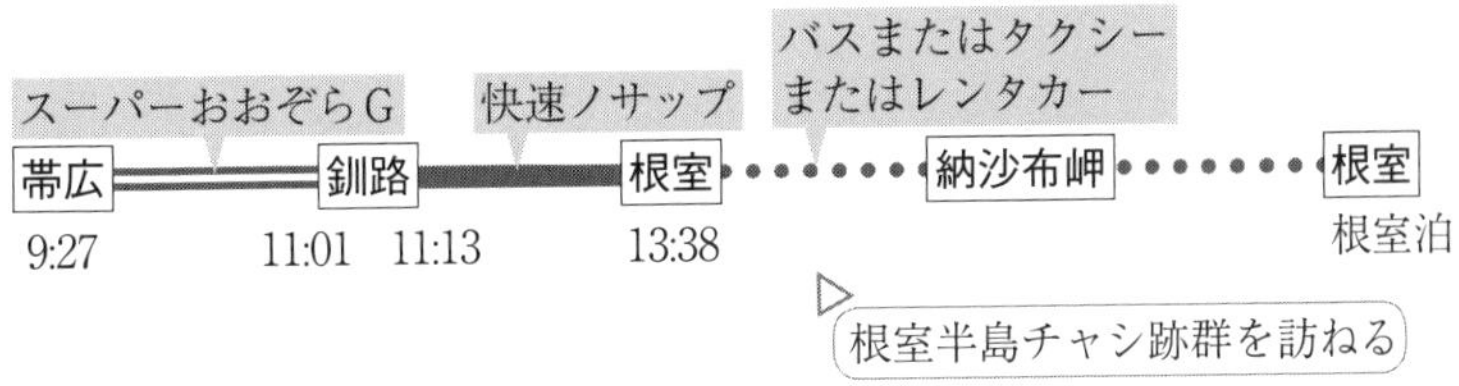

スーパーおおぞらG
快速ノサップ
バスまたはタクシー
またはレンタカー
帯広
釧路
根室
納沙布岬
根室
9:27
11:01
11:13
13:38
根室泊
根室半島チャシ跡群を訪ねる

・D案

川湯温泉 8:17 —普通— 釧路 10:07 11:13 —快速ノサップ— 根室 13:38 …バスまたはタクシーまたはレンタカー… 納沙布岬 … 根室
根室泊

▷ 釧路湿原を車窓から楽しむ
▷ 根室半島チャシ跡群を訪ねる

【11日目（月）】

根室 8:22 —普通— 東根室（8:24）—普通— 釧路 10:39 11:20 —スーパーおおぞら6G— 南千歳 15:03 15:07 —北斗G— 函館 18:15
函館泊

▷ 最東端鉄道駅

【12日目（火）】

函館 10:17 —白鳥G— 木古内 10:55 11:00 …バス… 松城 12:29 14:29 …バス… 木古内 15:58
函館泊

▷ 五稜郭見学後駅へ
▷ 松前城見学

木古内 16:32 —スーパー白鳥G— 新青森 17:56 18:24 —はやぶさG— 東京 21:23 22:00 —サンライズ瀬戸—（高松）7:27
サンライズ瀬戸車中泊

【13日目（水）】

高松 …高速バス約3500～4000円… 大阪、京都

▷ 高松城見学など

とりの時間とみなせば、何とかこなせる行程だけれども。九州では1日くらいぼーっとする日を設けた方がよいかもしれない。三大車窓にこだわらないなら、長野の姨捨を割愛するのも1案だ。

6日目の観光列車〝リゾートビューふるさと〟は、運行日でない可能性が高いので、各停列車の時刻も載せている。観光列車といえば、しなの鉄道に、2014年の夏、〝ろくもん〟という楽しい列車がデビューすることが発表された。行程表6日目の篠ノ井↓上田も走る予定で、上田城の城主の真田氏の家紋六文銭から命名された列車だ。この列車のデザイナーはJR九州の観光列車を手掛けている水戸岡鋭治氏で、彼のデザインした〝A列車で行こう〟に日帰りで乗りに行ったほどの私は、とても楽しみだ。運行時刻が発表されたら、ぜひ行程に組み入れたいものだ。私は〝リゾートビューふるさと〟は、2011年の秋に娘と2人で乗りに行ったことがある。〝リゾートビューふるさと〟↓〝長野新幹線あさま〟↓〝寝台特急あけぼの〟↓〝リゾートしらかみ〟と乗り継いだ欲張りで楽しい旅だった。このときわかったのは、〝リゾートビューふるさと〟と〝リゾートしらかみ〟は、そっくりさんだということ。〝リゾートしらかみ〟に乗ったことがあれば、〝リゾートビューふるさと〟は割愛してもよいと思われる。余談だが、このとき娘と乗車した〝寝台特急あけぼの〟は、今年3月に廃止されて、非常に残念だ。特急あけぼののレディースゴロンとシートは、お得で快適、もう1度乗りたかったのに。

9日目は、ラベンダーの季節なら、旭川からノロッコ号で富良野へ行くA案がよさそうだ。幾寅駅は、映画「ぽっぽや」のロケ地が見学できるそうなので、寄ってみるのもよいかも。幾寅から新得へ出る手前が日本三大車窓のひとつだが、新線ができてからは雄大さに欠けるそうなので、網走見物や釧網線の旅のB案もよいかもしれない。三大車窓の区間は、冬だと真っ暗だと思うので、やはりラベンダーの時期のプランといえよう。
なお、最南端駅と最西端駅は、沖縄にモノレールができてから、そちらにゆずったともいえる。那覇空港からゆいレールに乗ると、あっという間に2つとも到達できる。

〈熟年母と娘で「ノリノリきっぷ」の旅、厳島神社と出雲大社へ〉

この文章をまとめているとき、女友達が訪ねてきて、母と娘で利用できるプランは無いかと私に尋ねた。考えてみれば、最近の娘との旅が該当するので、紹介しておく。

ＪＲ西日本で、季節限定で、「ノリノリきっぷ」というものが発売されていた。ＪＲ西日本の管内が３日間乗り放題で、普通車用、グリーン車用がある。２０１３年秋の場合、グリーン車用はジパング倶楽部会員用が１９０００円で、一般用２２０００円だった。60歳以上の人が1人以上いれば、２人以上で利用可能、ジパング倶楽部会員は１人旅もＯＫな切符だ。

このお得なきっぷで旅をしたくて、娘をさそった。行先は、行きたいと思いながら行ったことが無かった広島の厳島神社。娘は、出雲大社も行きたいという。今はやりのパワースポットなのだそうだ。娘は2日間しか休みがとれなかったので、1泊2日で厳島神社と出雲大社の両方へ行くのは、ちょっと無理がある。でも1日目の夕方、特急〝やくも〟のグリーン車に乗って、夜、出雲市へ着いてしまえば可能だ。グリーン車なら、ホテルに着くのが夜になっても、それほどくたびれないと考えて、プランを実行した。

【11月19日（火）】

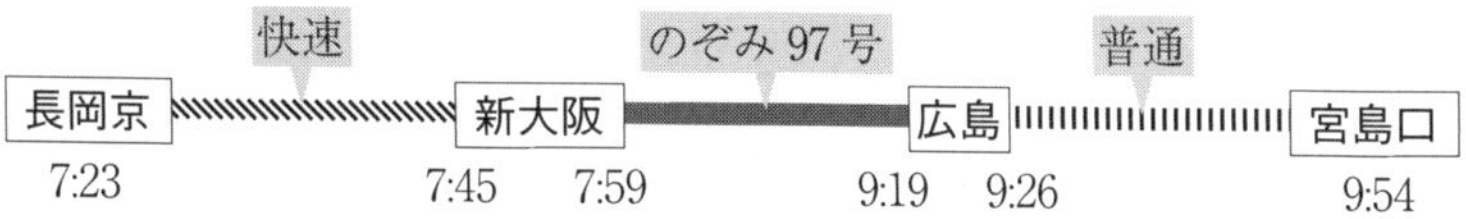

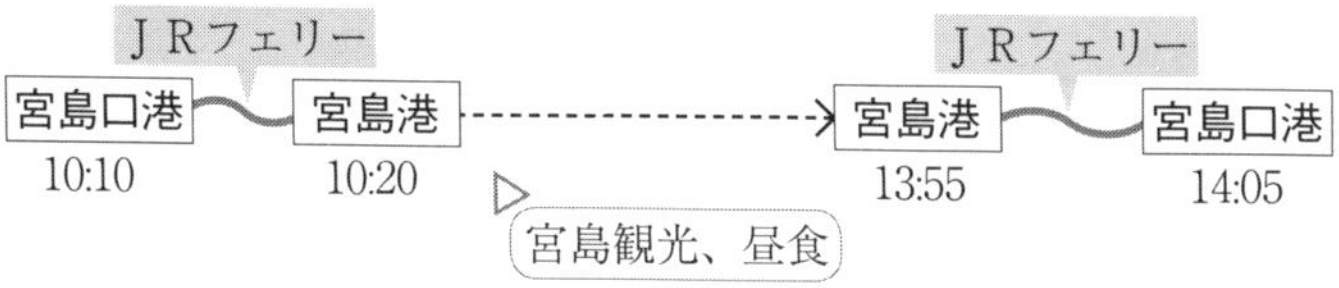

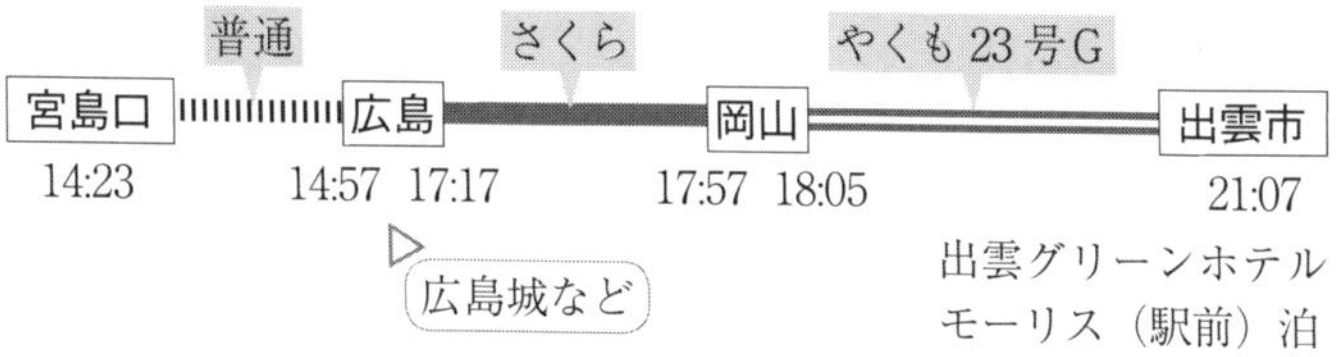

※出雲グリーンホテルモーリス（駅前）　0853-24-7700
ツインルーム　２人で11340円朝食付き、10月29日夕方電話予約

【11月20日（水）】

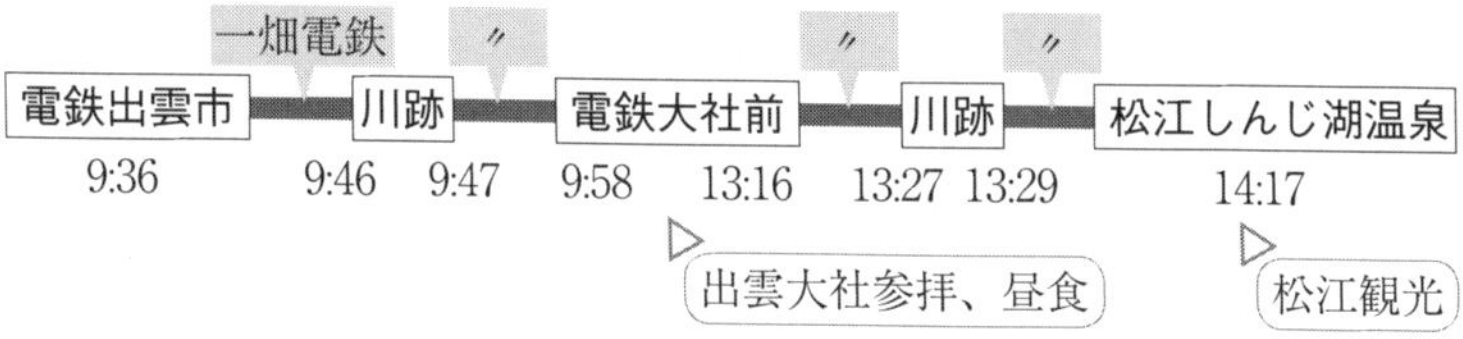

※実際は、“やくも”ひと列車分、早く帰れた

1日目の朝、プランより少し遅れて家を出て、宮島に10時50分ごろ着。厳島神社に参拝し、宝物館入場。海辺を散歩して、紅葉公園へ行く。ちょうど紅葉シーズンで、きれいだった。千畳閣と五重塔なども行った。昼食は、参道の食堂で、私は、あなごめし。娘は、牡蠣の卵とじ丼。2人で焼き牡蠣4個入りを1皿とって、シェアした。また、牡蠣飯弁当が美味しそうだったので、1人前購入した。紅葉まんじゅうのお土産も買った。宮島を出るのが予定より少し遅くなった分、広島では、タクシーで爆心地や原爆ドームへまわってもらってから、広島城へ行った。日本100名城のスタンプも押せた。城をでたところにタクシーが客待ちをしていたので、広島駅まで乗った。それで少し時間に余裕ができたので、駅ビル2階の「麗ちゃん」というお好み焼き屋で、広島風のそば入りお好み焼きを堪能した。味もよかったが、てきぱきした男性のスタッフ達が焼く姿がかっこよかった。

出雲市行きの特急〝やくも〟のグリーン席で、宮島で買った牡蠣飯弁当を娘と分けて食べた。このグリーン車は先頭車で、前全面がガラス張り。進行方向がよく見えた。すぐ暗くなったけれども。車内販売や車内誌が無いのが残念だったが、座席はゆったりで、グリーン席の乗車率は、割とよかった。出雲市駅前のビジネスホテルは快適だった。部屋の風呂以外に、中浴場があった。湯船につかって手足を伸ばすと、旅の疲れがとれた。

翌朝の、ホテルのブッフェ朝食は美味しかった。フロントで一畑電鉄の時刻や乗り場を確認して、チェックアウト。前日の到着が夜なので朝ゆっくりする案をたてていたが、2人共元気だったので、予定より早い8時52分発の電車に乗った。9時13分に一畑電鉄の出雲大社駅に着いて、10分ほど歩いて重要文化財の旧大社駅を見に行った。木造の日本風建築の駅跡で、JR大社線の終着だったところだ。

それから、一の鳥居から順に四の鳥居までくぐって出雲大社へお参りした。昼食は、人気の出雲蕎麦の店で食べた。その後稲佐の浜まで歩いた。ここは国譲りの神話で有名な浜で、鳥居がある弁天島が浜の近くにあった。また歩いて駅近くへ戻ってから、カフェでぜんざいを食べた。出雲はぜんざい発祥の地らしい。予定通りの一畑電鉄に乗って松江へ向かった。

松江では、一畑電鉄の駅から歩いて、重要文化財の現存の天守閣がある松江城へ行った。もちろん、日本100名城のスタンプも押した。松江城見学の後、武家屋敷なども行こうかと思ったが、2日間いろいろ堪能したので割愛して、JRの駅までバスで行った。時間が余った分、みどりの窓口で予定より1列車早い〝やくも〟のグリーン指定席に変更した。松江の駅弁を買って、〝やくも〟に乗り込み、駅弁の夕食を食べた。盛りだくさんの1泊2日の旅だった。結構「ノリノリきっぷ」の元はとれたと思う。

JR西日本の「ノリノリきっぷ」以外でも、JR各社で、それぞれお得なきっぷを発売していて、よく調べればいろいろ楽しめる。私は、「金沢・加賀ぐるりんパス」や、「白浜パンダきっぷ」などを利用したことがある。それぞれ楽しい旅だった。

ところで、「ノリノリきっぷ」のグリーン車用は、3日間のうち、4回グリーン席の指定がとれる。ここで質問。このプランでは、何故グリーン席の指定を2回しかとっていないのか？ 山陽新幹線は乗車時間がそれほど長くないし、指定でしばられるより、自由がきく方がよいのでグリーン指定を取らなかったとも言えるが、実は後2回、あるところでグリーン指定を使ったのだ。こう言うと、勘のいい読者の方は、「夫との旅編」の、「日帰りで京都から熊本へ、A列車で行こう」の日と、この旅の日付が、続いているのに気付かれたかもしれない。ちいさな声で種あかしをすると、2人分3日間用の「ノリノリきっぷ」を、3人で3日間フルに活用させてもらったのだった。

お断り

この項のプランの時刻や料金は、2013年11月～2014年1月に調べたものだ。これらを参考に旅を計画される場合は、最新の時刻などを確認されるようにお願いする。また、観光列車などの中には、曜日限定だけでなく、季節運行のものも多いので、ご注意ください。

あとがき

今回私の旅行記をまとめて出版することになり、とてもうれしいです。

本文のうち、「夫との旅」編は、〝老後の楽しみに〟と思いつつ、最近書いたものです。「車イスのおばあちゃんは素敵な水先案内人」は、私が初めて書いた旅行記で、知人などに配った覚えがあります。「もう1度おばあちゃんと旅に出たかった」は、夫の母の1周忌に粗供養の品といっしょに親戚などに渡したものです。「特効薬は旅の想い出とアイスクリーム」と「ショパンから始まった旅」は、実家の母の四十九日の法要で粗供養の品といっしょに親戚などに配りました。

〝ながおかさなえ〟は、ペンネームです。まあ、〝さなえ〟は、本名をひらがなにしただけですけれども。〝ながおか〟は、長岡京市に住んでいるから、と言えばこれもそのままですが、ちょっとした思いもあります。

長岡京市には、もちろん長岡天神がありますが、勝龍寺城という、戦国武将の細川幽斎、忠興親子にゆかりのお城も再建されています。忠興の妻は、明智光秀の娘の玉で、のちにキリスト教の洗礼を受けてガラシャ夫人と呼ばれた人です。細川親子は織田信長の家臣ですが、〝細川〟という名字が足利氏の出を表すということで信長に遠慮して、〝長岡〟という名字を名乗っていたことがあるそうです。近隣の向日市の丘陵の長い岡から付けた名ですが、そのことから近くの天神さんも、のちに〝長岡天神〟と名付けられたようです。そういうご縁で、細川幽斎親子の子孫である元総理大臣の細川護熙氏が長岡京ガラシャまつりのイベントで講演に来られたのを聞きに行ったこともあります。さすが元総理だけあって、長岡や熊本にまつわる話など、とても面白く聞かせていただきました。そういったことに思いをはせて、〝ながおか〟をペンネームに使わせていただいたのです。まあ、ちょっとした郷土愛ですね。

ところで郷土愛といったことについてですが、ここ数年、健康のための散歩がてら、長岡天神をはじめとして、近隣の歴史を訪ねて歩いています。やれ北海道だ、ヨーロッパだと言う前に、もっと身近なことも、よく知っておかなくては、という思いです。特に外国の方と話をする機会があったりすると、日本のこと、自分の住んでいる地域のことをもっと知っておいて、質問などに答えられるようにならなくては、と、強く感じたものです。遠くもいいけど、近くはもっと大切、ということですね。これからも、地に足をつけて歩いていきたいです。

最後に、私が旅行記を書く手がかりをくれた夫の母や、出版を思い立ったきっかけをくれた実家の母達の冥福を祈りたいと思います。なお、「ショパンから始まった旅」で共に旅した養父は２０１１年に、「新婚旅行は三陸鉄道」に出てくる仲良しだった従姉妹は、２０１０年に病没しました。彼等の冥福も祈りたいと思います。そして、私と共に楽しい旅をしてくれた家族や友人達にお礼を言いたいです。とりわけ、私を１人旅や友人達との旅に快く送り出してくれる夫には、感謝しています。

著者紹介

ながおか　さなえ

1949年京都市生まれ
京都府長岡京市在住

旅は3度美味しい

2014年7月1日　　初版第一刷発行

著　者　　ながおか　さなえ
発行人　　佐藤　裕介
編集人　　遠藤　由子、三坂　輝
発行所　　株式会社 悠光堂
〒104-0045 東京都中央区築地6-4-5
シティスクエア築地1103
TEL　03-6264-0523　　FAX　03-6264-0524
デザイン　ash design
印刷
・製本　　弘報印刷株式会社
ミズノプリンテック株式会社

ISBN978-4-906873-28-9　C0095

Leksand
Odense
Copenhagen
Warszawa
Bonn
Frankfurt
Paris
Rothenburg
Augsburg
Wien
Nohant
Munich
Innsbruck
Verona
Venezia
Pisa
Firenze
Roma
Barcelona
Napoli
Rabat
Fez
Casablanca
Marrakech